HISTOIRE

DES

TROUPES LIÉGEOISES

PENDANT LE XVIIIE SIÈCLE

PAR

EUGÈNE POSWICK

Président de l'*Institut archéologique liégeois*

LIÉGE

L. GRANDMONT-DONDERS, IMPRIMEUR-LIBRAIRE

D. CORMAUX, Succr

22, RUE VINAVE-D'ILE, 22

1893

SOCIÉTÉ

DES

BIBLIOPHILES LIÉGEOIS

PUBLICATIONS IN-QUARTO

N° 3

Exemplaire de M. JULES HELBIG,

à Liége.

N° 2

Le Secrétaire,

J. Alexandre

Florent-Théodore-Henri-Laurent Comte de Berlaymont
Vicomte del Heid, Seigneur de Bormenville
Général-major, Gouverneur de la Citadelle de Liège
Colonel du régiment d'infanterie National Liégeois

HISTOIRE

[illegible]

PENDANT LE XVIIIe SIÈCLE

[illegible]

LIÉGE.

[illegible]

Florent-Théodore-Henri-Laurent Comte de Berlaymont
Vicomte del Heid, Seigneur de Bormenville
Général-major, Gouverneur de la Citadelle de Liége
Colonel du régiment d'infanterie [illegible]

HISTOIRE

DES

TROUPES LIÉGEOISES

PENDANT LE XVIIIE SIÈCLE

PAR

Eugène POSWICK

Président de l'*Institut archéologique liégeois*

LIÉGE

L. GRANDMONT-DONDERS, IMPRIMEUR-LIBRAIRE

D. CORMAUX, Succ^r

22, RUE VINAVE-D'ILE, 22

1893

PRÉFACE

'HISTOIRE militaire des Belges, pendant les deux derniers siècles est peu connue ; malheureusement, par la force des circonstances politiques, elle a été confondue avec celle des grandes puissances, l'Espagne et l'Autriche, dont dépendaient à cette époque les provinces des Pays-Bas.

Généralement désignés sous le nom de Wallons, *les Belges jouissaient, au XVIIIe siècle, d'une grande réputation de bravoure, principalement au service de l'Autriche, où ils étaient incorporés dans des corps spéciaux :* les régiments wallons, *qui s'illustrèrent surtout pendant la guerre dite de Sept ans, et pendant les longues campagnes contre la République française.*

Au service de l'Espagne, un régiment formé en 1703, au début de la guerre de la Succession, est resté célèbre : nous voulons parler des Gardes wallonnes, *dont les annales constituent, pour les vieilles familles de notre pays, qui y figurent, un souvenir glorieux.*

Sous les titres : Histoire des régiments nationaux des Pays-Bas au service d'Autriche, *et* Histoire des gardes wallonnes au service de l'Espagne, *le lieutenant-général baron Guillaume s'est attaché à retracer les annales de ces différents régiments, mais il a ignoré complètement l'existence de deux corps wallons, au service des princes-évêques de Liége.*

Leur histoire présente cependant beaucoup d'intérêt ; un grand nombre de nos compatriotes en firent partie et rendirent illustre le nom liégeois au service de l'Autriche, pendant les guerres de la fin du XVIIIe siècle.

Ainsi que le fait remarquer l'écrivain que nous venons de citer, c'est une erreur de croire que l'histoire militaire des Belges, à la fin du siècle dernier, s'est identifiée avec celle des Français. En effet, au moment où les armées républicaines envahirent les Pays-Bas et la principauté de Liége, il y avait cinq régiments d'infanterie, un corps de chasseurs, deux bataillons de grenadiers et un régiment de dragons, composés exclusivement de nationaux belges, au service de l'Autriche, en garnison dans les Pays-Bas.

Après la perte de la bataille de Fleurus, le 26 juin 1794, lorsque le gouvernement autrichien dut abandonner les Pays-Bas, ces différents corps continuèrent à faire partie de l'armée autrichienne, et prirent part à toutes les guerres contre la République française, jusqu'au traité de paix de Campo-Formio.

Il en fut de même des corps au service de Liége, dont deux, un régiment d'infanterie et un escadron de cavalerie passèrent, en juillet 1794, au service de l'Autriche et servirent fidèlement cette puissance jusqu'à leur licenciement en 1798.

C'étaient les seules troupes belges qui existaient au moment de l'invasion des Républicains français, et toutes elles gardèrent le serment de fidélité qu'elles avaient prêté à leurs souverains.

*Nous joindrons nos protestations à celles du général baron Guillaume, contre l'assertion aussi légère que contraire à la vérité historique, contenue dans l'*Histoire des troupes étrangères au service de France, *au sujet des troupes belges.*

L'auteur, M. Fieffé, rapporte « que les sympathies de la Belgique » se manifestèrent d'une manière éclatante à l'ouverture des hostilités

» *en 1792, car un grand nombre de bataillons belges passèrent dans* » *l'armée française* ». *Il n'en est rien :* aucun corps belge *au service de l'Autriche ou de Liége (et il n'y en avait pas d'autres) ne passa, en tout ou en partie, dans les rangs de l'armée française.*

Lors de l'invasion de la Belgique en 1792, la République, par les soins d'un comité révolutionnaire siégeant à Paris, fit organiser dans les places frontières de France des corps belges et liégeois. C'est dans ces corps qu'entrèrent individuellement une partie des Belges qui avaient servi dans l'armée des patriotes brabançons, dispersée en 1790, et qui s'étaient retirés en France, ainsi que les Liégeois émigrés, à la suite du rétablissement à Liége, en 1791, du gouvernement légitime.

Ces Belges et ces Liégeois étaient libres de tout engagement militaire, les corps dont ils avaient fait partie étaient dissous, les gouvernements révolutionnaires qui les avaient levés n'existaient plus ; ils pouvaient entrer au service de la République française et n'avaient pas abandonné leurs drapeaux, comme M. Fieffé semble le dire.

Mais on doit regretter qu'ils se soient mis au service d'une puissance étrangère qui voulait conquérir leur patrie et que, dans cette occasion, eux-mêmes n'hésitèrent pas à porter les armes contre elle.

Aucune considération politique ne saurait justifier cette conduite peu patriotique.

Nous nous sommes proposé de retracer l'histoire des troupes liégeoises au XVIIIe *siècle qui jusqu'aujourd'hui sont restées presque entièrement inconnues ou injustement oubliées. Le docteur Bovy, dans ses intéressantes* Promenades historiques *et dans ses* Souvenirs d'un émigré liégeois, *est le seul écrivain qui ait laissé quelques détails sur l'organisation de ces troupes à la fin du siècle dernier ; mais ces renseignements ne sont pas toujours d'une rigoureuse exactitude ; on peut en dire autant de ceux transmis par Thomassin dans son* Mémoire statistique du département de l'Ourte. *Ces corps étaient au nombre de trois, un régiment d'infanterie, un escadron de cavalerie, dit* maréchaussée, *enfin une compagnie de gardes-du-corps à cheval ; mais cette dernière qui avait surtout un service d'honneur à remplir auprès des princes-évêques, souverains du pays, ne prit part à aucune campagne.*

La tâche que nous avions assumée n'était pas facile à mener à bonne fin ; les documents nous ont fait généralement défaut.

En effet, sauf les archives du Conseil privé et des Etats de Liége, qui contiennent quelques renseignements sur les troupes liégeoises, et du Scel des grâces *des princes-évêques, où étaient enregistrées une partie notable des commissions des officiers et des fonctionnaires militaires, toutes les autres archives particulières à chaque corps ont disparu ; celles du régiment d'infanterie, antérieures à la révolution liégeoise, furent détruites lors du pillage de la citadelle de Liége, en août 1789.*

Pour la période de 1794 à 1801, où le régiment liégeois fut au service de l'Autriche, nous avons pu retrouver aux archives du Ministère de la guerre à Vienne, de nombreux documents qui nous ont permis de suivre, presque pas à pas, le bataillon Prince-évêque de Liége, *pendant les campagnes de 1794 à 1797, sur les bords du Rhin, et le bataillon* Carneville, *pendant les campagnes d'Italie et de Suisse des années 1799 à 1801, où ces deux corps, au témoignage des généraux autrichiens, se distinguèrent à maintes reprises par leur brillante bravoure.*

Nous manquerions à un devoir de reconnaissance envers les personnes qui ont bien voulu nous seconder dans notre travail, en ne leur exprimant pas ici nos plus sincères remercîments.

Nous citerons tout spécialement M. le chevalier Amon de Treuenfest, major dans la garde noble allemande de S. M. l'empereur d'Autriche, qui avec la plus exquise obligeance, nous a procuré tous les renseignements pour la période où le régiment liégeois a été au service de la maison d'Autriche ; M. le docteur Alexandre, archiviste provincial ; enfin M. le chevalier de Harenne, à qui nous devons la composition de la planche représentant les costumes des troupes au service de Liége.

HISTOIRE DES TROUPES LIÉGEOISES

J. B. de Gavonne del. Impr. Lemercier Paris H. Roubault chromolith.

GARDES DU CORPS 1789 — REGIMENT NATIONAL 1789 — MARÉCHAUSSÉE 1788

BATAILLON CARNEVILLE 1786 – 1801 — Tambour, Porte Drapeau, Colonel. — ARTILLERIE Officier, Soldat.

HISTOIRE

DES

TROUPES LIÉGEOISES

RÉGIMENT D'INFANTERIE

CHAPITRE Ier

CRÉATION EN 1715 ET ORGANISATION

Après la mort de Charles II, roi d'Espagne, décédé à Madrid le 1er novembre 1700, sans postérité, sa riche succession dévolue par testament du 2 octobre 1700 à Philippe, duc d'Anjou, petit-fils de Louis XIV, devint le sujet d'une longue et désastreuse guerre, dont le pays de Liége, malgré sa neutralité, eut considérablement à souffrir.

Le prince-évêque de Liége, alors régnant, Joseph-Clément de Bavière, électeur et archevêque de Cologne, à l'exemple de son frère, Maximilien-Emmanuel, prince-électeur de Bavière, prit parti pour la France et le roi Philippe V, en dépit du chapitre de Saint-Lambert et des Etats de Liége, qui voulaient maintenir la neutralité du pays. Par son ordre, le lieutenant-général, comte de Berlo, gouverneur de la citadelle de Liége, en ouvrit les portes, le 22 novembre 1701, aux troupes françaises commandées par le lieutenant-général, comte de Montrevel.

2

L'Empereur, par décret du 9 janvier 1702, délia tous les sujets de Joseph-Clément de Bavière de leur serment de fidélité, et le sort des armes ayant été défavorable à la France et à ses alliés dès le début de la guerre en 1702, le prince-évêque de Liége dut abandonner ses Etats qui furent administrés, au nom de l'Empereur, par des gouverneurs-généraux jusqu'en 1714 (1). Ce fut seulement à la fin de cette même année et à la suite des traités de paix de Rastadt et de Bade, que Joseph-Clément de Bavière put rentrer dans la principauté, après en avoir été absent pendant quatorze ans. Il arriva à Liége le 16 janvier 1715 et reprit immédiatement en mains les rênes du gouvernement.

Un de ses premiers actes fut de convoquer les trois corps des Etats le 29 janvier suivant, dans le but d'obtenir le vote des moyens suffisants pour organiser et entretenir des troupes permanentes (2).

Dès le 31 octobre 1714, les trois Etats de Liége avaient résolu d'offrir au prince-évêque un corps de six cents hommes d'infanterie, divisés en six compagnies, outre une compagnie de gardes à cheval, sur le même pied que celle qui existait avant la guerre (3), mais le prince ne trouva pas cet effectif suffisant, et le grand chancelier, comte de Poictiers, demanda en son nom, le 8 février 1715, mille hommes d'infanterie, divisés en deux bataillons et un escadron de dragons de quatre-vingts cavaliers. Il déclara que ces troupes seraient à la solde des Etats, qu'elles prêteraient serment au chapitre de Saint-Lambert et qu'elles ne sortiraient pas du pays où il ne resterait pas de troupes étrangères.

L'Etat-noble accueillit favorablement la demande par son recès du 10 février 1715 ; mais l'Etat-primaire et l'Etat-tiers par leurs recès du

(1) La citadelle de Liége occupée par une garnison de troupes françaises et liégeoises, fut assiégée au mois d'octobre 1702, par l'armée alliée du duc de Marlborough et emportée d'assaut le 23 du même mois.

Les troupes liégeoises consistaient en deux régiments d'infanterie, commandés l'un par le colonel, comte de Berlo, l'autre par le brigadier-général Jaymaert, et en une compagnie d'artilleurs. Ces trois corps furent dissous après la prise de la citadelle et du fort de la Chartreuse et les soldats incorporés dans des régiments à la solde des Etats-généraux des Pays-Bas. Le prince-évêque avait en outre une compagnie de gardes du corps à cheval à la solde des Etats de Liége, laquelle était à la cour du prince, à Bonn. Nous aurons, dans la suite, l'occasion de faire l'historique de ces différents corps, depuis leur création en 1649, jusqu'en 1702.

(2) *Etats de Liége*, Etat-primaire, journées 1708-1716, reg. 77, fol. 229.

(3) *Idem*, fol. 222 et 223.

11 et du 12 février 1715, ne voulurent accorder qu'un corps de six cents hommes d'infanterie et la compagnie des gardes à cheval (1).

Le prince-évêque, appuyé sur la résolution favorable à ses projets de l'Etat-noble, maintint sa première demande de mille hommes divisés en deux bataillons ou régiments, mais il renonça aux dragons.

L'Etat-primaire et l'Etat-tiers, réunis le 18 février 1715, persévérèrent, de leur côté, dans leurs décisions primitives, tout en s'engageant à examiner après la conclusion du traité de la Barrière, l'opportunité qu'il y aurait d'augmenter les troupes jusqu'au chiffre fixé par le prince-évêque. Celui-ci, mécontent de l'attitude de la majorité des Etats, fit clôturer la session le 19 février suivant et partit pour Bonn.

Les décisions des Etats, n'ayant pas été ratifiées par le prince, ne furent pas exécutées. Une nouvelle réunion des Etats fut fixée au 9 juillet 1715, et le prince-évêque envoya à Liége un de ses ministres, le général comte de Saint-Maurice, pour faire connaître ses intentions aux Etats (2).

La demande de deux bataillons, chacun de dix compagnies, fut encore renouvelée, mais les Etats persistèrent à la refuser. Ils prièrent cependant le prince d'envoyer un bataillon de ses troupes à l'effectif actuel, sauf à le compléter, dans la suite, jusqu'à concurrence de six cents hommes, si le prince le désirait.

Ce dernier ayant obtenu des concessions sur d'autres points, notamment un don extraordinaire de cent mille écus, se rangea, sur le rapport du comte de Saint-Maurice, à l'avis des Etats.

Le règlement militaire fut adopté par les Etats, dans leurs assemblées des 24 et 25 juillet 1715 et confirmé par Joseph-Clément de Bavière, à Bonn, le 5 août 1715 (3).

Ce règlement contient toute l'organisation du régiment d'infanterie au service du prince-évêque et à la solde des Etats de Liége.

(1) *Etats de Liége*, Etat-primaire, journées 1708-1716, reg. 77, fol. 231 à 241.

(2) *Idem*, fol. 242 à 245. Le comte Philibert de Saint-Maurice, grand-maréchal de la cour du prince-évêque, conseiller d'état, général en chef des troupes de l'électorat de Cologne, grand-maître de l'artillerie, gouverneur de la ville de Bonn, président de la Chambre des finances, etc.

(3) Il a été publié en entier dans le *Recueil des Edits et Règlemens* de LOUVREX, t. III, p. 266 et dans le *Recueil des Edits et Ordonnances de la principauté de Liége*, t. I, p. 466, 1re série.

Le régiment était composé d'un état-major et de douze compagnies, chacune de cinquante hommes y compris les officiers.

L'état-major comprenait :

	Solde par mois.
Un colonel, outre la solde de capitaine	30 écus.
Un lieutenant-colonel, outre la solde de capitaine . .	15
Un major, outre la solde de capitaine.	12
Un aide-major	5
Un quartier-maître faisant fonction d'auditeur . . .	18 3/4
Un chirurgien major.	13 1/2
Un aumônier	4 1/2
Un tambour-major	4 1/2
Un prévôt	3

Les cinq premières compagnies étaient composées de :

Un capitaine	22 1/2
Un lieutenant	12
Un enseigne.	9
Un sergent	4 7/8
Un fourrier	3 7/8
Trois caporaux.	3 1/4
Quatre appointés ou soldats jouissant d'une haute solde.	3 1/2
Un tambour.	3 1/2
Trente-sept soldats	3

Les sept dernières compagnies avaient en moins l'enseigne, et en plus un soldat.

Les officiers supérieurs du régiment, le colonel, le lieutenant-colonel et le major, suivant l'usage général du temps, étaient capitaines des trois premières compagnies, et touchaient, indépendamment de la solde attribuée à leur grade d'officier supérieur, celle de capitaine. Le commandement effectif de ces compagnies était exercé par le lieutenant, qui portait le titre de capitaine-lieutenant. Ces trois compagnies étaient nommées : la première, compagnie générale ou colonelle ; la seconde, compagnie lieutenant-colonelle ; la troisième, compagnie major ; les neuf autres compagnies étaient désignées sous le nom de leur capitaine.

Les fonctions d'aide-major du régiment étaient remplies par un lieutenant ou un enseigne, qui recevait, outre la solde ordinaire de son grade, le supplément indiqué ci-dessus.

Les capitaines étaient tenus d'avoir toujours leur compagnie au complet. Chaque mois ils remettaient aux receveurs-généraux des Etats la liste du personnel présent sous les armes, et, de temps en temps, le prince-évêque, à la demande des Etats, désignait des commissaires choisis parmi leurs députés pour passer la revue administrative des compagnies.

Pour chaque homme manquant à l'effectif sans motif plausible, le capitaine devait payer une amende d'un florin de Brabant et il lui était assigné une époque pour laquelle il devait avoir complété sa compagnie à ses frais.

Tout officier convaincu d'avoir présenté à la revue un homme non engagé, était cassé. Les militaires de tout grade étaient soumis aux impôts des Etats, des villes et des communes, ainsi qu'aux lois du pays, tant pour les causes civiles que pour les causes criminelles. Seuls les cas de discipline militaire étaient jugés selon les lois militaires de l'Empire par le Conseil de guerre ou *Guemine,* composé d'officiers du régiment.

Pour les difficultés qui pouvaient s'élever au sujet du paiement de la solde ou pour toute prétention venant à surgir à l'occasion du service, les officiers et soldats avaient pour juges les députés ordinaires du prince-évêque et des Etats qui décidaient sans appel ni recours. La solde était insaisissable pour paiement de dettes, à la réserve d'un tiers pour lequel le créancier devait obtenir des députés des Etats l'autorisation de mettre arrêt.

Les troupes ne pouvaient être employées en dehors des frontières de la principauté. Elles devaient prêter main-forte pour la levée des droits et impôts établis, tant par le prince-évêque et ses Etats, que par les villes et communautés du pays, sans jamais se rendre coupables de contravention, sous peine de châtiment corporel pour les soldats et de cassation pour les officiers.

Les soldats étaient logés aux frais des Etats et les officiers recevaient une indemnité de logement en argent, sur le pied en usage pour la garnison de Maestricht, lorsqu'on ne leur fournissait pas de quartier.

Mais à partir de l'année 1720, officiers et soldats furent casernés à la citadelle et les indemnités vinrent à cesser.

Lorsque la nécessité exigeait l'envoi de troupes dans les villes et les communautés, elles devaient, en allant, en séjournant et en revenant, se contenter du simple couvert et vivre de leur solde sous peine d'être poursuivies en justice comme concussionnaires.

Elles ne pouvaient de même, sans l'autorisation des députés des Etats, requérir, sans payer, les chevaux, charrettes ou chariots.

Les receveurs-généraux des Etats conservaient la caisse du régiment et n'en disposaient que d'après les ordres de leurs députés.

Lorsqu'il était nécessaire de renouveler l'équipement du régiment, le colonel ou l'officier supérieur commandant soumettait à l'avis des députés des Etats les spécimens de draps, étoffes et autres objets destinés à l'habillement des soldats. Les députés approuvaient et fixaient les prix des objets qui devaient être fabriqués dans le pays.

Chaque mois les Etats retenaient sur la solde des bas-officiers et soldats un demi écu pour la caisse du régiment, un autre demi écu pour le pain, enfin deux escalins pour le feu et le logement.

Le capitaine retenait deux escalins par mois, sur la solde de tous les bas-officiers et soldats de la compagnie, à l'exception du sergent, mais il était obligé de leur fournir, au commencement de la seconde année, une paire de souliers et deux chemises ; il était chargé de l'entretien de la compagnie, qui devait toujours être au complet. A lui incombait aussi l'obligation de faire soigner les blessés et les malades.

Le restant de la solde était payé de dix en dix jours ; celle des officiers seulement tous les mois.

Les officiers devaient composer les conseils de guerre, qui étaient appelés à juger, selon les décisions des Etats de Liége du 24 et 25 juillet 1715, les vagabonds, bohémiens, voleurs de grand chemin et autres étrangers qui n'étaient pas justiciables des tribunaux civils ordinaires.

Le colonel du régiment devait faire partie de l'Etat-noble ou appartenir à une des principales familles du pays. Il avait rang de général-major et exerçait le commandement supérieur du régiment et des autres troupes se trouvant au service de Liége. Après 1720, lorsque la citadelle fut restaurée et occupée par le régiment d'infanterie, le colonel en devint gouverneur. Mais les colonels résidaient rarement à la citadelle, ils se contentaient le plus souvent des avantages pécuniaires attachés à leur grade et de l'honneur de donner leur nom au régiment, dont ils abandonnaient le commandement effectif au lieutenant-colonel. Celui-ci portait le titre de commandant de la citadelle et y avait sa résidence.

Le troisième officier supérieur, le major, secondé par l'aide-major, était spécialement chargé de l'administration du régiment, de l'instruction des recrues et remplissait les mêmes fonctions que les adjudants-majors de nos jours.

Il est à remarquer que beaucoup d'officiers avaient des grades honoraires plus élevés que leur emploi. Le colonel du régiment, notamment, avait presque toujours le grade de général-major ; le lieutenant-colonel celui de colonel ou de brigadier-général (1); le major celui de lieutenant-colonel, de colonel et même celui de brigadier-général. Des capitaines obtenaient souvent des grades d'officier supérieur jusqu'à celui de colonel. Mais ces grades n'étaient qu'honorifiques. Tout officier, quoique possédant un grade supérieur, ne remplissait que les fonctions de l'emploi effectif dont il touchait la solde.

L'avancement n'était soumis à aucune règle fixe, sauf pour le grade de colonel effectif, dont le titulaire devait être choisi parmi les gentilshommes de l'Etat-noble, le prince nommait à tous les grades d'officier sans devoir tenir compte de l'ancienneté. De là beaucoup d'abus, surtout pendant les règnes des princes de la maison de Bavière, qui appelaient trop souvent des étrangers aux grades d'officier. Ces abus disparurent sous les règnes des princes-évêques de nationalité liégeoise, à partir du prince Charles d'Oultremont.

L'uniforme du régiment était en drap kersée bleu avec doublure en rasette de même couleur et parements rouges, boutons en métal blanc, les cravates en crêpe noir et les bas rouges (2). Le chapeau avec cordon et bouton blancs était bordé d'un galon de couleur jaune chamois pour les soldats et d'un galon d'argent pour les bas-officiers et les officiers (3); les distinctions de grade de ces derniers étaient en broderie ou galons d'argent.

(1) Le grade de brigadier ou de brigadier-général usité en France, en Espagne et en Hollande, était un intermédiaire entre le grade de colonel et celui de général-major. Il n'était pas en usage en Autriche ni dans l'empire d'Allemagne, sauf dans les principautés de la maison de Bavière, qui avaient adopté, dès la fin du XVIIe siècle, les désignations militaires de l'armée française.

(2) *Etat noble de Liége*, citadelle, 1715-1724, reg. 206, fol. 98, 143 et 148.

(3) *Idem*, fol. 26, 44 et 59.

Les douze tambours étaient habillés en drap rouge avec galons en soie de la livrée du colonel aux manches et aux poches ; les porte-caisses étaient bordés du même galon et les caisses étaient peintes aux armes du colonel, conformément aux instructions du prince Joseph-Clément de Bavière du 3 septembre 1716, approuvées par les Etats le 12 du même mois (1). Le baron de Dobbelstein fut le seul colonel qui jouit de ces privilèges; après 1724 les galons des tambours furent à la livrée du prince-évêque régnant et les caisses peintes à ses armes.

Depuis et pendant tout le XVIIIe siècle, l'uniforme du régiment, sauf pour la coupe des habits et pour quelques détails d'ornementation peu importants, ne subit guère de modification.

Les soldats étaient armés de fusils à bayonnette et d'épées, les cartouchières portaient une plaque de cuivre ou d'étain estampée aux armes du prince-évêque régnant (2). Les sergents avaient des hallebardes et les officiers, outre leur épée, étaient armés de pertuisanes ou espontons (3).

Le régiment avait deux drapeaux; celui de la *colonelle,* c'est-à-dire de la compagnie dont le colonel était capitaine titulaire, en crepon de France, de couleur verte, portait d'un côté l'effigie brodée en soie, argent et or, de la sainte Vierge, accompagnée dans les quatre coins des chiffres couronnés du prince-évêque régnant. Sur l'autre côté, on voyait le buste de saint Lambert, portant au pied les armoiries du prince-évêque, brodées en argent, or et soie ; les carreaux de la bordure étaient verts et blancs, les cordons et les floches, en soie de couleur blanche et or.

Le second drapeau était rouge, portant d'un côté les armoiries avec supports du prince régnant et dans les quatre coins son chiffre. Sur le revers du drapeau, il y avait le grand chiffre du prince, surmonté de la couronne ducale. Le cordon et les floches en soie jaune et rouge, la bordure à carreaux de mêmes couleurs, avec un carré vert et blanc dans les quatre coins (4).

(1) *Etat-noble de Liége,* reg. 206, fol. 34; liasse armement des troupes, 1710-1759.

(2) *Idem,* reg. 206, fol. 24 et 27.

(3) *Idem,* fol. 186.

(4) *Idem,* fol. 26, 31 et 42; reg. 207, fol. 61.

CHAPITRE II

RÈGNES DES PRINCES-ÉVÊQUES JOSEPH-CLÉMENT DE BAVIÈRE, GEORGES-LOUIS DE BERGHES ET JEAN-THÉODORE DE BAVIÈRE, 1724-1766.

Par dépêche datée de Bonn, le 15 août 1715 (1), Joseph-Clément de Bavière annonça aux Etats de Liége, que le régiment qu'il s'était engagé à envoyer à Liége, vers le 20 août 1715, arriverait en cette ville le 24 ou le 25 du même mois, sous le commandement du baron de Dobbelstein, son chambellan et maréchal de camp de ses troupes (2).

Le 23 août 1715, le régiment, ou plutôt ses cadres, formant un effectif d'environ trois cents hommes, la plupart vieux soldats survivants de la guerre de la Succession d'Espagne, arrivèrent à Liége et furent logés chez les bourgeois, la citadelle étant encore occupée, à ce moment, par une garnison hollandaise.

Voici la liste des principaux officiers du régiment à son arrivée à Liége :

Colonel,	baron de Dobbelstein (3).
Lieutenant-colonel,	de Vignes.
Major,	de Thier.
Aide-major,	Reynack.
Quartier-maître,	de Coune.
Capitaines,	chevalier de Pichard.
»	de Plönus.
»	de Villers du Fourneau.
»	de Sevemberg.
»	de Souhay.
»	de Breiderbach.
»	baron d'Agris.
»	Quoitbach.
»	baron de Hilden.

(1) *Etat-noble*, reg. 206, fol. 10.

(2) Le grade de maréchal-de-camp au service de France ou de Bavière, équivalait à celui de général-major ou de général de bataille usité dans les troupes de Liége.

(3) Pour plus amples renseignements sur les officiers au service de Liége, voir aux annexes le *Contrôle général des officiers*, classés par ordre alphabétique.

Les députés des Etats ordonnèrent à leur receveur-général de faire le premier paiement des soldes, conformément au règlement militaire arrêté entre eux et le prince.

A la demande des Etats, le régiment, dès son arrivée, fut chargé de la garde des portes et des autres postes de la ville, confiée jusqu'alors, en l'absence de garnison, aux bourgeois. Il n'était pas, comme nous l'avons déjà dit, au complet lorsqu'il arriva à Liége, et le prince-évêque invita les Etats, le 10 septembre 1715, à porter l'effectif au chiffre de six cents hommes fixé par le règlement militaire. Mais les Etats, déjà surchargés de dettes, occasionnées par la dernière guerre, essayèrent de se dérober à cette nécessité, et demandèrent, le 14 septembre, au prince de se contenter d'un effectif de quatre cents hommes jusqu'à la conclusion du traité de la Barrière (1).

Le traité dit de la Barrière avait pour principal objet de désigner les places fortes qui devaient rester, même pendant la paix, occupées par des garnisons hollandaises.

Craignant que celles-ci ne continuassent à occuper la citadelle de Liége, la ville et le château de Huy, le prince-évêque et les Etats demandèrent à l'empereur d'exiger l'évacuation de ces forteresses et de la principauté, par les troupes des Etats-généraux.

Le traité fut signé à Anvers, le 15 novembre 1715, entre l'empereur et les Etats-généraux des Pays-Bas. Il contenait, entre autres stipulations, que les citadelles de Liége et de Huy seraient démolies aux frais des Etats et qu'elles ne pourraient plus être reconstruites.

Les garnisons hollandaises devaient continuer à occuper ces deux postes jusqu'à l'exécution complète des conditions du traité.

Le prince-évêque profita de la réunion des Etats de Liége, le 16 juin 1716, pour renouveler sa tentative d'obtenir les fonds nécessaires à une augmentation des troupes ; mais les Etats rejetèrent formellement la proposition et consentirent seulement à compléter le régiment jusqu'à concurrence de six cents hommes au mois de juillet 1716 (2).

Le prince désirait aussi vivement conserver la citadelle de Liége ;

(1) *Etat-noble*, reg. 206, fol. 14.

(2) *Etat-primaire*, journées 1716-1721, fol. 8 et 20 v°. Les Etats accordèrent une indemnité de deux écus aux capitaines pour chaque recrue nouvelle.

à sa demande, de nouvelles négociations furent engagées par le baron de Heems, ambassadeur de l'empereur à La Haye, et réussirent. Il fut décidé, le 22 juin 1717, que seuls les bastions de la citadelle, défendant l'accès du côté de la campagne, seraient démolis aux frais des Etats, et que le château et les forts de Huy seraient entièrement rasés. Les Etats-généraux conservèrent le fort de Saint-Pierre près Maestricht, élevé sur le territoire liégeois (1), mais dont la souveraineté resta, comme ci-devant, au prince-évêque.

Les Etats approuvèrent le traité au mois de septembre suivant et firent commencer immédiatement les travaux de démolition. Tous les ouvrages extérieurs de la citadelle, les bastions dits de Saint-Lambert et des Marchands, du corps de la place, ainsi que l'ouvrage avancé désigné sous le nom de vieux bastion du Clergé, qui couvrait la porte de Sainte-Walburge, furent entièrement rasés, sous la direction des ingénieurs hollandais. Au mois de mars 1718, les travaux de démolition étaient terminés, et le 4 avril suivant, le colonel Brunet de Rochebrune avec la garnison hollandaise évacua la citadelle ; le colonel baron de Dobbelstein, à la tête d'un détachement de cent hommes du régiment liégeois, en prit possession le même jour (2).

La forteresse était restée intacte du côté de la ville, mais du côté de la campagne, il y avait deux ouvertures béantes, à la place où se trouvaient les deux bastions démolis ; les gorges furent fermées en 1719 par une muraille haute de trente pieds, surmontée d'un parapet, reliant entre elles les courtines, précédemment séparées par les bastions (3).

Joseph-Clément de Bavière désirait faire servir la citadelle au casernement du régiment d'infanterie. Mais les Etats, réunis dès le 7 mars 1719, refusèrent d'abord de voter les fonds nécessaires à la restauration de la citadelle et à l'entretien d'un état-major particulier qui devait comprendre, selon le prince, un gouverneur, un major de place et un capitaine des portes, et en outre un magasinier, un casernier, un cantinier, un artificier et douze canonniers (4).

(1) *Etat-primaire*, journées 1716-1721, fol. 165.

(2) *Recueil héraldique des bourgmestres*, p. 566.

(3) Nous n'entrerons pas ici en de plus amples détails sur la citadelle, nous réservant d'en faire dans la suite le sujet d'un travail spécial.

(4) *Etat-primaire*, journées 1716-1721, fol. 214.

Dans leur séance du 27 juin 1719, ils accordèrent cependant des fonds pour la restauration du pont de la citadelle, des casernes destinées au logement d'un régiment de six cents hommes, y compris les officiers, ainsi que pour l'entretien de quatre canonniers (1). Ces concessions ne satisfirent pas le prince-évêque ; il insista fortement et à plusieurs reprises, pour obtenir les principaux officiers de l'état-major particulier de la citadelle, mais il se heurta à une opposition opiniâtre de la part des Etats.

Ce fut seulement l'année suivante qu'à la suite de longues négociations, les Etats votèrent enfin des fonds pour les emplois, d'ailleurs nécessaires, d'aide-major de la citadelle (6 juin 1720), de capitaine des portes, de magasinier et de quatre canonniers. Ils reconnurent aussi au prince-évêque le droit de nommer un gouverneur, mais ils ne voulurent pas accorder d'appointements parce que, selon eux, l'officier le plus haut gradé de la garnison pouvait en temps de paix remplir les fonctions de gouverneur ou de commandant (2).

Le prince se contenta de ces nouvelles concessions et ne nomma pas de gouverneur; le colonel du régiment ou, en l'absence de celui-ci, le lieutenant-colonel en remplit les fonctions. Ce fut seulement à l'avènement du prince Jean-Théodore de Bavière, que le comte de Berlo de Hozémont fut nommé gouverneur en titre de la citadelle de Liége, en même temps que général-major et colonel en pied du régiment.

Le prince-évêque avait aussi demandé, et obtint des Etats, les crédits nécessaires pour une augmentation de vingt hommes par compagnie et de sept enseignes (mai 1719, septembre et octobre 1720) (3). Il y eut, dès lors, trois officiers dans chaque compagnie et deux tambours.

L'aide-major, qualifié ensuite major de la place, était en même temps inspecteur de l'artillerie et des casernes de la citadelle; il devait veiller à l'entretien des ouvrages de la citadelle, de l'artillerie, du magasin, des casernes, des fournitures des feux et de l'ameublement en général (4). Il ne faisait pas partie du régiment et relevait directement,

(1) *Etat-primaire*, journées 1716-1721, fol. 216.

(2) *Idem*, fol. 254, 271 et 274.

(3) *Idem*, fol. 192 et 277 ; *Etat-noble*, reg. 206, fol. 133 v° et 136 v°.

(4) *Etat-noble*, reg. 206, fol. 122.

pour le service, du gouverneur ou du commandant de la citadelle, et portait un uniforme spécial (1).

Il y avait encore trois autres officiers : le capitaine des portes de la citadelle, qualifié souvent aide-major dans la suite, et l'aide-major de la ville qui n'appartenaient pas plus au régiment que le précédent ; leurs fonctions consistaient dans la surveillance des portes qu'ils étaient chargés d'ouvrir et de fermer journellement ; enfin le commissaire ou le sous-commissaire de guerre, qui était chargé spécialement par les Etats de tout ce qui avait rapport aux déplacements, aux revues, armement et équipement des troupes nationales, ainsi qu'aux passages des troupes étrangères au travers du pays.

Il était choisi parmi les officiers du régiment et était subordonné au commissaire-général de la principauté, lequel dépendait des Etats quoiqu'il fût aussi nommé par le prince (2).

La charge de commissaire de guerre remonte à 1702, au début de la guerre de la Succession d'Espagne. Le premier titulaire de ces fonctions fut Guillaume Lambrecht qui seconda, pendant cette longue guerre, le baron de Cortenack, alors commissaire-général du pays, mais ce fut seulement le 17 juillet 1716, que l'emploi fut établi définitivement. Le règlement des Etats de 1713, lui attribuait un traitement de cinquante pistoles et de quatre cents francs pour l'entretien d'un cheval ; mais cette dernière allocation fut supprimée en 1728 (3).

L'aumônier du régiment, qui était généralement un prêtre régulier, résidait à la citadelle et tenait une école gratuite pour les enfants des soldats (4).

Il n'y a guère de fait saillant à noter pour le régiment pendant les années qui suivirent son arrivée à Liége, sauf le séjour à Spa du Czar de Russie, Pierre-le-Grand, aux mois de juin et de juillet 1717 ; un fort détachement composé de trois capitaines, de quatre lieutenants, de trois enseignes et d'environ deux cents soldats, sous le commandement supérieur du lieutenant-colonel, comte d'Argenteau d'Esneux, lieutenant des gardes du corps (archers) du prince Joseph-Clément de

(1) *Archives du château de Bormenville.*
(2) *Etat-noble*, reg. 206, fol. 22.
(3) *Etats de Liége*, traitements et solde des troupes, liasse de 1710-1769.
(4) *Etat-primaire*, journées 1720-1729, reg. 79, fol. 161.

Bavière, fut envoyé à Spa où il séjourna six semaines pour faire le service d'honneur auprès du Czar (1).

Le régiment, au complet, y compris les officiers, prit, dans les derniers mois de l'année 1720, possession de la citadelle restaurée, dont le brigadier de Vignes, lieutenant-colonel en pied, remplit les fonctions de gouverneur pendant les absences du colonel baron de Dobbelstein, qui résidait presque continuellement auprès du prince à Bonn (2).

Le prince, d'accord avec les Etats, décréta, le 15 janvier de la même année, que les gages des soldats, jusqu'aux sergents, ne pourraient être saisis pour dettes (3).

Au mois de mai de l'année 1721, l'effectif du régiment s'élevait, sans les officiers, à six cent quatre-vingt dix-sept hommes (4).

L'année suivante, un conflit s'éleva entre le prince et les Etats de Liége. Ceux-ci avaient des difficultés avec les habitants de Verviers, au sujet de l'emploi de l'impôt sur le muid de braz dont les deux tiers appartenaient aux Etats.

La querelle s'envenima à un tel point que les Etats envoyèrent, sans demander l'autorisation du prince, un détachement du régiment pour soutenir leurs droits et rétablir l'ordre à Verviers. Le prince croyant voir dans cette mesure une atteinte à ses prérogatives de souverain, ordonna au détachement de retourner immédiatement à la citadelle, prétendant que les Etats n'avaient pas le droit de faire marcher les troupes, sans sa permission.

Cette difficulté prit fin l'année suivante, mais le prince conserva le droit de disposer seul des troupes (5).

A la mort du prince Joseph-Clément de Bavière, arrivée à Bonn, le 12 novembre 1723, la charge de colonel en pied devint vacante par la démission du baron de Dobbelstein.

Elle fut donnée par le prince Georges-Louis de Berghes, le 27 avril 1725, au baron de Coudenhove de Fraiture, gentilhomme de l'Etat-noble de Liége. Celui-ci décéda le 7 mars 1726 et eut pour successeur le comte

(1) *Etat-noble*, reg. 206, fol. 57 v°; BODY, *Pierre-le-Grand à Spa*, p. 48.
(2) *Idem*, reg. 207, citadelle, 1725-1742, fol. 12.
(3) POLAIN, *Recueil des ordonnances de la principauté de Liége*, t. I, p. 509, 3e série.
(4) *Etat-noble*, reg. 206, fol. 155 v°.
(5) BOUILLE, *Histoire de la ville et du pays de Liége*, t. III, p. 563.

de Beaufort, baron de Celles, seigneur d'Annevoie, aussi gentilhomme de l'Etat-noble.

Après l'avènement de Georges-Louis de Berghes à la principauté de Liége, quelques modifications furent apportées à l'uniforme du régiment: tout ce qui était en argent ou métal blanc, fut remplacé par l'or ou le cuivre (1).

Voici le tableau des officiers supérieurs et des capitaines du régiment en 1728 :

Colonel,	comte de Beaufort.
Lieutenant-colonel,	de Vignes.
Major,	chevalier de Pichard.
Quartier-maître,	Lambrecht.
Capitaines,	de Plönus.
»	de Sevemberg.
»	de Breiderbach.
»	baron d'Agris.
»	Quoitbach.
»	Demarteau.
»	baron de Coudenhove.
»	Maghin.
»	de Coune.

Le régiment avait un service de place très dur à remplir, à cause du grand nombre de postes qu'il avait à occuper en ville et aux portes, et des détachements qu'il devait envoyer dans les cantons de la principauté particulièrement infestés de vagabonds, auxquels les soldats étaient obligés de donner la chasse.

Aussi le prince Georges-Louis de Berghes demanda, le 23 février 1732, une augmentation de l'effectif aux Etats de Liége : « Il vous est » connu (disait-il) que pour le maintien de la bonne police, nous sommes » obligé d'envoier de tems en tems des détachements de nos trouppes » dans différents cantons de nostre pays, ou la nécessité et le bon ordre » le requière et que par ce moyen les trouppes qui restent dans notre » capitale ne suffisent pas souvent pour remplir toutes les fonctions

(1) *Etat-noble*, reg. 207, fol. 1, 6, 8, 21 et 41.

» militaires, soit pour la garde des portes et autres postes, soit pour » autres devoirs, qu'ils ne peuvent faire sans être extraordinairement » fatigués ; il arrive par là que plusieurs étant rebutés par des fatigues si » excessives désertent au grand domage et détriment des officiers et » de l'Etat, à quoi il paroît qu'on ne peut rémédier autrement que par » l'augmentation des trouppes proportionnée aux besoins du pays, en » observant néanmoins que cela se fasse à moindre fraix qu'il se pourra » pour que ce pays ne soit pas surchargé dans ce temps de paix (1). »

Les trois Etats de Liége, assemblés le 5 mai 1732, accueillirent favorablement la demande du prince, et portèrent l'effectif du régiment à mille hommes, mais sans augmentation des cadres (2). Cette décision n'eut qu'une exécution provisoire et le régiment revint bientôt à son effectif de sept cents hommes. Les Etats votèrent le même jour une gratification de deux mois de solde à tous les officiers du régiment, au major de la citadelle et à l'aide-major de la ville, pour les indemniser du service extraordinaire qu'ils rendaient, en faisant partie des nombreux conseils de guerre appelés à juger les vagabonds.

La principauté de Liége, comme membre du Saint-Empire, appartenait au cercle de Westphalie, auquel elle devait fournir son contingent militaire. Mais le prince Georges-Louis de Berghes désirant affranchir le pays de ce contingent, en hommes et en chevaux, députa le chanoine-tréfoncier, baron de Breidbach, archidiacre d'Ardennes et le conseiller Groutars, à Cologne, pour négocier avec le comte de Plettenberg, ministre plénipotentiaire de l'empereur, aux cercles du Bas-Rhin et de Westphalie, le rachat en argent de ce contingent.

Les négociateurs réussirent dans leur mission et signèrent, le 9 mars 1735, le traité par lequel l'empereur se chargeait de fournir le contingent, dû par le pays de Liége au cercle, tant infanterie que cavalerie, moyennant le prix mensuel de six florins du Rhin pour chaque fantassin, et de dix-huit florins pour chaque cavalier. Les Etats s'empressèrent, dans leur assemblée du 15 mars 1735, d'approuver un traité aussi avantageux pour le pays (3).

(1) *Etat-primaire*, journées 1730-1735, reg. 80, fol. 76.

(2) *Idem*, fol. 82.

(3) *Idem*, fol. 217.

Le colonel comte de Beaufort décéda en 1737, et le général-major comte de Glimes de Florennes, quoique déjà capitaine des gardes-du-corps lui succéda par commission du 19 janvier 1737. Ce fut la première, mais aussi la dernière fois que les fonctions de colonel en pied et de capitaine des gardes-du-corps furent remplies par le même personnage.

A la mort du prince-évêque Georges-Louis de Berghes, son successeur Jean-Théodore de Bavière ne continua le comte de Glimes dans ses fonctions de capitaine des gardes-du-corps, qui venaient de cesser par le décès du prince, qu'à la condition de renoncer à la charge de colonel en pied (1), laquelle était inamovible.

Le comte de Glimes opta pour les fonctions de capitaine des gardes, et le prince nomma, le 17 mars 1744, gouverneur de la citadelle, général-major et colonel en pied du régiment, le comte de Berlo de Hozémont, ancien colonel au régiment des gardes à pied et chambellan du feu prince Joseph-Clément de Bavière.

Le prince Georges-Louis de Berghes régla, par une ordonnance du 13 juillet 1738, un conflit qui s'était élevé entre le colonel comte de Glimes et le Conseil de guerre du régiment d'une part, et le mayeur en féauté de Liége d'autre part, au sujet de leurs juridictions respectives en matière criminelle (2).

Il décida que les crimes et délits entre militaires de tous grades seraient jugés par le Conseil de guerre, composé d'officiers du régiment, selon les lois de l'Empire, sans intervention de la part des officiers judiciaires du pays, mais que dans les cas entre militaires et bourgeois la poursuite appartiendrait au pouvoir judiciaire civil à l'exclusion du Conseil de guerre.

Les crimes et les délits commis par les officiers et soldats du régiment étaient de la compétence du Conseil de guerre, mais les infractions à la discipline étaient réprimées par les supérieurs en grade.

Les peines, selon les usages de ce temps où les armées étaient recrutées exclusivement de volontaires, devaient être excessivement rigoureuses ; on en jugera par la lecture des Ordonnances générales publiées ci-après aux appendices.

(1) L'expression *en pied*, anciennement usitée, est synonyme d'*effectif*.

(2) *Ordonnances de la principauté de Liége*, 3e série, 1684-1764, t. I, p. 713.

Les punitions corporelles étaient alors en honneur, notamment celle dite *passer par les baguettes,* laquelle était très employée.

Une lettre du brigadier de Pichard, lieutenant-colonel du régiment aux Etats de Liége, du 6 juillet 1745, nous fait connaître quelques peines corporelles applicables aux soldats et la manière dont on traitait les filles de joie qui s'introduisaient dans les casernes (1).

« Messeigneurs, j'ay ici en prison deux déserteurs du régiment, mon » général m'ordonne de demander que vos très illustres seigneuries » veuillent incessamment ordonner la construction d'un gibet pour plan- » ter à la prairie en entrant dans la citadelle, où il y en a déjà eu un, qui » est tombé de pourriture. De plus, je ne doute pas, messeigneurs, que » vous ne soyiez bien aise de voir punir les fautes des soldats; pour cest » effect jay besoin d'un cheval de bois, d'un piquet, qu'on appelle à la » Brandebourg, un tourniquet aussy, dans lequel on expose les geuses, » qui pénètrent clandestinement dans les chambrées des soldats. Ce sont » toutes choses nécessaires et d'usage comme cela se pratique partout » où il y a garnison... »

Il n'est pas sans intérêt de connaître, d'après les consignes approuvées le 16 avril 1743 par le prince-évêque Georges-Louis de Berghes, quels étaient les honneurs à rendre par la garde du palais de Liége, au souverain et aux grands dignitaires de la principauté (2).

Lorsque le prince-évêque entrait ou sortait de son palais, le capitaine de garde faisait prendre et présenter les armes, battre aux champs et saluait de l'esponton. De même, la garde prenait les armes et les présentait, le tambour battait trois roulements pour le grand-prévôt, le grand-doyen, le grand-chancelier, le grand-mayeur et le général-major comte de Glimes (3), lorsque le prince était dans son palais; mais en son absence, au lieu des trois roulements, le tambour battait aux champs.

Les sentinelles présentaient les armes aux officiers supérieurs ainsi qu'aux chanoines tréfonciers et aux deux bourgmestres en fonctions.

Jean-Théodore de Bavière à son avènement à la principauté de Liége ajouta, le 1er avril 1744, à la liste des dignitaires ayant droit aux

(1) *Etats de Liége,* liasse Troupes, personnel.

(2) Louvrex, *Recueil des Edits,* t. III, p. 272.

(3) En sa double qualité de capitaine des gardes-du-corps et de colonel du régiment.

honneurs militaires : le grand-maître et le grand-écuyer de sa cour, le comte d'Ingelheim, conseiller d'état de S. M. Impériale ; le général comte de Berlo, colonel du régiment d'infanterie et le général comte de Glimes, capitaine des gardes-du-corps. Pendant l'absence du prince, l'officier de garde au lieu de faire battre aux champs faisait exécuter seulement trois roulements pour les dignitaires.

Tous les postes militaires, sauf celui du palais sortaient et présentaient les armes pour le colonel de Pichard, commandant du régiment, et les sentinelles présentaient les armes pour les officiers de tout grade (1).

La garde avait, outre le service d'honneur et de sécurité pour le palais, un service de police à remplir.

Le capitaine de garde détachait des patrouilles pendant la nuit, une en été et deux en hiver, une avant et l'autre après minuit.

Les patrouilles devaient aller à la porte Saint-Léonard par la rue Hors-Château ; de là, elles se dirigeaient par la Batte et la grande halle, vers le Pont-des-Arches ; elles se rendaient ensuite par la place des Jésuites et la rue Sœurs-de-Hasque à la porte d'Avroy, puis à la porte de Sainte-Marguerite en passant par le Pont-d'Ile et la Haute-Sauvenière ; enfin, elles rentraient par les rues Agimont, Fond-Saint-Servais et Derrière-le-Palais.

Le bas-officier qui commandait la patrouille avait ordre d'arrêter les gens suspects et autres porteurs de paquets, ainsi que les tapageurs et de les conduire au palais, à l'officier de garde, qui jugeait s'il y avait lieu de les maintenir en arrestation ou de les relâcher.

Les postes militaires étaient obligés de prêter main-forte au pouvoir judiciaire civil lorsqu'ils en étaient requis pour des arrestations ou pour la répression d'émeutes.

Le tableau suivant renseigne les officiers supérieurs et les capitaines du régiment au mois de mai 1752 :

Colonel,	comte de Berlo de Hozémont.
Lieutenant-colonel,	chevalier de Pichard de Lucilly.
Major,	comte de Berlaymont.
Aide-major,	Colson, capitaine.
Auditeur et Quartier-maître,	Constant, capitaine.

(1) LOUVREX, t. III, p. 274.

Aumônier,	abbé Cupers.
Capitaines,	de Buchwald.
»	comte Lallemand de Lévignen.
»	Gramket.
»	Van der Putten.
»	chevalier de Pichard.
»	Knaeps.
»	Reyniac.
»	baron de Keverberg.
»	Delcreyer.
Major de la citadelle,	de Rasquinet, major et inspecteur de l'artillerie.

CHAPITRE III

RÈGNES DES PRINCES-ÉVÊQUES D'OULTREMONT ET DE VELBRUCK
1764-1784

Le prince Jean-Théodore de Bavière avait laissé introduire beaucoup d'abus dans la composition des cadres du régiment.

La plupart des officiers avaient des grades honoraires plus élevés que leurs emplois ; des officiers surnuméraires étaient placés à la suite du régiment, sans solde ou avec celle de bas-officier ou de soldat ; enfin, parmi eux un certain nombre étaient étrangers, bavarois ou français.

A la mort de ce prince, en 1763, le chapitre de Saint-Lambert, qui gouvernait la principauté *Sede vacante,* nomma une commission composée des chanoines tréfonciers, comte de Saint-Maurice, comte H. de Rougrave et Van den Steen, abbé d'Amay, pour étudier et présenter un projet de réformes destinées à rendre impossible dans la suite le renouvellement de pareils abus (1). Cette commission remit au chapitre de Saint-Lambert, le mémoire suivant :

« Le règlement militaire passé par les trois Etats par leurs recès
» respectifs des 24 et 25 juillet 1715 est le fondement que l'on doit suivre,
» mais nous avons l'honneur de mettre sous les yeux du chapitre cathé-

(1) *Etats de Liége,* liasse Troupes, personnel.

» dral, quelques arrangemens qui nous paroissent très nécessaires et
» dont on peut faire une loy d'Etat par ajoute au dit règlement.

» L'on produit icy l'état ancien du régiment et le tableau moderne.

» L'on y appercevra aisément l'augmentation inutile et onéreuse
» d'officiers dont la plus grande partie tire la paye du soldat, au détri-
» ment du bien-être du service, ainsi que le nombre d'officiers supé-
» rieurs qui n'en font aucun ; on y verra de meme la multitude des
» cadets, qui ne pouvants faire le service, chargent les compagnies.

» Un autre inconvénient, qui nous a paru d'une grande considération,
» c'est la quantité de vieux soldats invalides.

» Pour prévenir et corriger cet abus, nous avons l'honneur de sou-
» mettre à vos lumières, Messieurs, s'il ne conviendrait pas d'ordonner :

» 1° De ne plus permettre qu'il soit agrégé aucun officier à la suite
» du régiment, ordonnant pour le prèsent que ceux qui peuvent s'y trou-
» ver, ne reçoivent aucune paye, ni gratification, ni logemens.

» 2° Qu'il ne soit permis à aucun officier de s'exempter de faire le
» service, sous prétexte d'un grade supérieur à celui de capitaine, le cha-
» pitre ordonnant qu'un chacun remplisse ses fonctions suivant le grade
» reconnu par la paye des Etats.

» 3° Défense d'admettre aucun cadet recevant la paye de soldats,
» sinon ceux qui feront réellement le service et qu'il n'y en aura qu'un
» par compagnie accordant la préférence aux fils d'officiers.

» 4° Régler le nombre de vieux soldats pour chaque compagnie et
» que dans ce nombre il n'y en eut aucun regardé comme vieux qui
» n'eut vingt-quatre ans de service dans le régiment, le nombre paraît
» devoir être fixé à quatre par compagnie.

» 5° D'ordonner qu'il ne soit fait aucune recrue qui n'eut atteint l'âge
» de dix-huit ans, de bonne structure et suivant la taille reçue, et refor-
» mer ceux qui n'ont ni cet âge ni la taille requise.

» Pour prévenir d'autres abus, peut-être plus préjudiciables encore,
» nous avons aussi l'honneur de vous représenter, s'il ne conviendrait
» pas de statuer, qu'on ne pouroit admetre dans le régiment aucun
» officier s'il n'est né et nationé liégeois; les Etats étant les maîtres du
» payement, peuvent par cet arangement empêcher toute introduction
» étrangère. Les gentilshommes reçus à l'Etat, ne sont pas compris
» dans cette exclusion.

» Il serait surtout essentiellement nécessaire de prendre les précau-
» tions pour empêcher la vénalité des emplois, qui empêche toute ému-
» lation et ne peut conséquement qu'apporter un grand préjudice au bon
» ordre, à l'harmonie et à la bonne composition du corps.

» Nous avons aussi l'honneur de mettre en considération, s'il ne con-
» viendrait pas d'empêcher par une loy d'Etat, qu'aucun officier puisse
» pour le futur posséder aucun emploi civil.

» Etait signé :

» Le comte de Saint-Maurice.
» Le comte H. de Rougrave.
» Van den Steen, abbé d'Amay. »

Le chapitre de Saint-Lambert soumit le mémoire aux délibérations des Etats de Liége.

« En l'assemblée de Messeigneurs de l'Etat de la Noblesse du pays
» de Liége et comté de Looz, tenue le 21 mars 1763, Messeigneurs
» aiant vu le projet du recès des seigneurs députés des trois Etats nom-
» més pour délibérer sur les propositions du chapitre cathédral, *Sede*
» *vacante*, déclarent de l'agréer comme s'ensuit :

» Messeigneurs considérant les avantages qui résulteroient au Pays
» en rendant national le régiment qui est à la solde des Etats, surtout
» que quantité des sujets liégeois se trouvent sans service par la réforme
» qui s'est faite dans les troupes de plusieurs puissances étrangères, vou-
» lant en outre remédier à plusieurs abus qui se sont glissés dans le dit
» régiment et en prévenir d'autres, sont convenus des articles suivants
» pour servir d'adjoute au règlement militaire de l'an 1715, requérant
» les seigneurs doien et chapitre cathédral, *Sede vacante*, de vouloir
» les agréer, confirmer et en ordonner l'exécution.

» S'ensuivent les dits articles :

» 1° Que il ne pourra être admis au futur aucun officier dans le dit
» régiment, s'il n'est né et nationé liégeois, soit du coté paternel, soit du
» coté maternel, excepté les gentilshommes reçus à l'Etat de la noblesse
» du pays.

» 2° On ne pourra sous aucun prétexte vendre les places d'officiers
» et autres du dit régiment.

» 3° Les officiers du dit régiment ne pourront pour le futur posséder

» aucun employ civil à la réserve cependant des membres de l'Etat de » la Noblesse.

» 4° L'on ne pourra plus au futur agréer aucun officier à la suite du » dit régiment, statuant que ceux qui s'y trouvent à présent ne peuvent » et ne pourront profiter d'aucune paye, gratification, ni logement dans » la ditte qualité d'officier.

» 5° Il ne sera permis à aucun officier de s'exempter de faire le ser- » vice sous prétexte d'un grade supérieur, entendant que chaque officier » remplisse les fonctions du grade reconnu par la paye qu'il reçoit des » Etats.

» 6° L'on ne pourra plus au futur admettre aucun cadet recevant la » paye de soldat qu'il ne fasse réellement le service de soldat, voulant » qu'il n'y ait plus qu'un cadet par compagnie en donnant la préférence » aux fils d'officiers.

» 7° Il n'y aura plus au futur que quatre vieux soldats par compa- » gnie et qui ne pourront être considérés tels qu'après 24 ans de service » dans le dit régiment.

» 8° L'on ne pourra plus au futur faire aucune recrue au dessous de » l'âge de 18 ans, et qui ne soit de bonne structure et de la taille reçue.

» Par ordonnance de mes dits seigneurs.

» J. P. Magis, pro Groutars. »

L'Etat-tiers se rallia à la délibération de l'Etat-noble le 23 mars 1763, et l'Etat-primaire le 26 du même mois.

Le chapitre de Saint-Lambert, *Sede vacante*, donna, le 7 avril suivant, sa sanction au règlement adopté par les Etats (1).

Le serment de fidélité à prêter par les officiers à leur entrée en fonctions, fut aussi modifié et adopté dans ces termes :

Nous jurons sur les Saints-Evangiles que nous touchons de nos mains, que nous faisons profession de la Sainte-Foy catholique, apostolique et romaine et que nous serons toujours loyals et fidels jusqu'à la dernière goute de notre sang à son Altesse Sérénissime Monseigneur l'Evêque et prince de Liége, et à son illustre chapitre, et obéirons avec les troupes qu'ils nous ont confié aux ordres et commandement, qui nous seront

(1) *Ordonnances de la principauté de Liége*, 1684-1764, t. I, p. 477.

donnés ou envoyés de leurs parts comme des officiers et hommes d'honneur doivent faire.

Item, que nous tacherons à notre possible avec ceux de nos commandements, à détourner tout ce que nous apprendrons être préjudiciable à Son Altesse susditte et à son très illustre chapitre, et d'en donner les advertences affin qu'il y puisse être pourvu de remède.

Item, s'il arrivait que Son Altesse cédat son évêché ou vint à mourir pendant le temps de nos commandements laquelle nous prions Dieu vouloir conserver en vie, longues années, nous jurons qu'avec la même fidélité et loyauté, nous conduirons les trouppes susdittes sous l'autorité et commandement du dit très illustre chapitre ou seigneur chanoine tréfoncier qu'il lui plairait denommer pendant l'interrègne et ce en homme d'honneur.

Item, que nous observerons et ferons observer le règlement militaire agréé par sa ditte Altesse Sérénissime le cinquième du mois d'août de l'année 1715, de même que celui émané le 7 avril 1763, Sede vacante.

En cas de défaut de paiement pour nous ou pour les dittes troupes et pour qu'en cas que ce soit, nous n'aurons regret particulier contre les biens de ce chapitre. Pour l'accomplissement de ce que dessus, nous obligeons nos personnes, notre foi, notre honneur et tous nos biens. Ainsi nous aide Dieu et ses Saints-Evangiles.

Le prince-évêque d'Oultremont, à son avènement à la principauté, ne conserva pas à son service les officiers bavarois des gardes-du-corps dont les fonctions cessaient avec la mort du prince qui les avait nommés, et auxquels le règlement militaire, adopté par les Etats, n'était pas applicable. Il les remplaça par des Liégeois et pendant tout son règne il s'appliqua surtout à conférer tous les emplois militaires à ses compatriotes.

A partir de ce règne, le régiment fut désigné communément sous la dénomination de *Régiment national liégeois de Berlaymont*, du nom de son colonel.

Le 28 mars 1765, des modifications furent introduites dans l'armement des soldats ; les anciennes épées qui étaient souvent encombrantes, furent remplacées par un sabre courbe, assez court, à poignée de cuivre, portant gravés des deux côtés de la lame les mots : *Etats de Liége* (1).

(1) Le Musée de l'Institut archéologique possède un de ces sabres.

Le prince-évêque de Velbruck compléta les réformes introduites, par son prédécesseur et le chapitre de Saint-Lambert, dans l'organisation du régiment (1).

Il fixa, par ordonnance du 10 avril 1773 (2), au chiffre de quatre par compagnie, les vieux soldats considérés comme invalides après vingt-quatre années de service et qui devaient être comptés, dans la suite, en sus de l'effectif ordinaire du régiment. Le 5 avril 1774, il régla les questions de préséance dans le service entre les officiers en pied et les officiers brevetés (3) ; enfin, par une autre ordonnance du 19 janvier 1775, le prince-évêque, voulant diminuer à l'avenir le trop grand nombre d'officiers et de soldats mariés, se réserva exclusivement le droit d'accorder des permissions de mariage aux officiers et soldats, et ordonna de congédier les soldats dont les femmes mendiaient (4).

RÈGNE DES PRINCES-ÉVÊQUES DE HOENSBROECK ET DE MÉAN
1785-1794

Dans les premières années du règne du prince-évêque de Hoensbroeck, élu le 21 juillet 1784, il ne fut apporté aucun changement à l'organisation ni à la situation du régiment qui resta tel qu'il avait été sous les deux règnes antérieurs.

Mais bientôt la fameuse querelle des jeux de Spa, soulevée par quelques intéressés, servit de prétexte à quatre ou cinq ambitieux et mécontents, pour jeter le trouble dans le pays de Liége. En faisant au prince une opposition systématique, ils aboutirent à la désastreuse et inutile révolution de 1789.

Dès le mois de juin 1787, le gouvernement du prince-évêque envoya à Spa, pour faire respecter son autorité, un détachement de cent hommes avec deux pièces d'artillerie sous les ordres du capitaine Brabant (5).

(1) Le régiment qui n'avait eu que deux drapeaux sous les règnes des princes-évêques Joseph-Clément de Bavière et Georges-Louis de Berghes, en eut trois, un vert et deux rouges, sous tous leurs successeurs. Les drapeaux étaient renouvelés à chaque changement de règne.

(2) *Ordonnances de la principauté de Liége*, 3e série, 1684-1794, t. II, p. 699.

(3) *Idem*, p. 721.

(4) *Idem*, p. 738.

(5) *Etat-noble*, reg. 212, 1782-1789, fol. 197.

Ils y maintinrent l'ordre jusqu'au mois d'août 1789 et durent céder devant la révolution triomphante. Les deux canons furent pris au Waux-Hall, les soldats désarmés, contraints de prendre la cocarde patriotique et de crier *Vive la liberté* (1).

Le 18 août 1789, la ville de Liége vit éclater la révolution contre le gouvernement du prince-évêque. Tandis que les principaux chefs du parti patriotique s'emparaient de l'hôtel de ville, des portes, des principaux postes et des prisons, Ransonnet, ancien officier au service d'Autriche, et un des plus audacieux révolutionnaires, à la tête d'une bande de patriotes, monta à la citadelle, où il pénétra sans difficulté, et somma le commandant de faire tirer le canon en l'honneur des bourgmestres élus par le peuple.

Le brigadier de Buchwald répondit « qu'il était bien faché de ne » pouvoir le satisfaire, qu'il ne recevait d'ordres que de Son Altesse » Celsissime. » Ransonnet répliqua « Eh bien, Monsieur, si vous ne » connaissez que Son Altesse Celsissime, je vais donner du haut de » ces remparts un coup de sifflet et deux mille habitants vous permet» tront de me satisfaire (2). »

Toute résistance étant inutile, Ransonnet resta maître par surprise de la citadelle qui fut bientôt envahie par la populace.

Mais laissons la parole à un témoin oculaire de ces tristes scènes, au docteur Bovy (3), qui habitait alors la citadelle, dont il nous a retracé d'une manière si touchante l'histoire, à la fin du siècle dernier.

« On y était en parfaite sécurité. Pouvait-on présumer que des gens » inoffensifs eussent quelque chose à redouter de leurs concitoyens ? » Vers deux heures de l'après-dînée, une multitude d'hommes de la lie » du peuple conduits par deux furies se rua dans les places et s'em» para des casernes. Les soldats essuyèrent les plus cruels traitements ; » les insurgés, s'étant saisis de leurs armes, entrèrent bayonnette au » bout du fusil chez le commandant, M. de Buchwald, en criant : *Les* » *drapeaux ! donnez-nous les drapeaux !*

(1) *Précis inédit de la Révolution faite à Liége le 18 août 1789*, p. 15, manuscrit de l'Université de Liége.

(2) *Idem*, p. 5.

(3) *Promenades historiques dans le pays de Liége*, t. I, p. 111.

» Le vieillard, presque nonagénaire, se leva du fauteuil où il était » assis et leur répondit avec calme : « *Les drapeaux appartiennent à » mon maître ; je suis trop faible pour les défendre ; mais vous les » donner volontairement, plutôt périr !* (1) »

» Après l'enlèvement des drapeaux, ils forcèrent le magasin à » poudre. Cent tonneaux de poudre et six plus petits de pierres à fusil » furent défoncés à coups de hache ; le tout se répandit sur le plancher, » de manière que les dévastateurs, avec leurs gros souliers garnis de » clous, y marchaient jusqu'aux genoux ! On se demande par quel pro- » dige il n'en est point jailli une étincelle, qui, en allumant la poudre, » aurait fait sauter la citadelle. Les débris de cette masse de cons- » tructions auraient écrasé une partie de la ville.

» Les deux furies amazones, voulant emporter un glorieux trophée » de leur incursion, conduisirent les patriotes à la haute batterie pour la » démolir. Elles attendirent au pied des remparts la chute du premier » fragment ; elles le mirent dans un mouchoir, avec lequel, faisant le » moulinet, elles reprirent le chemin du Péry, escortées de la populace » qui faisait retentir l'air du cri de *vivat !*

» Je les vois encore descendre, avec leurs robes blanches, les cheveux » épars, la figure enflammée par la passion, offrant l'image de deux

« (1) M. de Buchwald, surnommé le *beau Danois*, était un officier de mérite, craint et » chéri de ses subordonnés. Observateur religieux du serment prêté à son prince, il répondit » aux chefs des séditieux, qui l'engageaient à rester à son poste, « *qu'il ne voulait pas souiller » ses derniers jours par un parjure.* »

» Il quitta la citadelle pour se réfugier au château d'Envoz, chez M. de Mélotte, son » beau-frère. Des brigands coururent cerner cette maison ; les MM. de Mélotte s'en éva- » dèrent ; le chevalier Delchef, qui s'y trouvait, sauva sa vie en demeurant caché dans un » privé. Mme de Mélotte n'échappa qu'au poids de l'or. Alors, ces misérables attelèrent quatre » chevaux à la voiture et y firent monter M. de Buchwald, que son grand âge avait empêché » de fuir ; ils l'y étranglèrent avec leurs mains. Arrivé à Huy, son cadavre offrait les marques » hideuses des violences qui avaient été exercées sur lui ; il fut enterré dans cette ville, à » l'église Saint-Pierre. » (Note de Bovy).

« Le brave et généreux Bucwal
» Ne montera plus à cheval ;
» Ménacé d'être à la potence,
» Il est péri de sa souffrance (*). »

(*) *L'Eburonade en vers burlesques*, ou *Guerre des Liégeois*, p. 80. A Visé. 1791.

» Bacchantes, courir à la maison-de-ville, offrir ce premier débris du » *séjour de la tyrannie* (1). »

Après la prise de la citadelle, les officiers supérieurs la quittèrent avec un certain nombre d'officiers, parmi ceux qui étaient les plus dévoués au prince, mais tous les soldats et les invalides, ainsi que quelques officiers, continuèrent à y résider jusqu'au licenciement du régiment (2). Le 30 novembre suivant, une partie des logements fut cédée au bataillon de grenadiers prussiens de *Romberg* et au quartier-général de l'armée exécutrice du Cercle qui s'établirent à la citadelle et y séjournèrent jusqu'au 16 avril 1790.

Le cadre des officiers du régiment était composé, au moment de la révolution du 18 août, ainsi qu'il suit :

Colonel,	comte de Berlaymont.
Lieutenant-colonel,	de Buchwald.
Major,	de Wasseige.
Auditeur quartier-maître,	baron de Crassier.
Chirurgien-major,	Pirlot.
Aumônier,	Delatte.

Capitaines,	Lieutenants,
chevalier de Delchef.	Verdun.
Delcreyer.	Damry.
Leroux.	Massart.
Debru.	chevalier de Delchef.
chevalier de Bastin.	Ernest.
Duperron.	de Gouder de Beauregard.
de Buchwald.	Termonia.
Pirquet.	Van Loon, senior.
comte de Levignen.	de Crenwick.
	Brabant.
	Termonia.
	Van Loon, junior.

(1) « Le peuple voulant détruire le plus sûr instrument de despotisme, cassa ce jour-là » le régiment national. » *Feuille nationale liégeoise*, t. I, p. 4. (Note de Bovy).

(2) Notamment le major de place Knaeps, qui administra la citadelle jusqu'en avril 1790.

Enseignes,

d'Aubremont.	Beckers.
baron de Goeswin.	Colson.
de Blochouse.	Keppel.
Renson.	Deboeur.
Colson.	Delcreyer.
Tutot.	de Gouder de Beauregard.
Commissaire de guerre,	Ernest.
Major de la citadelle,	Knaeps.

L'effectif du régiment s'élevait, à la date du 22 février 1790, au chiffre de sept cent soixante-dix-sept hommes (1). Depuis le mois d'août, quoiqu'il ne fût pas licencié officiellement par les Etats et que les officiers et soldats continuassent à recevoir leur solde, le régiment était supprimé de fait; il ne faisait plus de service de place et les officiers avaient dû renoncer à porter leur uniforme, pour ne pas s'exposer aux insultes et aux injures de la populace.

Dans sa séance du 12 octobre 1789, l'Etat-tiers, à la demande des bourgmestres, conseil, maîtres et commissaires de la cité de Liége, décida de licencier le régiment national et de continuer provisoirement le payement des appointements des officiers. Il invita les deux autres Etats d'accéder à cette résolution; mais elle n'eut sans doute pas de succès, car le 24 du même mois, l'Etat-tiers accueillit un nouveau recès du magistrat de la Cité. Celui-ci demandait aux Etats de mettre à sa disposition, pendant un an, cinq cents hommes du régiment national, qui lui prêteraient serment de fidélité et dont il choisirait les officiers, tout en restant à la solde des Etats (2).

Cette prétention de la cité de Liége, qui ne tendait à rien moins que de disposer de la force publique et de substituer son action à celle des Etats, ne fut pas du goût des deux autres Etats. L'Etat-noble n'y consentit que sous l'*agréation du Prince,* et l'Etat-primaire refusa net jusqu'à ce que le prince, à qui le régiment avait prêté serment de fidélité, eût donné son autorisation (3). Dans ces conditions, la proposition

(1) *Liste des recrues,* 1789-1794.
(2) *Etats de Liége,* liasse personnel, 1787-1792.
(3) *Etat-noble,* recès, 1789-1790.

était rejetée et le conseil de la Cité décréta, le 1er novembre, la levée d'un corps de cinq cents hommes, à sa solde, qui fut désigné sous le nom de *Régiment municipal*.

Au mois d'avril 1790, les troupes prussiennes qui avaient occupé Liége et la principauté pour protéger le parti révolutionnaire, plutôt que pour faire exécuter les décrets de la Chambre impériale de Wetzlar, quittèrent le pays.

Les Etats réduits à leurs propres forces, décidèrent, dans leurs séances des 12, 13 et 14 avril 1790, la levée de deux régiments d'infanterie, de mille hommes chacun : « dans lesquels on recevra ceux des officiers et » soldats de l'ancien régiment national qui ne se sont pas rendus sus» pects et qui auront préalablement donné leur démission (1). »

L'Etat-noble prit, le 21 avril 1790, la décision suivante : « Les Etats » aiant résolu de lever deux nouveaux corps chacun de mille hommes » déclarent de licencier les soldats et bas-officiers de l'ancien régiment ; » auxquels il sera libre de s'engager dans les nouveaux en assurant la » solde qui ne leur a pas été payée depuis quelque temps jusqu'à la date » du 23 du courant, déclarent de même de remercier les officiers qui » pourront être remplacés ou pensionnés suivant l'équité et les circons» tances (2). »

Le 22 avril, l'Etat-primaire licencia officiellement à son tour les bas-officiers et soldats du régiment national et remercia les officiers.

Le commandement du premier régiment levé par les Etats fut donné au général-major comte de Berlaymont de Bormenville, colonel du régiment national et membre de l'Etat-noble ; mais quoique ses sympathies fussent pour les patriotes dans le début de la révolution, il n'accepta point (2). Les Etats n'eurent pas plus de succès auprès de son parent le comte de Berlaymont de la Chapelle, alors capitaine au régiment *Royal-Liégeois* au service de France ; nommé colonel le 27 avril 1790, il refusa cette charge le 20 mai suivant (3). Enfin un comte d'Aspremont-Lynden fut nommé le 20 mai et accepta (3) : les Etats lui adjoignirent comme lieutenant-colonel le capitaine Delcreyer, de l'ancien régiment

(1) *Etats de Liége*, troupes, personnel, 1789-1792.
(2) *Etat-noble*, recès, 1789-1790.
(3) *Idem*, journées, 1790, fol. 4.

national. Jean-Joseph de Fyon devint colonel du second régiment d'infanterie (1).

L'organisation des nouveaux corps fut assez difficile, aussi l'Etat-noble, pour l'activer, décida le 6 juillet 1790 : « que tous les officiers de » l'ancien régiment qui n'ont pas donné leur démission à la suite des » ordonnances réitérées des Etats, soient déclarés comme il les déclare » déchus de tout espoir de remplacement dans les nouveaux corps ou » de traitement quelconque (2). »

La plupart des officiers et soldats dévoués au prince se retirèrent à Maestricht ou rentrèrent dans leurs foyers et se tinrent à l'écart des événements. Un petit nombre seulement, parmi lesquels dix-sept officiers, entrèrent dans la composition des nouveaux régiments et manquèrent au serment de fidélité qu'ils avaient prêté à leur souverain.

Quelques officiers, notamment le major de Wasseige, les lieutenants van Loon père et fils, les enseignes Colson se rendirent à Maeseyck au quartier-général de l'armée exécutrice du Cercle et prirent part à la campagne qui ne fit honneur à aucun des deux belligérants, et dont le principal épisode fut le combat de Sutendael (3). La Chambre impériale de Wetzlar, voulant en finir avec la révolution de Liége, adjoignit, le

(1) *Etat-noble,* recès, 1789-1790.

(2) *Idem,* journées, 1790, fol. 45.

(3) Signalons en passant, à ce sujet, un article intitulé : *Campagne du corps d'exécution dans le pays de Liége en 1790,* extrait des *Mémoires du général Eickemeyer,* et traduit de l'allemand par H. Helbig *(Messager des sciences historiques,* 1851, p. 93).

Le général Eickemeyer né à Mayence le 11 mars 1753, était professeur de mathématiques à l'Université et major du génie au service de Mayence. C'est en cette qualité qu'il fit partie des troupes mayençaises envoyées en 1790, dans le pays de Liége, pour faire exécuter les décrets de la Chambre impériale de Wetzlar. Dans la relation de cette campagne, écrite dans un style trivial, Eickemeyer est aussi injuste et peu véridique pour ses compatriotes que pour les Liégeois ; il connaissait fort peu les événements auxquels il aurait pris part. Quelques années plus tard, en 1793, lors du siège de Mayence par les Républicains français, il était lieutenant-colonel du génie et employa toute son influence dans le conseil de défense de la forteresse pour forcer le gouverneur à capituler à la première sommation. Immédiatement après la reddition, il abandonna le service de Mayence pour passer dans le camp des ennemis, qui lui donnèrent le grade de général. Ce n'est donc pas injustement, comme le pensait H. Helbig, qu'Eickemeyer fut soupçonné d'avoir livré Mayence aux Français. Les *Mémoires du maréchal Gouvion Saint-Cyr* (t. I, p. 300), lequel était général dans l'armée républicaine devant Mayence, ne laissent d'ailleurs aucun doute à cet égard.

20 décembre, l'empereur Léopold comme chef du cercle de Bourgogne, aux quatre princes du cercle de Westphalie, chargés de rétablir l'ordre dans la principauté et le 12 janvier 1791, les troupes autrichiennes auxquelles s'étaient jointes les troupes de Mayence et de Trèves, sous les ordres du feld-maréchal-lieutenant baron de Keuhl, entrèrent à Liége et furent suivies, le 16 janvier suivant, de la Commission impériale déléguée pour faire exécuter les décrets de la Chambre de Wetzlar.

Le prince-évêque de Hoensbroeck rentra dans sa capitale le dimanche 13 février et reprit immédiatement en mains les rênes du gouvernement de la principauté.

Un de ses premiers soins fut de rétablir le régiment national. Les officiers, bas-officiers et soldats, qui étaient restés fidèles au prince-évêque pendant la révolution et dont un certain nombre s'étaient retirés sous la protection des remparts de Maestricht, reprirent leurs fonctions, et les Etats de Liége, dans leur séance du 13 septembre 1791, ordonnèrent de payer les appointements arriérés, depuis la révolution jusqu'à cette date, aux officiers dont les noms suivent (1) :

Colonel, comte de Berlaymont.
Lieutenant-colonel, de Buchwald.
Major, de Wasseige.

Capitaines,

chevalier de Delchef.
comte de Levignen.
chevalier de Bastin.
de Buchwald.
Pirquet.

Lieutenants,

Van Loon.
Brabant.
chevalier de Delchef.
Ernest.
Van Loon.

Lieutenants,

Massart.
de Gouder de Beauregard.

Enseignes,

Colson.
baron de Goeswin.
Deboeur.
Colson.
de Gouder de Beauregard.

Major de la citadelle, Knaeps.

(1) *Etat-noble*, citadelle, 1790-1793, fol. 20 v°.

Les bas-officiers et soldats qui s'étaient retirés à Maestricht en 1790, avaient reçu leur solde, du 25 février 1791 jusqu'au 20 septembre suivant, de la cassette particulière du prince-évêque et du chapitre de Saint-Lambert (1).

Dans la situation bouleversée où se trouvait le pays de Liége, il devenait nécessaire d'augmenter l'effectif du régiment. Sur la proposition du prince, l'Etat-noble prit, le 17 juin, la résolution suivante (2) :

« Messeigneurs aiant revu le résultat de l'assemblée tenue le 6 du » mois dernier entre les députés des trois corps d'Etat, en présence de » Son Altesse, vu aussi celui de la conférence du comité particulier des » Etats en date du 6 du courant; et désirant avec empressement con- » courir aux vues et aux intentions de Sa ditte Altesse, pour assurer le » calme, maintenir le bon ordre et la tranquillité publique, déclarent de » consentir à ce que l'ancien régiment soit augmenté de la manière sui- » vante: de ne pas augmenter le nombre des officiers, bas-officiers, ni » invalides, ni leurs appointements, mais de porter par une augmen- » tation de simples fusiliers le dit régiment à douze cents hommes, y » compris les officiers, bas-officiers, tambours et invalides, voir cepen- » dant que lorsque cette augmentation de force ne sera plus nécessaire, » le dit régiment sera rétabli sur le pied où il était avant l'époque du » 18 août 1789, pour ôter au public cette charge de plus. »

Les Etats primaire et tiers, par leurs recès des 18 et 22 juin 1791, se rallièrent à la décision prise par l'Etat-noble; le prince-évêque, par son décret du 10 août, rétablit le régiment sur le pied de douze compagnies, chacune de cent hommes.

Les casernes et les logements des officiers à la citadelle ayant été pillés et saccagés pendant la révolution, les Etats accordèrent, le 15 septembre 1791, des indemnités de logement (2), savoir: au colonel, 65 florins; au lieutenant-colonel, 50 florins; au major, 45 florins; aux capitaines, 30 florins; aux lieutenants, 20 florins et aux enseignes, 15 florins; aux bas-officiers et soldats, 10 liards par jour. Les trois officiers supérieurs avaient droit, en outre, à une seconde indemnité de 50 florins en qualité

(1) *Etat-noble*, rég. 213, citadelle, 1790-1793, fol. 119 v°. Le 31 juillet 1792, les députés des Etats ordonnèrent le remboursement de la solde, qui s'éleva à 44,646 florins 2 sous.

(2) *Idem*, fol. 21.

de capitaines. Les officiers, bas-officiers et soldats qui avaient pris service dans les troupes levées par les Etats rebelles furent exclus du régiment réorganisé (1).

Le gouvernement liégeois poussa activement le recrutement de ses troupes. Leur effectif s'élevait, à la revue du 1er mai 1792, à huit cent quarante-neuf hommes, et au mois de juillet à neuf cent huit hommes y compris les officiers (2).

Tout l'armement et l'équipement furent entièrement renouvelés et le régiment se trouva bientôt mis en état de faire campagne (3).

Les événements politiques de la fin du XVIIIe siècle allaient enfin lui donner l'occasion de sortir de l'inaction dans laquelle il avait vécu pendant près de quatre-vingts ans.

La France déclara la guerre à l'Autriche le 20 avril 1792 et ses armées envahirent les Pays-Bas, défendus par une petite armée de trente-deux mille hommes, sous le commandement du duc Albert de Saxe-Teschen, gouverneur-général des Pays-Bas, et du feld-maréchal baron de Bender.

Après des alternatives de succès et de revers, la grande supériorité numérique des armées républicaines obligea les Autrichiens, après la perte de la bataille de Jemmapes, le 6 novembre, où, au nombre de dix mille hommes, ils luttèrent avec acharnement contre cinquante mille Français, à abandonner momentanément les provinces belges et à battre en retraite sur Liége, pour se retirer enfin derrière la Roer.

Le prince-évêque abandonna sa capitale le 27 novembre, dans l'après-midi, se rendant à Dusseldorf.

Le régiment national quitta la citadelle pendant la nuit du 27 au 28 novembre pour se rendre à Limbourg. Il revint le lendemain à Verviers, où le général-major comte de Berlaymont le fit assembler sur la place, pour lui annoncer qu'il était licencié. Cette mesure mettait les soldats liégeois dans une situation très critique. Ils avaient abandonné

(1) Le prince-évêque communiqua aux Etats de Liége, le 13 septembre 1791, la liste des officiers désignés pour le régiment national; mais cette liste contenant des noms dont la nomination ne fut pas maintenue, nous ne la donnerons pas ici. *Etat-noble*, citadelle, 1790-1793, fol. 20 v°.

(2) *Etats de Liége*, liste des revues, 1789-1794.

(3) *Etat-noble*, citadelle, 1790-1793, fol. 78 à 128.

leur pays et leurs familles, pour rester fidèles au serment prêté à leur souverain ; leur licenciement les exposait à périr victimes des rancunes des révolutionnaires liégeois, qui accompagnaient les républicains français, ou à être fusillés par ces derniers comme émigrés.

Un grand nombre de soldats rentrèrent séparément à Liége ; les autres, au nombre de trois cent soixante-quinze, bas-officiers et soldats, restèrent groupés avec les officiers autour de leurs drapeaux et allèrent se renfermer dans la forteresse de Maestricht où ils furent bien accueillis par le général prince de Hesse-Cassel. Les soldats liégeois avec un millier d'émigrés français, prirent une part active à la défense de la place, depuis le mois de décembre, jusqu'au 3 mars 1793, jour de la levée du siège (1). Ils se distinguèrent surtout pendant le bombardement dans les derniers jours du mois de février.

L'armée autrichienne, considérablement renforcée et commandée par le feld-maréchal prince de Cobourg, ouvrit la campagne de 1793 en passant la Roer le 1er mars près de Duren et Juliers, et en battant le même jour, l'armée française à Aldenhoven.

Les Républicains, informés de ce mouvement en avant, levèrent en toute hâte le siège de Maestricht et se replièrent sur Tongres, suivis de près par l'avant-garde autrichienne commandée par l'archiduc Charles, qui entra à Maestricht le 3, précédant le prince de Cobourg avec le gros de son armée.

Pendant ces opérations, le feld-maréchal-lieutenant duc Ferdinand de Wurtemberg, avec l'aile gauche de l'armée autrichienne, marchait sur Aix-la-Chapelle dont il s'empara le 3 mars, puis sur Liége où il entra le 5 dans la soirée, après avoir défait les Républicains qui avaient essayé de l'arrêter à Soumagne.

Les Autrichiens prirent à la citadelle un parc de cent et cinq pièces d'artillerie, avec de nombreuses munitions, et sur le quai d'Avroy quarante-deux caissons, qui n'avaient pu suivre l'armée républicaine dans sa retraite.

Immédiatement après la levée du siège de Maestricht, le régiment national sortit de la place et revint prendre possession de la citadelle. Le 19 mars 1793, les Etats ordonnèrent au trésorier de la Tour, de

(1) *Liste des revues*, 1789-1794.

payer aux officiers et soldats la solde arriérée pendant l'occupation du pays par les Républicains français.

Après le retour du prince-évêque le régiment fut complété. Il ne comptait encore que quatre cent quarante-six hommes à la date du 11 avril 1793, et quatre cent soixante-dix-sept à la revue administrative du 1er juin suivant, sans les officiers. Au 1er mai 1794, le régiment comptait un effectif de six cent treize hommes avec les officiers (1).

Le nombre de quatre canonniers attachés au régiment était devenu absolument insuffisant, non seulement pour le service des pièces de position de la citadelle, mais aussi pour les pièces de campagne du régiment. Le prince-évêque de Méan demanda, le 20 juillet 1793, aux Etats de Liége de voter les fonds nécessaires pour la création d'un corps de cavalerie dit Maréchaussée et d'une compagnie d'artillerie, attachée au régiment d'infanterie. L'Etat-noble acquiesça, le 27 juillet, à la demande du prince, et les Etats primaire et tiers le 29 du même mois.

La compagnie fut composée d'un capitaine, d'un lieutenant, de deux sergents, de huit canonniers et de quarante servants de pièce, en tout cinquante hommes sans les officiers. Le major de la citadelle et inspecteur de l'artillerie était capitaine de la compagnie ; le lieutenant avait 50 florins de solde par mois ; les sergents, 20 sous par jour ; les canonniers, 10 sous, et les servants, la solde de soldat d'infanterie augmentée d'un sou par jour (2).

Par ordonnance du 10 août 1793, le prince-évêque décida que la compagnie d'artillerie porterait l'uniforme couleur gris ardoise avec parements, revers, vestes et culottes en drap rouge, boutons jaunes. Les insignes des officiers et bas-officiers étaient en or.

La restauration des casernes des soldats et des quartiers des officiers ayant été terminée au commencement de l'année 1794, le prince-évêque donna au lieutenant-colonel de Wasseige le commandement effectif de la citadelle, dont le général comte de Berlaymont, qui avait renoncé à y habiter après la révolution, conserva cependant le gouvernement.

Les officiers et soldats reprirent possession de leurs anciens logements et les Etats de Liége supprimèrent les indemnités qu'ils avaient

(1) *Liste des revues*, 1789-1794.

(2) *Etats de Liége*, liasse citadelle, fortifications, artillerie, 1789-1794.

accordées en 1791. Le corps des officiers réclama contre cette suppression, auprès des Etats : « *Nous sommes,* » dit la requête, « *sur le pied* » *de la garnison la plus paradieuse* (sic), *la plus stricte et la plus régu-* » *lière, nos uniformes exigent de la dépense et la figure qu'on nous* » *oblige à faire tant dans le public que dans les appartements de notre* » *souverain exigent la tenue de ces uniformes, alors MM. les officiers* » *étaient exempts de beaucoup d'impôts et avaient beaucoup de privi-* » *lèges; aujourd'hui nous sommes sujets à toutes les contributions, toutes* » *les taxes, tous les impôts, nous sommes soumis à tous les tribunaux,* » *à toutes les taxes et nous ne jouissons plus du moindre privilège.* » Ils exposèrent, en outre, que les soldats n'étaient pas suffisamment payés et que, depuis le 20 mars 1793, le régiment avait eu cent vingt-quatre déserteurs.

Les Etats de Liége, dans leurs séances des 16 et 19 mai, décidèrent de reprendre l'ancien taux d'appointements pour les officiers à partir du 1er juillet et de payer aux bas-officiers et soldats la solde sur le pied adopté en 1791, c'est-à-dire en conservant les indemnités accordées précédemment (1).

Pendant que le gouvernement liégeois réorganisait ses troupes, l'armée autrichienne, encouragée par la présence de l'Empereur, luttait glorieusement contre les nombreuses armées républicaines qui envahissaient les Pays-Bas, au printemps de 1794.

Dans les derniers jours du mois de mai, le feld-maréchal-lieutenant baron de Beaulieu, qui occupait avec son corps d'armée les Ardennes, fut obligé de se retirer de Marche, devant les forces considérables des ennemis, et de se rapprocher de Namur. Le pays et la ville de Liége se trouvèrent exposés à être envahis et rançonnés par les partis ennemis dont les pointes avaient déjà pénétré jusqu'à Marche et Ciney.

L'alarme fut vive à Liége et s'accrut encore par les tentatives de quelques malveillants qui essayèrent de troubler la tranquillité intérieure. Le gouvernement liégeois prit des mesures énergiques : il accepta l'offre du feld-maréchal-lieutenant duc de Wurtemberg, qui, à la suite d'un accident grave, était retenu aux bains de Chaudfontaine, de prendre, au nom de l'empereur, le commandement militaire de la ville et du pays

(1) *Etats de Liége,* fonds Ghisels, nos 69 et 375.

de Liége, et plaça, le 26 mai, toutes les troupes liégeoises sous ses ordres.

On eut recours aux émigrés français réfugiés à Liége et à Maestricht (1) ; ils furent armés au nombre de mille soixante-seize gentilshommes, aux frais du prince-évêque de Méan, et employés, sous le commandement d'un lieutenant-général, à la garde de la ville (2).

Le duc de Wurtemberg appela à Liége toutes les troupes autrichiennes disponibles dans les garnisons, et en attendant leur concentration, il envoya, en avant-garde dans le Condroz, quelques hussards autrichiens et la maréchaussée liégeoise.

Le 31 mai, un officier, détaché aux avant-postes à Bomal, le baron de Maldiny avec quelques cavaliers autrichiens et liégeois, surprit à Marche un convoi considérable de bétail et de vivres, que les Républicains avaient pillé dans les environs de Saint-Hubert. Ils sabrèrent l'escorte et la mirent en fuite après avoir fait plusieurs prisonniers. Le duc de Wurtemberg, étant parvenu à rassembler un petit corps de troupes, partit, le 3 juin, pour Marche et disposa ses troupes de manière à couvrir le Condroz, en se reliant à droite vers Ciney, avec le corps d'armée du baron de Beaulieu, et à gauche avec l'avant-garde de celui du général de cavalerie baron de Blanckenstein, qui arrivait de Trèves pour prendre position dans les Ardennes. Le duc de Wurtemberg établit ensuite son quartier-général à Spa (2).

Sur ces entrefaites, le 26 juin, eut lieu la seconde bataille de Fleurus, après laquelle le feld-maréchal prince de Cobourg, se replia lentement, en disputant le terrain pied à pied aux armées républicaines, et ramena l'armée impériale derrière la Meuse, tandis que l'armée combinée anglo-hollandaise se retirait sur les Provinces-Unies des Pays-Bas, pour les couvrir.

La perte de la bataille de Fleurus et la retraite de l'armée autrichienne devaient nécessairement faire retomber la principauté de Liége au pouvoir des Républicains français.

L'émigration commença aussitôt, mais le prince-évêque de Méan, avant d'abandonner sa capitale, voulut assurer le sort de ses fidèles soldats et les mettre à l'abri des vengeances révolutionnaires.

(1) *Etats de Liége*, fonds Ghisels, n° 376.

(2) *Gazette de Liége* des 28 et 30 mai, 2, 6, 9, 11 et 24 juin 1794.

Par une convention signée le 15 juillet 1794, au palais de Liége, entre le prince-évêque de Méan et le feld-maréchal-lieutenant duc Ferdinand de Wurtemberg, le régiment national passa au service de l'Autriche avec armes et bagages, en conservant tous les droits, avantages et solde dont il jouissait au service de Liége, mais sous la condition qu'il resterait en garnison dans la capitale aussi longtemps que le prince et son gouvernement y seraient fixés (1).

Le prince-évêque conservait les prérogatives d'un colonel propriétaire, notamment le droit de donner son nom au régiment réduit à un bataillon et celui de nommer tous les officiers, sauf les officiers supérieurs.

Cette convention fut complétée par deux articles additionnels le 20 juillet, jour du départ du prince pour l'émigration, et ratifiée par le feld-maréchal prince de Cobourg, commandant en chef l'armée impériale, à son quartier-général de Fouron-le-Comte, le 29 juillet 1794.

Le jour de la signature de la convention (15 juillet), le commissaire de guerre autrichien de Gerhauser, passa la revue administrative du régiment national, dont l'effectif se montait avec les artilleurs au chiffre de cinq cent vingt-sept hommes (2), y compris les officiers et les cadets (3).

Quelques jours après avoir passé au service de l'Empereur, le 26 juillet, le régiment, sous le commandement du colonel baron de Wasseige (4), suivit l'armée autrichienne dans sa retraite sur la rive droite de la Meuse et quitta Liége pour n'y plus revenir.

(1) Pour plus de détails, voir aux *Annexes* le texte de la convention dont l'original se trouve au Ministère de la guerre, à Vienne.

(2) Nous sommes loin du chiffre de onze cents hommes, indiqué par le docteur Bovy, qui n'est pas toujours très exact dans les nombres et les dates. *(Promenades historiques dans le pays de Liége*, t. I, p. 124).

(3) Les cadets étaient des jeunes gens, généralement fils d'officiers ou appartenant à des familles nobles ou aisées, qui servaient d'abord comme simples soldats dans le régiment, quelquefois aussi comme bas-officiers, pour apperndre le métier des armes. C'étaient en quelque sorte des élèves-officiers. Ils jouissaient de quelques privilèges et portaient l'uniforme d'officier, mais sans les marques distinctives des grades. Ils ne pouvaient dépasser le nombre de douze, soit un par compagnie. Lorsque le régiment passa au service de l'Autriche, il y avait quatre cadets dans la liste de présence du 15 juillet 1794; nous les renseignons au *Contrôle général des officiers*.

(4) C'est à cette époque que le baron de Wasseige fut sans doute nommé colonel, grade avec lequel il passa au service de l'Autriche, mais nous n'avons pu retrouver la date de cette nomination faite au moment de l'émigration.

Le cadre des officiers du régiment, à son départ de Liége, était composé ainsi qu'il suit:

Colonel,	comte de Berlaymont.
Lieutenant-colonel,	baron de Wasseige.
Major,	chevalier de Delchef.
Auditeur et quartier-maître,	de Brienen.
Commissaire de guerre,	Ernest.
Chirurgien-major,	de la Vignette.
Aumônier,	le père Kinable.

Capitaines,

comte de Levignen.
chevalier de Bastin.
baron de Buchwald.
Pirquet.
Van Loon.
Brabant.
Ernest.
chevalier de Paix.
de Fréron.

Lieutenants,

chevalier de Delchef.
Van Loon.
Leclercq.
Debœur, aide-major.
Bruno de Bourdon.
baron de Goeswin.
de Gouder de Beauregard.
Deprez.
de Bassompierre.
Streel.
de Boniver.
de Gouder de Beauregard.

Enseignes,

Meister.
de Wacquant.
Pirquet.
Warnant.
Termonia.
Pergens.
Raymond.
Colson.
Philippens.
Reyniac.
Termonia.
Liben.

Cadets,

comte de Berlaymont.
baron de Wasseige.
chevalier de Paix.
baron de Goeswin.

Major de la place,

Knaeps.

Lieutenant d'artillerie,

Fraas.

CHAPITRE IV

LE RÉGIMENT AU SERVICE DE LA MAISON D'AUTRICHE
CAMPAGNES D'ALLEMAGNE 1794-1798

Un témoin oculaire qui faisait partie du régiment national, le docteur Bovy, a relaté dans ses intéressants *Souvenirs d'un émigré liégeois* (1), auxquels nous ferons de nombreux emprunts, les différents incidents du départ des troupes liégeoises, lorsqu'elles suivirent, au mois de juillet 1794, l'armée autrichienne dans sa retraite sur Aix-la-Chapelle.

« Le 26 juillet 1794, à 6 heures du soir, » dit le docteur Bovy, « le » régiment national liégeois descendait la rue de Pierreuse, morne et » silencieux, marchant par huit hommes de front. Il quittait la citadelle » qui, si peuplée naguère et si animée par le séjour de nombreuses » familles étroitement et affectueusement unies, n'offrait déjà plus qu'une » vaste et triste solitude. La musique militaire et les tambours se tai- » saient; le drapeau renfermé dans son étui noir, était porté à la tête » du régiment, on eut dit un crêpe de deuil : notre départ n'était-il » pas aussi une pompe funèbre? Le régiment n'allait-il point disparaître » pour toujours?... Le colonel de Waseige, les majors Delchef, Kenaps » et l'aide major Streel étaient les seuls officiers à cheval.

» Liége présentait un aspect sombre et effrayant ; la plupart des mai- » sons étaient fermées. Si parfois une porte s'ouvrait, c'était pour lais- » ser sortir des personnes chargées de leurs effets les plus précieux. » On voyait des familles entières fuyant vers les faubourgs de Vive- » gnis et de Saint-Léonard ; et parmi elles, de pauvres mères tenant » un enfant sur un bras et conduisant par la main d'autres enfants, » innocentes créatures dont l'insouciance souriait au mouvement qui » les transportait d'un endroit dans un autre. A côté des caissons et » des voitures chargées de bagages ou de soldats blessés, cheminaient » des prêtres, des religieux de tous les ordres, confondus avec d'autres » fuyards portant, noués dans un mouchoir, quelques vêtements de » première nécessité. Ailleurs on voyait un mari se séparant de son

(1) *Supplément aux Promenades historiques dans le pays de Liége*, par le docteur Bovy, Liége, 1841.

» épouse, un fils recevant les dernières étreintes maternelles. Là, une » sœur disait adieu à son frère, plus loin une jeune fille s'arrachait aux » douces paroles de son amant. D'autres enfin, après de douloureux » embrassements, s'éloignaient à pas précipités en se couvrant la figure » des deux mains pour cacher leurs larmes ou pour étouffer leurs san- » glots. Partout des pleurs, partout des gémissemens ! Il fallait se hâter, » le canon français grondait sur les hauteurs à l'occident de la ville et » le retentissement de ses explosions dans les coteaux qui bordent la » vallée de la Meuse augmentait encore l'effroi général.

» Le régiment continuait sa marche par les rues Derrière-le-Palais, » Devant-les-Mineurs et la rue du Pont. Jusqu'au pied du Pont-des- » Arches nous n'avions rencontré que la plus tendre sympathie de la » part de nos compatriotes. Sur le milieu du pont, était établie une » batterie de quatre pièces de canon, soutenue par un bataillon hon- » grois et destinée à protéger la retraite du reste de l'armée autri- » chienne.

» Les rives si longtemps paisibles de la Meuse, voyaient déjà s'ou- » vrir le drame sanglant dont elles allaient être le théâtre !

» Au-delà du pont, des groupes nombreux occupaient l'entrée de la » rue des Tanneurs et celle de Pêcheruе. Il en sortit, à notre passage, » quelques voix railleuses ; vis-à-vis de Saint-Pholien le rassemblement » était plus nombreux. Les cris de *hovlette, pêle â cou, magneux d'sa- » late* (1) se firent entendre. Il avait été défendu, sous les peines les plus » sévères, de rompre les rangs et de répondre aux invectives de la popu- » lace. Aux coins de la Grande et Petite Nazarues et de la ruelle Saint- » Eloy, des pierres atteignirent plusieurs d'entre nous. De la rue alors

(1) J'ai souvent entendu demander d'où venait le sobriquet de *mangeurs de salade* donné aux soldats du prince de Liége ; en voici l'origine telle que je l'ai apprise à la citadelle même. Sous le règne de Joseph-Clément de Bavière, il éclata à Visé une sorte d'émeute à l'occasion d'un droit à payer au fisc. Cette émeute nécessita la présence d'un détachement militaire. A son arrivée, les magistrats de la ville demandèrent à l'officier commandant ce qu'il voulait que l'on donnât à sa troupe pour souper ? *De la salade !* répondit-il. C'était un plat peu confortable pour des hommes envoyés en *exécution* et qui venaient de faire trois fortes lieues ; aussi exigèrent-ils que la ration fût proportionnée à leur faim, et celle-ci était grande ! L'ordre étant rétabli dans la ville, les soldats du prince la quittèrent pour revenir à Liége, mais, en sortant, ils furent poursuivis par les cris assourdissants de *mangeurs de salade*, nom qu'ils conservèrent depuis. (Note de Bovy).

» dite *Ancion,* aujourd'hui Derrière Saint-Pholien, on nous accabla » d'un déluge d'immondices et de propos orduriers, familiers à la lie » du peuple. Aux abords du pont Saint-Nicolas, et au commencement » de Grande-Bêche sur la petite place nommée *La Cour,* on chantait » sur un ton frénétique :

» Ah! ça ira, ça ira, ça ira,
» Les aristocrates à la lanterne.

» C'étaient des vociférations horribles, jointes aux cris de : *vivent* » *les Français, vive la république!* Toute cette multitude formait un » tableau digne de l'enfer.

» Les insensés! Ils osaient, dans leur délire, invoquer la liberté, au » moment même où leur nationalité était expirante ; au moment où le » Perron, ce noble symbole de leurs franchises et de leur gloire passée, » allait être remplacé par des emblêmes de sang ; alors que cette antique » et superbe basilique, élevée en l'honneur de l'illustre martyr dont le » nom invoqué pendant tant de siècles avait été leur cri de vaillance au » champ d'honneur, allait tomber sous la sape des démolisseurs répu- » blicains! Le feu sacré du patriotisme n'était pourtant pas éteint dans » tous les cœurs ; il vivait, toujours ardent et pur, dans l'âme des vrais » Liégeois. Tous pleuraient sur ces déplorables désastres, et la patrie » ne leur en était que plus chère.

» C'est en face de l'arcade de la rue des Récollets que nous attendait » le plus d'avanies. Un furieux, comptant sur l'impunité des outrages » dont on nous accablait, ramassa d'une ornière un morceau de vieille » serpillière dégoûtant de fange, et le jeta à la figure d'un premier homme » de file, nommé Louis Bals, de Theux, fourrier de la compagnie de » Waseige, l'un des plus beaux hommes du régiment. Irrité de cet ignoble » outrage fait à des braves qui avaient si longtemps comprimé l'essor » de leur colère, le Franchimontois saisit son fusil des deux mains par » le bout du canon, en fit le moulinet, et abattit à ses pieds l'infâme » qui avait eu la témérité de l'insulter ; puis il terrassa les uns et pour- » suivit les autres : c'était un lion déchaîné. La troupe s'émut ; les fusils » étaient armés, Liégeois contre Liégeois!... Le carnage allait commen- » cer... Les officiers se précipitèrent au-devant des armes, déjà couchées

» en joue, et descendirent jusqu'aux supplications pour apaiser les sol-
» dats. « Mes amis ! s'écria le bon major Kenaps, qu'allez-vous faire ?
» Tirer sur vos frères, sur vos compatriotes qui ne sont qu'égarés ! ».
» A la vue de ces démonstrations hostiles, la foule s'était dissipée; mais
» l'épithète de *magneux d'salate* ne nous en poursuivit pas moins jus-
» qu'à la porte d'Amercœur.

» Le général en chef autrichien, prince de Saxe-Cobourg (grand-oncle
» du roi des Belges), avait usé de sages mesures pour assurer la retraite
» de son armée : il avait fait occuper les positions les plus favorables
» à la défense du passage de la Meuse et de l'Ourthe. La montagne de
» la Chartreuse était garnie de canons de distance à autre ; on en avait
» également établi sur tout le plateau du Mont-Cornillon. L'infanterie
» et la cavalerie occupaient la campagne des Bruyères, celles du Bois-
» de-Breux et de Beyne.

» Notre régiment se dirigea sur Herve et Aix-la-Chapelle, mais deux
» compagnies, dont je fis partie, restèrent sur ce point des Bruyères
» pour veiller aux bagages, le commandant du parc ayant disposé de
» nos chevaux pour traîner en avant les pièces de canon de gros calibre.
» On nous assigna, au-dessus du monastère de Robertmont, un champ
» de quelques verges où nous allâmes bivouaquer avec nos voitures
» dételées.

» Le lendemain dimanche, vers 9 heures du matin, le bruit d'une
» vive fusillade se fit entendre, puis, bientôt après, des coups de canon
» qui semblaient partir d'un quartier éloigné du centre de la ville.
» C'étaient les Français qui attaquaient le dernier détachement de
» l'arrière-garde autrichienne, établie avec une pièce de campagne dans
» la rue Saint-Séverin (1). Après un combat assez vif, les Autrichiens opé-
» rèrent leur retraite en bon ordre, poursuivis par les fantassins français
» qui semblaient n'être que des pygmées auprès des colosses hongrois.

» Le retranchement du Pont-des-Arches n'était pas facile à franchir ;
» les républicains s'avançaient par la rue Neuvice, se glissant de porte
» en porte pour éviter la mitraille, et, tout en gagnant du terrain, refou-
» laient l'ennemi derrière ses batteries.

» Mais tout-à-coup, tandis que les partis opposés sont occupés à s'at-

(1) Devant la maison qui portait alors l'enseigne des *Trois Pélerins* et qui porte aujourd'hui celle du *Chapeau d'or*, sous les n°s 43-695. (Note de Bovy).

» taquer ou à se défendre, des Liégeois s'embarquent sur des nacelles » et viennent descendre à la rive droite de la Meuse, un peu au-dessus » de la culée du pont. Ils s'élancent sur les Autrichiens au milieu des- » quels cette agression brusque et hardie jette l'épouvante. Ceux-ci aban- » donnent leurs pièces et fuyent vers la porte d'Amercœur après avoir » teint le pavé de leur sang.

» Hélas ! les peuples déshonorent souvent leur cause en se livrant » à des excès que rien ne peut justifier. Les blessés et les prisonniers » autrichiens furent, dit-on, précipités dans la rivière, les fugitifs furent » assaillis par une grêle de traits et de projectiles de toute espèce lancés » des petites rues et par les fenêtres des maisons de la grande voirie. » Beaucoup de ces malheureux en furent atteints et restèrent sur la » place, jusqu'à ce qu'on envoyât leurs cadavres rejoindre ceux de leurs » camarades dans les flots de la Meuse.

» Jamais rage ne fut égale à celle des Autrichiens, à l'aspect de leurs » compagnons d'armes ainsi maltraités Outre-Meuse. Ce fut à qui de- » manderait d'en tirer vengeance par le saccagement de ce quartier. » Nous, si étrangers au crime des coupables, nous faillîmes pourtant en » être victimes. Tout ce qui portait le nom liégeois était voué à l'exé- » cration dans le camp de ces étrangers ; ils venaient jusque dans notre » bivouac nous accabler d'injures, nous appelant avec dérision *Soldats* » *de Jésus-Maria !* L'un de nos officiers parvint à porter nos plaintes » au commandant des avant-postes, et toutes ces criailleries cessèrent.

» Les premiers Français arrivés Outre-Meuse, aidés par les bour- » geois, barricadèrent la porte d'Amercœur avec des charrettes renver- » sées et des tonneaux remplis de terre et de pavés ; les Autrichiens, » craignant une sortie, prirent les mêmes précautions de leur côté, » quoiqu'ils fussent gênés dans leur travail par les tirailleurs français » et liégeois qui bordaient les remparts.

» Le 28, jour à jamais mémorable en France par la mort de Robes- » pierre, et que les horreurs de la guerre ont rendu si néfaste dans nos » annales, il se fit de très bonne heure un mouvement dans l'armée » autrichienne ; tous les corps se mirent sous les armes pour passer la » rapide inspection du feld-maréchal, prince de Saxe-Cobourg, qui, dès » le 23 juillet, avait établi son quartier-général au village de Fouron- » le-Comte. Il était accompagné du général, comte de Clerfayt ; il visita

» toutes les batteries du Mont-Cornillon, et aussitôt le bombardement » du quartier d'Outre-Meuse commença.

» L'espace compris entre le pont Saint-Julien et le rempart d'en- » ceinte, fut d'abord atteint par les obus; la brasserie d'un sieur Peu- » rette fut renversée l'une des premières, mais ces globes incendiaires » foudroyèrent surtout le faubourg d'Amercœur ; de noirs tourbillons » de fumée, précurseurs d'un affreux embrâsement, interceptaient la » vue de la ville. Les ténèbres de la nuit qui succédaient à ces clartés » lugubres, fesaient ressortir les horribles ravages de l'incendie ; les » flammes s'élançaient dans les airs et dépassaient le sommet du Mont- » Cornillon; les maisons embrâsées croulaient et s'affaissaient sur elles- » mêmes. De ces fournaises ardentes, s'échappaient d'immenses colonnes » d'étincelles qui touchaient la nue, hideusement colorée, et s'y étei- » gnaient. Comme du haut d'un promontoire, nos regards plongeaient » dans une mer de feu ; le reflet rougeâtre des flammes donnait à lire, » sur nos fronts pâles, l'horreur qui dominait nos âmes ; nos interjec- » tions douloureuses étaient couvertes par le bruit de l'obusier et par » celui du canon, répondant aux batteries françaises placées à la cita- » delle, et dont les boulets, portant trop bas, atteignaient les maisons » qui n'étaient pas encore envahies par le feu. Nous crûmes d'abord » que toute la ville partageait le sort du faubourg ; mais lorsqu'à travers » les flammes nous pûmes apercevoir le clocher de Saint-Lambert et les » autres édifices les plus apparents de la cité ; lorsque nous reconnûmes » que l'intérieur de Liége avait échappé aux effets d'une vengeance bar- » bare, nous respirâmes moins péniblement.

» Pourtant l'incendie continuait à projeter sa sinistre lueur jusque » sur les hameaux des Roches, des Thiers à Liége et de Bernalmont. » Le long du quai Saint-Léonard on voyait fuir des hommes, des femmes » et des enfants, se dirigeant vers les côteaux de Herstal pour se mettre » à l'abri des projectiles meurtriers. La Meuse réfléchissant, comme une » glace unie, des teintes diversement colorées en rouge, nous apparais- » sait couverte de bateaux chargés de ballots et d'effets, descendant la » rivière de toute la vitesse des rames. Dans l'intervalle, les décharges » de l'artillerie, les accents de la douleur, du désespoir, de la rage, par- » venaient jusqu'à nous.

» Ces scènes d'horreur, si faiblement esquissées et qui ont laissé

» tant d'amers souvenirs dans nos cœurs, durèrent jusqu'au 30, jour » où le canon cessa, de part et d'autre, de vomir la mort et la dévas- » tation.....

» Le 2 août, il vint aux lignes autrichiennes de la partie flamande » du Limbourg, une grande quantité de chevaux de trait. Nous en » eûmes un nombre suffisant pour conduire nos bagages, et l'ordre du » départ fut donné. »

Après l'arrivée du régiment à Aix-la-Chapelle, le feld-maréchal-lieutenant duc Ferdinand de Wurtemberg, fit procéder immédiatement à sa réorganisation. Il fut mis sur le pied autrichien, quant aux cadres.

Le régiment qui comprenait douze petites compagnies, fut transformé en bataillon de quatre compagnies, sous le commandement du lieutenant-colonel baron de Wasseige, auquel resta adjoint le major chevalier de Delchef.

Un certain nombre d'officiers quittèrent le corps ; le colonel comte de Berlaymont, les capitaines comte de Lévignen, Brabant, Pirquet et Van Loon, les enseignes Pergens, Pirquet et Termonia. Le prince-évêque de Méan conserva auprès de lui, en qualité d'adjudant, le capitaine de Buchwald. Les quatre capitaines des compagnies du nouveau bataillon, furent le lieutenant-colonel et le major pour les deux premières compagnies, le capitaine chevalier de Bastin pour la troisième et le major d'artillerie Knaeps, nommé capitaine d'infanterie le 21 juillet 1794 pour la quatrième. Les capitaines Ernest et de Fréron, quoique capitaines effectifs, prirent, avec le titre de capitaine-lieutenant, le commandement des deux premières compagnies dont les officiers supérieurs étaient capitaines titulaires, mais dont ces derniers n'exerçaient pas les fonctions.

Les deux premières compagnies comprenaient, outre le capitaine et le capitaine-lieutenant, un lieutenant et un enseigne.

Dans les deux autres compagnies il y avait, outre le capitaine, un lieutenant et un enseigne.

La réorganisation du régiment laissa un certain nombre d'officiers sans emploi ; ils furent placés comme surnuméraires à la suite du régiment, et employés, les uns dans des services spéciaux, notamment dans la surveillance des hôpitaux de campagne, les autres incorporés dans des régiments autrichiens, tout en continuant à faire partie du bataillon.

La comptabilité du corps, tenue précédemment par le quartier-maître, fut modifiée selon les règlements autrichiens. Les officiers liégeois, faute de connaissance de la langue allemande, ne pouvaient s'occuper de l'administration du corps ; elle fut confiée, le 1er septembre 1794, à un officier autrichien, nommé Hirschy, qui reçut le brevet de lieutenant du prince-évêque de Méan. Celui-ci, en sa qualité de colonel propriétaire conserva, jusqu'en 1798, les prérogatives de nommer tous les officiers du corps ; les officiers supérieurs seuls étaient à la nomination de l'empereur.

Le 28 août eut lieu, à Aix-la-Chapelle, la revue du corps réorganisé, et la prestation de serment de fidélité à la maison d'Autriche, fut prononcée en langue française.

Le bataillon liégeois dont l'effectif s'élevait à trois cent trente-un hommes, quitta Aix-la-Chapelle le 20 septembre 1794, le surlendemain de la bataille de Sprimont et alla camper sur la rive gauche du Rhin, à une lieue environ au-dessus de Cologne.

« Notre situation, » dit le docteur Bovy (1), « devint alors déplorable.
» Traités en étrangers par les Autrichiens, nous n'avions pas même été
» compris dans la distribution des vivres. Les magasins de l'armée
» étaient d'ailleurs mal pourvus. Je me rendis à Cologne dans l'intention
» d'y acheter quelques provisions de bouche. Tout y était dans le plus
» grand désordre. Je rencontrai plusieurs familles liégeoises qui fuyaient
» au-delà du Rhin ; car près de six mille de nos compatriotes, y compris
» le régiment national, émigrèrent alors et allèrent établir leur résidence
» sur différents points de l'Allemagne. Ils se fixèrent surtout à Dus-
» seldorff, à Montabaur, à Paderborn, à Munster, à Francfort, à Wurtz-
» bourg, etc., et restèrent plus ou moins longtemps dans ces diverses
» localités, suivant l'étendue et la nature de leurs ressources. »

Le lendemain de son arrivée à Cologne, le bataillon passa sur la rive droite du Rhin.

Au mois de novembre 1794, le bataillon d'un effectif de trois cent sept hommes était cantonné avec l'état-major à Lindenholzkausen et des compagnies se trouvaient détachées à Limbourg sur la Lahn, Esch, Hachenburg et Wetzlar.

Le mois suivant, la compagnie du capitaine chevalier de Bastin est

(1) *Souvenirs d'un émigré.*

transférée de Hachenburg à Monthabor et en janvier 1795, la compagnie-major, commandée par le capitaine-lieutenant de Fréron, est envoyée d'Esch à Wirges.

Le 17 janvier 1795 eut lieu à Lindenholzkausen, par le commissaire de guerre autrichien Wizmann, la revue du bataillon qui fut désigné officiellement dans la suite sous le nom de bataillon *Prince-évêque de Liége*.

Son effectif s'élevait à seize sergents, trente-neuf caporaux, dix tambours et fifres, deux cent vingt-quatre soldats, cinq employés, quarante-trois malades, total trois cent trente-sept hommes sans les officiers.

Le cadre des officiers était composé ainsi qu'il suit :

Colonel commandant, baron de Wasseige.
Major, chevalier de Delchef.
Auditeur, de Brienen.
Lieutenant comptable, Hirschy.
Chirurgien-major, de la Vignette.
Aumônier, le père Kinable.

Capitaines,

chevalier de Bastin.
Knaeps.
chevalier de Paix.

Capitaines-lieutenants,

Ernest.
de Fréron.

Lieutenants,

chevalier de Delchef.
Van Loon.
Debœur.
Bruno de Bourdon.
baron de Goeswin.
Leclercq.
de Gouder de Beauregard.
Deprez.
de Bassompierre.
Streel.
de Boniver.
de Gouder de Beauregard.

Lieutenant d'artillerie,

Fraas.

Enseignes,

Meister.
de Wacquant.
Warnant.
Raymond.
Colson.
Philippens.
Reyniac.
Termonia.
Liben.

L'uniforme qui était précédemment en bleu foncé avec revers et parements rouges, fut, dans la suite, bleu clair et rouge écrevisse avec boutons blancs. Au lieu de la casquette en usage dans l'armée autrichienne, le bataillon conserva le chapeau tricorne. Les sergents et les fourriers avaient le col et les revers bordés d'argent; les caporaux des boutonnières d'argent sur le revers des manches.

Après la perte de la bataille de la Roër le 2 octobre, l'armée autrichienne qui était passée sous le commandement en chef d'un Belge, le feld-maréchal comte de Clerfayt, se replia derrière le Rhin (1).

La Prusse ayant déclaré sa neutralité à la suite du traité conclu à Bâle le 5 avril 1795 avec la République française, le comte de Clerfayt dut se borner à rester sur la défensive et à conserver Luxembourg et Mayence, seules positions occupées encore sur la rive gauche du Rhin. Luxembourg capitula le 24 juin 1795, mais Mayence fut sauvée. La délivrance de Mayence fut une des plus éclatantes victoires que les Autrichiens aient remportées sur les Républicains français et mit le comble à la réputation militaire du feld-maréchal de Clerfayt.

Au mois de février, le bataillon *Prince-évêque de Liége* fut désigné pour faire partie de la garnison de Mayence, bloquée depuis le mois d'octobre 1794, par l'armée française, et fut logé, le 17 février, chez les habitants.

Le commandement supérieur de la forteresse avait été confié au feld-maréchal-lieutenant autrichien baron Neu, pendant ce blocus et ce siège mémorables qui durèrent environ un an.

Le bataillon prit une part très active à la défense de la place. Dès son arrivée, le capitaine Knaeps fut détaché au service de l'artillerie avec la solde de major, ainsi que quatre caporaux et quarante soldats choisis parmi ceux qui avaient précédemment servi dans la compagnie

(1) Pour ne pas sortir du cadre de notre sujet, nous relaterons seulement ici les différentes opérations de l'armée autrichienne du Rhin auxquelles prit part le bataillon *Prince-évêque de Liége*, pendant les campagnes de 1795 et de 1796, d'après les *Principes de la stratégie développés par la relation de la campagne de 1796 en Allemagne*, par l'illustre archiduc Charles d'Autriche, les *Mémoires pour servir à l'histoire de la campagne de 1796*, par le maréchal Jourdan, les *Mémoires* du maréchal Gouvion Saint-Cyr, l'*Oesterreichischer Militer Almanach* pour les années 1796 à 1798, et autres ouvrages.

Les détails particuliers au bataillon ont été tirés des archives du Ministère de la guerre de Vienne et nous ont été gracieusement communiqués par M. le chevalier Amon de Treuenfest, major dans la garde noble allemande de S. M. l'empereur d'Autriche.

d'artillerie à Liége. Le restant du corps se trouva constamment aux avant-postes dans les positions de Weissenau, Zahlbach et de Hartenberg, et assista aux sorties effectuées le 6 et le 30 avril ainsi que le 19 mai, par les assiégés contre les positions retranchées des assiégeants.

La sortie du 30 avril, dirigée par le feldzeugmeister comte de Wartensleben, fut la plus importante ; au lever du jour, au signal donné par un coup de canon, les troupes autrichiennes s'élancèrent à l'assaut de la batterie française établie à Mombach et l'emportèrent. Mais les Français ayant reçu des renforts, attaquèrent à leur tour la batterie qu'ils avaient dû abandonner, l'enlevèrent et poursuivant leurs succès, ils se rendirent même maîtres de la position de Hartenberg, occupée par les Autrichiens. A ce moment critique, le comte de Wartensleben, ordonna un retour offensif ; son infanterie, parmi laquelle se trouvait le bataillon liégeois, vigoureusement enlevée par lui, et appuyée par les charges brillantes de deux régiments de cavalerie, reprit d'assaut la position de Hartenberg et rejeta les Français dans leurs retranchements.

Au mois d'octobre, le général en chef autrichien jugea le moment favorable pour essayer de débloquer Mayence.

Il passa le Mein le 11 de ce mois et força le général Jourdan, avec l'armée de Sambre-et-Meuse, de lever le siège sur la rive droite du Rhin et de se replier derrière le fleuve ; mais la ville restait bloquée sur la rive gauche. Dans la nuit du 28 au 29 octobre, le feld-maréchal comte de Clerfayt, fit passer le Rhin à la plus grande partie de son armée formée en quatre colonnes.

Le bataillon liégeois faisait partie de l'avant-garde de la colonne principale commandée par le feld-maréchal-lieutenant baron Neu, gouverneur de Mayence, destinée à opérer contre la division Courtot qui formait la droite de l'armée française de Rhin-et-Moselle.

Cette avant-garde, sous les ordres du colonel baron Knesevich, comprenait outre les Liégeois, un bataillon du régiment *Jordis*, quatre compagnies du corps franc de *Wurmser*, deux compagnies du corps franc *Archiduc Charles* (volontaires limbourgeois), et deux escadrons de hulans *Keglevich*.

Comme un certain nombre de soldats avaient été détachés du bataillon pour le service de l'artillerie, on ne put mettre en ligne qu'un effectif de cent vingt-sept hommes.

Le 29 octobre, de très grand matin, par un temps orageux, l'avant-garde qui occupait le village de Weissenau, marcha dans le plus grand silence contre la position de Laubenheim ; arrivée à proximité, elle s'élança à la baïonnette et emporta d'abord la grande redoute, puis le village. Lorsque le gros de la colonne principale eut rallié l'avant-garde, le feld-maréchal-lieutenant baron Neu fit attaquer en flanc la division Courtot qui fut complètement enfoncée; ce qui décida de la victoire.

L'armée française, mise en pleine déroute, perdit toute son artillerie et les immenses approvisionnements de siège qu'elle avait réunis devant Mayence.

Le feld-maréchal comte de Clerfayt qui avait dirigé personnellement les opérations, loua particulièrement la bravoure de l'aile gauche de son armée. Mais ce succès avait été chèrement acheté. Le bataillon *Prince-évêque de Liége* perdit vingt-trois bas-officiers et soldats, tant morts que blessés ; le lieutenant van Loon et le cadet van Loon, son frère, restèrent sur le champ de bataille.

Le corps franc *Archiduc Charles*, composé presqu'entièrement de volontaires limbourgeois qui combattirent avec la plus grande valeur à côté des Liégeois, fit aussi des pertes considérables dans cette journée (1).

Le caporal Foidart, de Liége, qui s'était particulièrement distingué, fut mis à l'ordre de l'armée et reçut le 18 février 1796, la médaille d'argent *pour le mérite militaire*.

Après la levée du siège de Mayence, le bataillon liégeois, fort de deux cent soixante-huit hommes, cessa de faire partie de la garnison de cette place ; il se trouvait, au mois de novembre, aux avant-postes à Bubenkrausen, et fut engagé contre l'ennemi le 6 décembre à Zweibrucken.

Un armistice ayant été conclu entre les deux armées belligérantes,

(1) La légion *Archiduc Charles* comprenait seulement deux compagnies, commandées par le major baron de Meys, et fut organisée dans les Pays-Bas en 1794. Elle était composée presque exclusivement de volontaires limbourgeois qui avaient pris les armes dès 1790 pour la maison d'Autriche pendant la Révolution brabançonne. Le général baron Guillaume, dans son *Histoire des régiments nationaux des Pays-Bas*, fait le plus grand éloge de la bravoure de ce corps qui prit part à toutes les campagnes de l'armée du Rhin de 1794 à 1797.

Tandis que cet écrivain fait souvent mention de la légion *Archiduc Charles*, il garde un silence absolu sur le bataillon liégeois qu'il n'a sans doute pas connu, quoique celui-ci ait combattu presque constamment à côté de la légion, notamment à la levée du siège de Mayence. Les deux corps furent licenciés et fondus dans le bataillon de *Carneville* en 1798.

le bataillon liégeois fut cantonné à Notenthal à la fin de décembre, et envoyé successivement en janvier 1796, à Langenbach, Warwayer, Selchenbach et Hirschweiler, où il passa l'inspection annuelle le 16 février.

L'armistice permit aux belligérants de passer l'hiver de 1796 dans une inaction absolue.

A la fin du mois de mai, l'archiduc Charles d'Autriche, qui avait remplacé le feld-maréchal comte de Clerfayt, dans le commandement de l'armée du Rhin, dénonça l'armistice pour le 1er juin et le 6 il ouvrit la campagne sur la Lahn.

Le bataillon *Prince-évêque de Liége* était, à la reprise des hostilités, aux avant-postes à Wolfstein dans le Bas-Palatinat et prit part à une série de petits combats qui lui occasionnèrent une perte de dix hommes tués et de quelques prisonniers.

Le 15 juin, il se trouva au combat de Wetzlar, où l'armée autrichienne défit l'armée du général Jourdan, et l'obligea à abandonner ses positions sur la Lahn et à repasser précipitamment le Rhin à Neuwied. L'aile gauche, commandée par le général Kléber, fut atteinte le 19 près de Kircheipe, par l'avant-garde de l'armée autrichienne sous les ordres du feld-maréchal-lieutenant baron Kray de Krajas, et forcée, après un combat très vif, de se replier derrière la Sieg.

Mais pendant que l'archiduc Charles obtenait ces succès sur le Bas-Rhin, l'armée autrichienne du Haut-Rhin se trouvait dans une situation très critique.

Elle avait été diminuée de vingt-cinq mille hommes, que son chef le feld-maréchal comte Wurmser avait conduits en personne pour renforcer l'armée d'Italie, et le feldzeugmeister comte de Baillet-Latour qui en avait pris le commandement le 18 juin, ne pouvait tenir tête à l'ennemi avec une armée aussi réduite.

Le général Moreau avait franchi le Rhin le 24 juin et il était urgent de lui opposer des forces capables de l'arrêter.

L'archiduc Charles laissa le feldzeugmeister comte Wartensleben avec quarante mille hommes, pour surveiller l'armée du général Jourdan et partit lui-même à marches forcées, avec vingt-quatre bataillons et trente-neuf escadrons, au secours de l'armée du Haut-Rhin.

Le bataillon liégeois était passé dans la brigade du général-major baron de Kienmayer, qui faisait partie du corps d'armée du comte

Warstensleben et se trouvait aux avant-postes à Altenkirchen, entre la Sieg et la Lahn, puis à Nieder-Lahnstein sur le Rhin.

Après le départ de l'archiduc, l'armée du général Jourdan, fort supérieure en nombre à celle du feldzeugmeister comte Wartensleben, reprit l'offensive au commencement du mois de juillet. Le général Kléber, avec l'aile gauche, passa la Wipper et la Sieg, tandis que Jourdan, avec le gros de son armée, passait le Rhin à Neuwied.

Le général autrichien abandonna, le 7 juillet, la ligne de la Lahn pour se retirer derrière le Mein, disputant le terrain avec beaucoup de vigueur et tirant parti de toutes les positions pour retarder la marche de l'ennemi. Après le combat de Friedberg, livré le 10 juillet, il parvint, sans se laisser entamer, à réunir son armée sur la rive gauche du Mein, le 11 juillet.

La brigade Kienmayer, à laquelle appartenait le bataillon, se replia par Monthabor sur la rive gauche de la Lahn et assista, le 10 juillet, au combat de Friedberg et à ceux livrés les 27 et 28 juillet autour de Wurzbourg, où les Liégeois perdirent vingt-quatre hommes, morts et blessés.

Le comte de Wartensleben, suivi de très près par les Français, continua sa retraite sur la Bohême et parvint, après avoir soutenu près de Bamberg un combat très vif, à faire sa jonction avec l'archiduc Charles à Amberg. Celui-ci, après avoir battu le général Moreau à Neeresheim le 11 août, se tourna contre l'armée du général Jourdan et la battit à Amberg le 24 août. Cette victoire, en amenant la réunion des deux armées autrichiennes, obligea les Français à battre en retraite sur Sulzbach.

Le bataillon liégeois, au début de la bataille d'Amberg, se trouvait sur la rive gauche de la Naab et fut vivement engagé contre l'ennemi.

Vingt-un bas-officiers et soldats furent tués ou blessés. L'enseigne de Wacquant et plusieurs soldats restèrent au nombre des prisonniers.

Le bataillon fut incorporé, après cette bataille, dans la brigade du général-major baron Elsnitz qui prit position sur la rive droite du Mein pour observer l'ennemi établi à Schweinfurt.

Après la bataille livrée à Wurzbourg le 3 septembre, la brigade Elsnitz poursuivit l'ennemi dans sa retraite et prit part, le 13 du même mois, au combat de Weilbourg sur la Lahn où l'enseigne Colson du bataillon *Prince-évêque de Liége* fut tué.

L'archiduc Charles força le passage de la Lahn les 16 et 17 septembre et obligea le général Jourdan à repasser de nouveau le Rhin à Neuwied.

A la fin de septembre, le bataillon était aux avant-postes à Kombach près de Cologne ; au mois d'octobre, entre Hachenburg, Ukerath, etc., enfin en novembre et décembre à Herzhausen près de Nassau-Siegen, où il prit ses cantonnements d'hiver.

La campagne de 1797 s'ouvrit pour l'armée autrichienne du Rhin dans de mauvaises conditions. Les victoires du général Bonaparte en Italie avaient forcé le gouvernement autrichien à mettre l'archiduc Charles à la tête de son armée d'Italie.

En quittant l'armée du Rhin, ce prince avait amené avec lui trente mille hommes, laissant à son successeur le feldzeugmeister comte de Baillet-Latour, des forces insuffisantes pour tenir tête aux armées françaises de Sambre-et-Meuse et de Rhin-et-Moselle dont la supériorité numérique était énorme.

Le bataillon *Prince-évêque de Liége*, qui avait passé l'hiver à Herzhausen et dans les villages voisins, passa, le 26 février 1797, l'inspection du commissaire de guerre autrichien Fischermel.

Les compagnies occupaient les cantonnements suivants : la compagnie du capitaine chevalier de Bastin était à Rakesfeld, près de Nassau-Siegen, et celle du capitaine Knaeps à Ober-Unglukshausen ; la compagnie du colonel, commandée par le capitaine-lieutenant Ernest, était à Herzhausen, et celle du major avec le capitaine-lieutenant de Fréron, se trouvait à Unter-Unglukshausen.

L'effectif du corps, fort réduit par les combats de la campagne de l'année précédente, ne s'élevait plus qu'à cent quatre-vingt-un sous-officiers et soldats, sans les officiers ; aussi l'archiduc Charles, par un ordre daté de Manheim, le 7 mars 1797, décida qu'au lieu de quatre compagnies le bataillon n'aurait plus à en fournir en ligne que deux.

Au mois d'avril, les généraux français dénoncèrent l'armistice conclu au mois de décembre précédent et, profitant de l'affaiblissement de l'armée autrichienne sur le Rhin, ils franchirent ce fleuve ; le général Hoche dans la journée du 18 avril et Moreau le 20.

Le bataillon liégeois, dont l'effectif, à la reprise des hostilités, ne comprenait plus que cent cinquante-huit hommes à mettre en ligne, quitta ses cantonnements le 16 avril pour se rendre dans le pays de Budingen.

Le 21 avril il combattit à Hiesen, où il perdit encore vingt-quatre hommes, quatorze tués et blessés, et dix prisonniers qui parvinrent à s'échapper et à rejoindre le corps au mois de mai. Ce fut le dernier combat auquel prit part le bataillon liégeois. Les préliminaires de paix entre l'Autriche et la République française furent signés à Léoben le 17 avril, et mirent fin aux hostilités.

Le bataillon, dirigé au mois de mai sur Bruckenau et Fulda, fut cantonné ensuite à Kitzingen. Le 11 octobre il occupa, avec un effectif de cent quatre-vingt-cinq hommes, Zellingen dans le pays de Wurzbourg et le 7 novembre il était à Ebenhausen. C'est là qu'un nouvel ordre du général en chef, daté du 28 novembre 1797, réduisit le nombre de compagnies à fournir en ligne à une seule.

D'Ebenhausen le bataillon se rendit à Phaffenhoven dans la Basse-Bavière, où il fut passé en revue par le commissaire de guerre Mayershofer le 17 mars 1798.

Envoyé ensuite à Inspruck, au commencement du mois d'avril, il y reçut la décision du Conseil aulique de guerre, datée du 17 avril, qui ordonnait son licenciement et l'incorporation de son personnel dans le 11e bataillon d'infanterie légère nouvellement organisé par le colonel comte de Carneville.

Le 20 juin 1798 eut lieu à Inspruck le licenciement du bataillon. Les deux officiers supérieurs, le colonel baron de Wasseige et le major chevalier de Delchef, furent mis à la retraite; le lieutenant-adjudant Biegler passa au bataillon d'infanterie légère *Prince Charles de Rohan*, et le lieutenant Fraas dans l'artillerie autrichienne. Tous les autres officiers encore présents au corps (1) passèrent au bataillon de *Carneville* avec cent et trente-sept bas-officiers et soldats (2). Les hommes hors d'état de servir furent envoyés dans les compagnies d'invalides.

Avec le bataillon *Prince-évêque de Liége* disparut le dernier vestige de la nationalité liégeoise, à laquelle il avait survécu pendant quatre glorieuses années de campagne.

(1) Le lieutenant van Loon, les enseignes Colson et Meister, et l'aumônier Kinable étaient morts. Le capitaine chevalier de Bastin et l'auditeur de Brienen avaient obtenu leur démission en 1797; le capitaine de Fréron était porté déserteur en 1798.

(2) Le bataillon, à son départ de Liége, avait un effectif de cinq cent vingt-sept hommes avec les officiers et se recruta pendant les années 1794 à 1798, par des Belges et surtout des Liégeois émigrés, qui comblèrent, en partie, les vides faits dans les rangs, par le feu et les maladies.

CHAPITRE V

LE BATAILLON CARNEVILLE AU SERVICE D'AUTRICHE

CAMPAGNES D'ITALIE 1799-1801

Après la conclusion du traité de paix signé à Campo-Formio le 17 octobre 1797, avec la République française, le gouvernement autrichien réorganisa son armée.

La plupart des corps francs, levés pour la guerre, et les troupes étrangères au service de l'Autriche, furent licenciés et fondus dans les bataillons d'infanterie légère nouvellement créés.

Le bataillon *Prince-évêque de Liége*, les corps francs *Archiduc Charles* et *Carneville* (1), la légion d'*Anhalt-Zerbst*, réunis à Inspruck, sous la direction du feld-maréchal-lieutenant baron Neugebauer et du commissaire de guerre Fischer, formèrent le 11e bataillon d'infanterie légère, dont la propriété fut donnée au général-major comte François de Carneville et le commandement au colonel comte Georges de Carneville auquel fut adjoint, comme commandant en second, le major baron de Meys, du corps *Archiduc Charles*.

Le 21 juin 1798, cent trente-sept bas-officiers et soldats du bataillon *Prince-évêque de Liége*, savoir : quatre sergents, trois fourriers, treize caporaux, quatre ordonnances, sept musiciens et cent six soldats passèrent, avec vingt-trois officiers, au bataillon *Carneville*.

Neuf officiers furent incorporés dans les compagnies du bataillon *Carneville* ; ce furent les capitaines chevalier de Paix, Ernest et Knaeps ; les lieutenants Streel et Deboeur ; les enseignes Raymond, de Wacquant et Termonia ; le chirurgien-major de la Vignette.

(1) Le corps franc de *Carneville* composé en grande partie d'émigrés français, avait été organisé en 1792, par les comtes François et Georges de Carneville, tous les deux officiers supérieurs au service de France et chevaliers de Saint-Louis. Il comprenait deux compagnies d'infanterie, deux compagnies de chasseurs et deux escadrons de hussards, et fit toutes les campagnes de l'armée autrichienne dans les Pays-Bas, des années 1792 à 1794, et celles des années 1795 à 1797 sur les bords du Rhin. Après la paix de Campo-Formio, le corps franc fut dissous ; les escadrons de hussards passèrent au régiment des chasseurs à cheval de *Bussy*, les compagnies de chasseurs dans le bataillon *Leloup*, et les compagnies d'infanterie formèrent le noyau du 11e bataillon d'infanterie légère, qui prit le nom de son propriétaire, le comte François de Carneville.

Le lieutenant quartier-maître Hirschy fut placé à la suite.

Les deux officiers supérieurs, les lieutenants chevalier de Delchef, Leclercq et l'enseigne Philippens furent pensionnés.

Le 6 août 1798, les officiers restés à la suite furent placés, les lieutenants en premier : de Bassompierre et de Bourdon au 1er régiment de garnison ; le baron de Goeswin au 2e régiment de garnison ; Deprez au régiment de *Beaulieu;* François de Gouder de Beauregard au régiment de *Murray ;* de Boniver au régiment de *Wurtemberg ;* Charles de Gouder de Beauregard au régiment de *Clerfayt ;* les enseignes Liben au régiment de *Ligne* et Reyniac au régiment de *Beaulieu.*

Le bataillon *Carneville* comprenait six compagnies avec un effectif d'environ huit cent cinquante hommes, sans les officiers, et deux canons. L'uniforme du corps franc de *Carneville,* qui était en drap vert, avec col et parements noirs, fut modifié et remplacé par celui de l'infanterie légère autrichienne : drap gris, avec col, parements et revers en drap bleu, boutons jaunes, casquette à la romaine en cuir bouilli.

Après sa première organisation, le bataillon fut envoyé pour se compléter dans la province de Trévise et le dépôt fut établi à Trielsimo près Udine. Il partit d'Inspruck pour se rendre à Borgo di Val Sugana, où il arriva le 15 août; les compagnies furent cantonnées à Strigno, Castelnuovo, etc., et y passèrent l'hiver de 1798-1799.

La paix entre l'Autriche et la République française ne fut guère de longue durée ; l'année 1798 n'était pas terminée que l'on pouvait déjà prévoir que le printemps de 1799 verrait recommencer une nouvelle lutte entre ces deux grandes puissances.

Le gouvernement autrichien mit sur pied trois armées : la principale, rassemblée sur le Danube et destinée à opérer sur le Rhin et en Suisse, fut confiée à l'illustre archiduc Charles d'Autriche ; la seconde, commandée par le feld-maréchal-lieutenant comte de Bellegarde, devait couvrir le Tyrol ; enfin la troisième, celle d'Italie, obéissait provisoirement aux ordres du feld-maréchal-lieutenant baron Kray de Krajas et devait, après sa jonction avec l'armée russe, passer sous le commandement du feld-maréchal comte Suwarow, généralissime des armées austro-russes en Italie (1).

(1) Nous avons encore mis à profit pour la campagne de 1799, en Suisse et en Italie, les intéressants *Mémoires du maréchal Masséna.*

La campagne s'ouvrit dans les premiers jours de mars. Dès l'ouverture des hostilités le bataillon *Carneville*, désigné pour faire partie de l'armée du feld-maréchal-lieutenant comte de Bellegarde, quitta le Val Sugana, et marcha par Trente et Saint-Michel sur le Val di Sole, qu'il traversa en passant par Pelizzano, et après avoir franchi le mont Tonale il arriva le 28 avril à Ponte di Legno, où il s'établit. Deux compagnies avaient été postées sur le mont Tonale, dans un blockhaus près de l'osteria della Oche; la nuit après leur arrivée il tomba une si grande quantité de neige que le blockhaus fut entièrement enseveli, et les chemins qui y menaient, coupés et rendus impraticables par les avalanches. Il fallut réquisitionner les paysans de tous les villages voisins, et ce fut avec d'immenses difficultés que l'on parvint à délivrer les deux compagnies. Le bataillon occupa les avant-postes sur l'Adda et l'Oglio, pour observer les débouchés des vallées voisines, et fit partie de la brigade du colonel prince Victor de Rohan.

Le 5 mai, le bataillon *Carneville* et trois compagnies de chasseurs du lieutenant-colonel Leloup formèrent l'avant-garde de la brigade du colonel prince de Rohan, qui était chargée, avec la brigade du colonel de Strauch, de se rendre maîtresse de la Valteline. Le colonel comte de Carneville avec son bataillon passa l'Oglio à Edolo et, après avoir franchi les monts, il déboucha dans la Valteline à Tirano; ce mouvement obligea le général français Loison à rétrograder sur Chiavenna. Le bataillon marcha ensuite par Sondrio et Marbegno le long de l'Adda, jusqu'au Passo d'Adda, où il traversa la rivière et s'embarqua ensuite sur le lac de Côme pour gagner, par Domosa et Menaggio, le lac et la ville de Lugano. Il fut ensuite incorporé dans la brigade du colonel de Strauch.

Sur ces entrefaites le feld-maréchal comte Suwarow appela à lui en Italie l'armée du comte de Bellegarde, qui avait agi jusque là isolément dans le Tyrol et en Suisse. Mais, voulant assurer un solide appui au flanc droit de l'armée austro-russe d'Italie, il chargea le feld-maréchal-lieutenant comte Hadick, avec les trois brigades du général-major comte de Saint-Julien et des colonels de Strauch et prince de Rohan, de s'emparer des passages du Saint-Gothard, occupés par le général Lecourbe. Celui-ci interceptait les communications entre la gauche de l'armée autrichienne du Rhin et la droite de l'armée austro-russe d'Italie.

Le comte Hadick, avec les brigades de Rohan et Strauch, marcha le 23 mai sur Bellinzona en remontant la vallée du Tessin, tandis que le général-major comte de Saint-Julien, s'avançait dans la vallée du Rhin, par Dissentis sur Urseren, pour prendre le Saint-Gothard à revers.

Le 27 mai, la colonne principale dont faisait partie le bataillon *Carneville,* rencontra à Airolo, au pied du Saint-Gothard, les troupes du général Loison ; le lendemain elle les défit complètement et les obligea de battre en retraite précipitamment, à travers les passages du Saint-Gothard, sur Amsteig et Altorf, après avoir été atteintes et battues une seconde fois au Pont du Diable, par le général comte de Saint-Julien, qui fut chargé de la garde du Saint-Gothard.

Le comte Hadick, après la prise du Saint-Gothard, porta le colonel prince de Rohan sur sa gauche à Domo d'Ossola, afin de masquer les abords du Simplon, et la brigade du colonel de Strauch dans la vallée du Rhône pour appuyer les habitants du Valais qui avaient pris les armes contre les Français.

Le bataillon *Carneville,* après le combat d'Airolo fut dirigé sur Hufzig et de là à Realp, avec la mission de descendre dans la vallée du Rhône par le mont Furca.

Les soldats eurent considérablement à souffrir pendant cette marche, et bivouaquèrent une nuit sur la Furca, qui était couverte de neige et de glace. Ils avaient dû, pour se préserver du froid, transporter sur leur dos le bois nécessaire à l'entretien des feux de bivouac depuis Realp jusqu'au haut de la montagne. Le lendemain ils descendirent dans la vallée par un sentier serpentant le long des glaciers, où les hommes ne pouvaient passer qu'un à un. Plusieurs, pour arriver plus tôt dans la vallée, mirent les fusils entre leurs jambes, crosse en bas, et se laissèrent glisser le long des pentes de la montagne.

Arrivé dans la vallée à Oberwald, le bataillon *Carneville* fut envoyé dans le Valais, qui était occupé par les troupes françaises du général Xaintrailles. A Munster, la colonne autrichienne se heurta à l'avant-garde du général Xaintrailles qui se replia en combattant sur Ridewald, Lax et Brigg, après avoir défendu énergiquement le pont sur le Rhône à Lax. Le bataillon *Carneville* prit position après le combat au Theisberg, sur la rive droite du Rhône près de Lax, et envoya des postes avancés sur la rive gauche pour se relier à deux bataillons de la brigade Strauch, établis à Ried et à Roswald, qui communiquaient eux-mêmes avec la brigade Rohan, chargée de la garde du Simplon.

Le gros de la brigade de Strauch était placé entre Lax et Munster; deux bataillons occupaient le mont Grimsel. Les Autrichiens restèrent pendant les mois de juin et de juillet, et une partie du mois d'août, dans ces positions d'observation.

Au mois d'août, le général en chef de l'armée française Masséna, résolut d'opérer un mouvement offensif pour reprendre la position du Saint-Gothard et rejeter la gauche de l'armée autrichienne du Rhin, au-delà des monts qui séparent le bassin de la Reuss de celui de la Linth. Le général Lecourbe, dont la division avait été portée à douze mille hommes, fut chargé de cette opération et devait être secondé par le général Thureau, qui avait remplacé le général Xaintrailles dans le commandement de la division du Valais.

Le général Thureau commença son mouvement dans le Valais le 13 août; une de ses colonnes marcha sur le Simplon qui fut défendu énergiquement par le colonel de Rohan, mais celui-ci dut céder au nombre et rétrograder, après avoir perdu quelques prisonniers, jusqu'à Domo d'Ossola. Le colonel de Strauch, qui disposait de huit bataillons, voulut s'opposer à la marche de Thureau; laissant deux bataillons à la garde du Grimsel, il marcha le 13 août à la rencontre des Français au nombre de quatre mille hommes et les repoussa sur Roswald. Le lendemain 14, Thureau essaya de pénétrer à Aernen par la vallée du Rhône; une colonne de trois mille hommes, avec cinq pièces de canon, tenta de s'emparer du Theisberg. Mais cette position était occupée par les bataillons de *Carneville* et de *Siegenfeld*, qui repoussèrent victorieusement toutes les attaques des républicains et les forcèrent à reculer jusqu'à Morel. Le colonel comte de Carneville poursuivit vivement les Français jusqu'à Brigg, mais attaqué ensuite par des troupes fraîches, il dut se replier sur le Theisberg, où il se maintint jusqu'à ce que la supériorité numérique de l'ennemi le forçat à battre en retraite sur Lax, dont il détruisit le pont jeté sur le Rhône. Le bataillon *Carneville* subit de grandes pertes dans cette affaire; six officiers parmi lesquels les capitaines chevalier de Paix et Ernest, les enseignes Raymond et de Wacquant restèrent avec cent nonante-quatre hommes prisonniers des Français et vingt-cinq hommes disparurent. Ce furent les compagnies de Paix et Ernest qui eurent le plus à souffrir; la première perdit soixante-deux hommes et la seconde cinquante-neuf.

Tandis que le colonel de Strauch tenait en échec le général Thureau, les deux bataillons laissés à la garde du Grimsel étaient attaqués et culbutés par une nombreuse colonne commandée par le général Gudin. Le colonel de Strauch, menacé sur ses derrières et sur ses flancs, rassembla la plus grande partie de sa brigade à Imloch, commença le 15 août sa retraite par le pas de Nuffenen et parvint à se retirer par la Levantine à Airolo et de là à Bellinzona.

Le colonel comte de Carneville avec son bataillon, coupé du gros de la brigade de Strauch, se jeta dans la vallée de la Binna, et après avoir franchi le mont Albrun, par des sentiers praticables seulement pour des chasseurs ou des pâtres, parvint dans le Val Maggio, à travers des difficultés inouïes, et arriva le 19 à Locarno, avec les débris de sa colonne, épuisée de fatigue. Dans cette pénible et glorieuse retraite, harcelé jour et nuit par l'ennemi, le bataillon *Carneville* perdit six officiers qui restèrent grièvement blessés aux mains de l'ennemi, et un grand nombre de soldats tués, blessés ou faits prisonniers ; parmi les officiers se trouvaient les lieutenants en premier Deboeur et Streel. L'enseigne Termonia et quatre autres officiers parvinrent, quoique blessés, à suivre le bataillon. Après avoir pris deux jours de repos, le bataillon *Carneville* partit le 21 pour Bellinzona où il rallia le gros de la brigade de Strauch (1).

(1) Par un bizarre coup du hasard, une des colonnes de troupes françaises était commandée par le général Jardon, originaire de Verviers.

Dans une biographie de ce général donnée par le professeur Thil Lorrain, où malheureusement les exagérations rivalisent avec d'innombrables erreurs, nous trouvons un passage relatif aux opérations du bataillon de *Carneville* dans le Valais. Nous le reproduisons sous toutes réserves :

« Jardon fut chargé de refouler les Autrichiens qui avaient osé s'aventurer dans le Valais. » Ceux-ci s'étaient fortifiés sur les deux rives du Rhône. Le 21 août, il les attaque en avant de » Brieg, brise leur résistance, emporte leurs retranchements à la baïonnette et fait six cents » prisonniers, dont vingt-cinq officiers. Quatre de ses hommes seulement restèrent au pouvoir » de l'ennemi ; quatorze furent blessés et deux tués.

» Au commencement de cette attaque, cinq compagnies de *Carneville* et de *Siegenfeld*, se » voyant pousser avec une vigueur irrésistible, se réfugièrent au sommet du Belvald-Berg. » Jardon les laissa sur sa gauche ; mais après la victoire, revenant tout-à-coup sur ses pas, il les » bloqua sur cette montagne couverte de neige. Ne pouvant y trouver aucune ressource, ne

Envoyé ensuite à Côme pour se compléter et se reposer, il reçut à la fin du mois d'août, cent nonante-quatre recrues et fut incorporé dans la brigade du général-major Dedovich, cantonnée à Domo d'Ossola, mais ne fut plus engagé pendant le reste de la campagne.

Le 14 septembre tous les officiers et soldats, restés prisonniers des Français, furent relâchés sur parole, et au mois de novembre suivant, le bataillon fut envoyé en garnison à Brescia, puis dans la citadelle de Pescheria, et en dernier lieu à Legnago. Lorsque cette forteresse fut évacuée selon la convention du 15 juin 1800, le bataillon de *Carneville*, remis au complet, se rendit, en passant par Padoue, à Trieste, enfin au mois de juillet de l'année 1801 à Capo d'Istria, où, en suite d'une ordonnance du Conseil aulique de guerre du 25 juillet, il resta jusqu'au moment de sa dissolution, le 22 août 1801.

» connaissant aucune issue par où ils eussent pu s'échapper, ces malheureux, après trois jours » de privations de toute espèce, demandèrent à capituler. Le général en compta deux cents.

» Presque tous étaient d'anciens soldats ou des officiers de l'ex-prince-évêque de Liége dont » les armées *(sic)* se réduisaient à ces tristes débris. Par une singulière coïncidence, Jardon, qui » les avait écrasés dans le Franchimont et à Sutendael *(sic)* devait encore recevoir leur sou- » mission au milieu des montagnes de la Suisse. Le 23 août, un de leurs officiers, Raymond de » Liége, lui fut envoyé en parlementaire. Le lendemain, la troupe déposa les armes sur les » bords de la Massa, petit torrent qui se jette dans le Rhône. Elle fut envoyée en France. »

Nous ne pouvons nous dispenser, pour rendre hommage à la vérité historique, de relever les erreurs dont Thil-Lorrain a parsemé ce passage.

Ce ne fut pas le général Jardon, mais bien le général Thureau qui fut chargé des opérations contre les Autrichiens dans le Valais. Jardon, qui était seulement un général d'avant-garde et de coups de main, se trouvait sous les ordres de Thureau; son nom n'est pas même signalé dans les *Mémoires de Masséna*, général en chef de l'armée française en Helvétie. Les opérations commencèrent, selon les rapports des généraux autrichiens, d'accord avec les *Mémoires de Masséna*, t. III, p. 321, le 13 août et le surlendemain eut lieu la principale action, fixée par Thil Lorrain au 21 août, qui força la brigade de Strauch de se retirer sur Bellinzona, où elle se trouva rassemblée le 21 août.

Thil Lorrain rapporte ensuite sérieusement que son héros avait écrasé les soldats du prince-évêque de Liége, d'abord dans le pays de Franchimont, ensuite à Sutendael, alors qu'il n'était que simple lieutenant.

Il n'y eut pas le moindre combat, dans le pays de Franchimont, entre les patriotes et les soldats du prince-évêque; ces derniers étaient licenciés.

A Sutendael, où les combattants ne se firent guère de mal, les révolutionnaires liégeois n'eurent à combattre que les troupes du Cercle, Mayençais, Palatins ou Munstériens. Jardon n'a donc pu y écraser les soldats du prince-évêque qui ne faisaient pas partie de l'armée d'exécution.

Après le licenciement du bataillon, le colonel comte de Carneville, fut élevé au rang de général-major. Les officiers furent répartis dans les autres corps d'infanterie autrichienne. Le capitaine chevalier de Paix passa au régiment de *Reisky ;* le capitaine Ernest au régiment de *Beaulieu;* les lieutenants en premier Streel au régiment *Strassoldo,* et Hirschy au régiment des dragons de *Modène ;* le lieutenant de Wacquant au régiment de *Clerfayt ;* les enseignes Raymond à l'hôpital de Goritz, et Keppel (1) au régiment de *Ligne.* Le capitaine Knaeps, le lieutenant en premier Deboeur et le lieutenant Termonia furent pensionnés, et le chirurgien-major de la Vignette, mis en disponibilité.

Du personnel du bataillon, soixante-douze hommes furent incorporés au régiment *Archiduc Joseph,* et dix pensionnés comme invalides ; le restant licencié rentra dans ses foyers.

Après la paix de Lunéville, signée au mois de février 1801, les Belges et les Liégeois au service de l'Autriche, furent autorisés par le gouvernement français à rentrer dans leur patrie sous la condition expresse de prêter serment à la République et de renoncer au service de l'Empereur ou de toute autre puissance étrangère.

Quelques officiers liégeois rentrèrent à Liége, mais le plus grand nombre resta dans les régiments autrichiens où eux et leurs descendants continuèrent à se distinguer dans toutes les campagnes contre l'Empire français.

(1) Après la campagne de 1799, les enseignes de Wacquant et Termonia avaient été nommés lieutenants, et le cadet Keppel enseigne.

COMPAGNIE

DES

GARDES-DU-CORPS

LES princes-évêques de Liége, comme tous les souverains, ont toujours été entourés d'une garde personnelle, destinée autant à assurer la sécurité de leur personne, qu'à relever l'éclat de l'autorité qui résidait en eux.

L'organisation d'une garde permanente des princes-évêques, à la solde des Etats de Liége, ne remonte qu'au milieu du XVIIe siècle.

Après la prise de Liége en 1649, par les troupes du prince Ferdinand de Bavière, son neveu et héritier, Maximilien-Henri de Bavière proposa aux Etats, et obtint d'eux, de conserver à leur solde, pour maintenir la tranquillité dans le pays, quelques corps d'infanterie et deux compagnies de cent cavaliers chacune, dont une, spécialement affectée à la garde personnelle du prince, fut l'origine de la compagnie des gardes-du-corps, dits *Gardes liégeoises,* que les Etats de Liége entretinrent pour le service particulier des princes, pendant le siècle dernier.

Cette compagnie, dont l'effectif avait été dans la suite réduit à soixante hommes, fut supprimée lorsque le prince-évêque Joseph-Clément de Bavière, mis au ban de l'Empire le 9 janvier 1702, pendant la guerre de la Succession d'Espagne, dut quitter le pays de Liége.

Après la guerre, le prince-évêque ayant pu rentrer en possession de sa principauté en 1714, les Etats de Liége, dans leur assemblée générale du 31 octobre de cette année, rétablirent la compagnie des gardes-du-corps, carabiniers à cheval, sur le même pied que précédemment, c'est-à-dire à l'effectif de cinquante cavaliers, sans compter les officiers et bas-officiers. De 1715 jusqu'à la mort de Joseph-Clément de Bavière en 1723, elle fut constamment en garnison à Bonn, résidence habituelle de ce prince, et vint seulement dans le pays de Liége, pendant les mois de juin et juillet 1717 pour faire le service d'honneur auprès du Czar de Russie, Pierre-le-Grand, qui était aux eaux de Spa.

Les officiers des gardes-du-corps étaient en 1719 :

Capitaine,	baron de Glimes de Brabant.
Lieutenant,	baron de Vorst-Lombeck.
Cornette,	chevalier Marin de la Guignardière.

A l'avènement de Georges-Louis de Berghes, les Etats, dans leurs assemblées générale et particulières des 27 et 31 juillet 1724 (1), votèrent les fonds nécessaires à l'entretien d'une compagnie de gardes-du-corps à cheval, dits *Gardes liégeoises,* de l'effectif de cinquante hommes sans compter les officiers et bas-officiers au nombre de dix, et fixèrent, comme précédemment, les soldes mensuelles ainsi qu'il suit :

Capitaine	45 écus.
Lieutenant	30 »
Cornette	25 »
Wachmeester ou maréchal des logis	14 »
Quartier-maître	14 »
Deux brigadiers, chacun à 10 écus	20 »
Deux trompettes, chacun à 10 écus	20 »
Timbalier	10 »
Cinquante cavaliers, chacun à 8 écus . . .	400 »
	578 écus par mois.

Les gardes-du-corps n'avaient pas droit aux fourrages.

Les Etats spécifièrent dans leurs délibérations que la levée de la compagnie des gardes devait se faire dans la principauté et que tous ceux qui la composeraient seraient soumis aux lois du pays, conformément au

(1) *Etats de Liége,* Etat primaire, journées, 1720-1729, fol. 134, 137 et 138.

règlement militaire. Ils prièrent, en outre, le prince-évêque d'accorder la préférence pour les charges d'officiers à des gentilshommes du pays.

Comme les fonctions des officiers et des gardes-du-corps cessaient à la mort du prince qui les avait nommés, Georges-Louis de Berghes nomma officiers de ses gardes :

Capitaine,	comte de Glimes de Florennes.
Lieutenant,	de Coune.
Cornette,	comte de Berlaymont.
Maréchal des logis,	Gramket.

Il est à remarquer que le capitaine des gardes avait rang de général-major, les lieutenants et cornettes, de colonel ou de lieutenant-colonel et le maréchal des logis de capitaine. Quelques fois, le quartier-maître avait aussi rang de capitaine ou de lieutenant ; les gardes avaient tous le rang de brigadier.

L'uniforme des gardes était aux couleurs des armes du prince régnant.

A la mort du prince-évêque, le capitaine et les gardes-du-corps étaient continués dans leurs fonctions par le chapitre de Saint-Lambert et obéissaient aux ordres du grand-doyen jusqu'après les obsèques (1). A partir de ce moment, la compagnie était dissoute et les Etats accordaient à tous ceux qui la composaient, une indemnité de trois mois de solde.

Jean-Théodore de Bavière fut élu prince-évêque de Liége en 1744, et les Etats du pays, dans leur séance du 30 avril de cette année, maintinrent la compagnie des gardes-du-corps à l'effectif qu'elle avait déjà sous le prince son prédécesseur (2). Dans cette même séance, les Etats rejetèrent la proposition faite par M. de Cartier de Flémalle de créer une compagnie d'infanterie destinée exclusivement à la garde du prince et du palais de Liége (3).

Le prince-évêque Jean-Théodore de Bavière conserva les cadres de

(1) *Chapitre de Saint-Lambert,* décrets, *Sede vacante,* 25 octobre 1771, fol. 10.

(2) *Etats de Liége,* journées, 1741-1745, fol. 273 v°.

(3) *Etats de Liége,* idem, fol. 274. Cette compagnie, selon le projet présenté par M. de Cartier aux Etats noble et tiers le 21 avril et à l'Etat primaire le 2 mai suivant, devait comprendre un capitaine, un capitaine en second, un lieutenant, un sous-lieutenant, quatre bas-officiers, un frater, trois tambours, un fifre, quatre caporaux, trois appointés et quatre-vingts grenadiers.

la compagnie des gardes tels qu'ils étaient formés à la mort du prince Georges-Louis de Berghes.

Capitaine,	comte de Glimes de Florennes.
Lieutenant,	comte de Berlaymont de Bormenville.
Cornette,	baron de Rahier.
Maréchal des logis,	Gramket.

Dans la suite, l'effectif de la compagnie fut plus ou moins modifié. En 1752 elle comprenait :

Un capitaine.	Un chirurgien.
Un lieutenant.	Un timbalier.
Un cornette.	Trois trompettes.
Un maréchal des logis.	Trente gardes.
Un quartier-maître.	Un maréchal.
Deux brigadiers.	Un porte-timbales.
Deux sous-brigadiers.	

Le cadre des officiers fut augmenté en 1755, d'un lieutenant en second, et l'effectif de la compagnie fut encore modifié ; celle-ci comprenait en 1759 et jusqu'en 1763 :

Un capitaine,	comte de Glimes de Florennes.
Un premier lieutenant,	comte de Verita.
Un second lieutenant,	comte de Torring.
Un cornette,	baron d'Indermaur.
Un maréchal des logis,	capitaine Gramket.
Un quartier-maître,	capitaine Landinger.
Trois brigadiers.	Un chirurgien.
Deux sous-brigadiers.	Un maréchal.
Un timbalier.	Un porte-timbales.
Trois trompettes.	Un sellier.
Trente-sept gardes.	Six palefreniers.

Le prince-évêque Jean-Théodore de Bavière, pendant tout son règne, nomma, contrairement aux désirs des Etats de Liége, des étrangers aux charges d'officiers de ses gardes.

Après sa mort, son successeur, le prince d'Oultremont opéra de notables changements dans la compagnie des gardes-du-corps. Il en diminua l'effectif et remplaça les officiers bavarois par des Liégeois.

Le comte de Glimes fut maintenu dans ses fonctions de capitaine des gardes ; le comte de Vérita et le baron d'Indermaur, lieutenants, et le comte de Grosberg, cornette, furent remplacés : le premier par le comte de Berlaymont de la Chapelle et le troisième par le baron de Wal ; l'emploi du second fut supprimé.

Le major Gramket conserva lès fonctions de maréchal des logis, mais on lui adjoignit le capitaine Ruyson, écuyer du prince.

Après la mort du prince-évêque d'Oultremont, son successeur, le prince de Velbruck, fit rassembler la compagnie des gardes-du-corps dans la cour de l'hôtel du comte de Geloes, à Liége, le vendredi 13 mars 1772, et après l'avoir passée en revue, il déclara la conserver à son service (1).

La compagnie était composée à cette date de :

Un capitaine.
Un lieutenant.
Un cornette.
Un maréchal des logis ou exempt.
Un quartier-maître.
Deux brigadiers.
Deux sous-brigadiers.
Trente-trois gardes.
Deux trompettes (2).

Le comte de Glimes, capitaine des gardes sous les trois règnes précédents, conserva ses fonctions de capitaine, mais étant venu à mourir le 10 juin 1772, il fut remplacé par le comte de Geloes d'Eysden.

Le comte de Berlaymont de la Chapelle conserva la charge de lieutenant et le capitaine de Buchwald celle de maréchal des logis.

L'emploi de cornette fut donné par le prince à son neveu le comte d'Ansembourg, qui succéda en 1775 au comte de Berlaymont de la Chapelle dans les fonctions de lieutenant des gardes ; de 1775 à 1784, il n'y eut pas de titulaire pour la charge de cornette qui resta vacante.

A sa mort, le prince-évêque de Velbruck laissa à la compagnie des gardes, un legs de trois mois de solde, qui fut payé au mois de mai 1784.

Le règne du prince-évêque de Hoensbroeck n'amena pas de modi-

(1) *Registre pour la paye de la compagnie des gardes-du-corps de Son Altesse Monseigneur l'évêque, prince de Liége, 1772.* Archives du château d'Eysden.

(2) On ajouta à cet effectif, en 1775, deux clarinettes et un basson.

fications à l'organisation de la compagnie. Lorsque, après les journées du mois d'août 1789, le prince de Hoensbroeck dut quitter clandestinement le château de Seraing et se retirer en Allemagne pour conserver son indépendance et soustraire sa personne aux violences révolutionnaires, il fut escorté de quelques gardes-du-corps.

Après le départ du prince, ses gardes continuèrent à résider provisoirement à Liége, mais le 20 du mois de décembre, le magistrat de la Cité s'empara de leur caserne, pour y loger le *Régiment municipal* (1).

L'Etat-noble, dans sa séance du 1er août 1790, prenant en considération la situation des gardes-du-corps et des musiciens, et, désirant pourvoir à leur sort et régler leur service dans l'avenir, leur ordonna de prêter le serment civique aux députés des trois Etats.

Ils ne se pressèrent sans doute pas d'obtempérer à ces ordres, car les Etats de Liége, par leurs recès des 16 et 17 août, leur enjoignirent de remplir cette formalité, le 20 du même mois (2).

Quinze gardes-du-corps et cinq musiciens, qui étaient restés à Liége, se conformèrent seuls aux ordres des Etats, mais les officiers et les autres gardes restèrent fidèles au prince-évêque (3).

Après la restauration du prince de Hoensbroeck, au mois de janvier, la compagnie ne fut pas reconstituée immédiatement, mais les partisans du prince organisèrent, dès le mois de janvier 1791, sous le commandement du comte de Méan de Beaurieu, grand-mayeur de Liége, une compagnie de gardes d'honneur, volontaires à cheval, au nombre de soixante, choisis dans la noblesse et la haute bourgeoisie. Cette garde qui s'était engagée à faire le service pendant un an, commença ses fonctions le 13 février, jour de la rentrée solennelle du prince à Liége et les continua jusqu'à son décès au mois de juin 1792. L'uniforme était aux couleurs du prince : habit blanc avec revers, parements et collet noir, brodés d'argent, doublure rouge; vestes et culottes couleur paille, épaulettes d'argent, chapeau avec panache blanc et noir, le harnachement des chevaux, rouge bordé d'or (4).

(1) La caserne des gardes-du-corps se trouvait sur l'emplacement actuel de l'aile gauche du palais et de la cour du gouvernement provincial.

(2) *Etat-noble*, journées, 1790, fol. 56 et 61.

(3) *Etats de Liége*, fonds Ghisels, n° 396.

(4) Voir aux *Documents* la liste des *Gardes d'honneur volontaires*.

Après la mort du prince de Hoensbroeck, son neveu et suffragant Antoine-François comte de Méan, évêque d'Hyppone, fut élu prince-évêque de Liége le 16 août 1792.

Un de ses premiers actes, après avoir reçu son bref d'administration et pris officiellement possession du gouvernement de la principauté le 18 septembre 1792, fut de rétablir la compagnie des gardes-du-corps. Le cadre des officiers, dont les commissions sont datées du 22 septembre suivant, fut augmenté de deux officiers, un premier lieutenant et un cornette ; il était composé comme suit :

Capitaine,	comte de Geloes d'Eysden,
Premier lieutenant,	comte d'Ansembourg.
Second lieutenant,	baron de Stockhem de Heers.
Cornette,	chevalier de Grady de Bellaire.
id.	baron de Buchwald.
Maréchal des logis,	capitaine Pirquet.

L'uniforme adopté pour la compagnie fut le même que celui des gardes d'honneur volontaires du prince défunt : blanc avec revers et parements noirs, épaulettes et galons d'argent.

La compagnie des gardes était en voie d'organisation, lorsque les victoires des Français sous Dumouriez, forcèrent le prince-évêque de Méan à quitter Liége le 27 novembre pour se retirer en Allemagne, où il fut suivi de ses gardes (1).

(1) Nous ne pouvons, à notre grand regret, nous soustraire au devoir de relever les multiples inexactitudes que le comte Xavier van den Steen de Jehay a consignées dans *La Cathédrale de Saint-Lambert* et dans les prétendus *Souvenirs de François Garnier*, au sujet des troupes liégeoises et particulièrement des gardes-du-corps.

Dans le premier de ces ouvrages, qui sont, l'un aussi bien que l'autre, au-dessous de toute critique, l'auteur donne (p. 255) les noms de *douze officiers* des gardes-du-corps présents à une prétendue cérémonie à la cathédrale, tandis qu'il n'y en avait au plus que six dans la compagnie ; le 26 novembre 1792 (p. 363), il fait passer au prince-évêque de Méan, *une revue des troupes volontaires de la maison militaire* (sic) *et des compagnies des gardes-du-corps ;* enfin, il cite au nombre des officiers des gardes de l'escorte du prince de Méan à son départ pour l'émigration au mois de novembre 1792, les barons de Floen-Adlercrona et de Zibberna, qui n'ont jamais été au service des princes de Liége.

Mais ce n'est pas tout. Van den Steen raconte (p. 371) encore sérieusement que vingt-cinq gardes-du-corps escortèrent, en Allemagne, le fourgon contenant, entre autres objets précieux, un exemplaire de la Bulle d'or, qui, pas plus que son grand conservateur, n'ont existé que

Mais cette première émigration fut de courte durée, la victoire que l'armée autrichienne remporta le 1er mars 1793 à Aldenhoven sur les Français, suivie bientôt de la bataille de Neerwinden, qui amena l'évacuation de la Belgique, permit au prince de Méan de rentrer dans sa capitale le 21 avril 1793, et de reprendre les rênes du gouvernement.

Le 7 mars 1794, décéda à Liége le capitaine des gardes comte de Geloes, auquel le prince-évêque donna pour successeur le comte de Berlaymont de la Chapelle, ancien capitaine au régiment *Royal Liégeois*, au service de France. Nommé à la veille de la seconde et dernière émigration du prince-évêque de Méan, il ne remplit ses fonctions que pendant quelques mois, et escorta son souverain avec la plus grande partie des gardes-du-corps, lorsque celui-ci quitta Liége le 20 juillet 1792, pour se retirer en Allemagne.

La compagnie des gardes-du-corps fut alors dissoute, et tandis que les officiers et quelques gardes restaient en Allemagne, les autres rentrèrent dans le pays de Liége ou s'engagèrent dans des régiments de cavalerie autrichiens.

dans la féconde imagination de l'auteur. La plupart de ces allégations sont répétées dans les *Souvenirs de François Garnier*, t. I, p. 379, 397, 398, etc.

Dans ce dernier ouvrage apocryphe, dont M. Albin Body a fait bonne justice dans le *Bulletin des Bibliophiles liégeois* (t. III), Garnier raconte avoir vu *sous les armes et en grande tenue les gardes du prince, pris parmi les plus beaux hommes des régiments wallons et liégeois* (sic). *Aussi, c'étaient tous des colosses, plusieurs étaient suisses; ces derniers demeuraient fidèles à leurs mœurs et à leurs usages. Ils portaient encore, les jours de cérémonies, l'antique costume des libérateurs de la Suisse : les larges hauts de chausses tailladés, le pourpoint, la fraise godronnée et la toque à plumet. Quand ce large bataillon s'avançait pesamment sur le pont-levis, avec ses lourdes pertuisanes, au roulement d'énormes tambours qui ne réussissaient pas à couvrir le son aigre d'un petit fifre et précédé de son vieux drapeau qui remontait au temps de Ferdinand de Bavière, on croyait voir l'élite d'un canton allant conquérir la liberté contre l'oppresseur de la patrie* (t. I, p. 97).

Les princes-évêques de Liége n'avaient pas de *Gardes suisses;* ceux-ci ne portaient donc pas le costume carnavalesque décrit par le comte van den Steen. Le bataillon ne pouvait passer sur le pont-levis du château de Seraing avec son drapeau du temps de Ferdinand de Bavière, parce qu'il n'y avait pas de pont-levis à Seraing au siècle dernier et que les drapeaux des troupes liégeoises étaient renouvelés à chaque avènement d'un nouveau prince.

Il suffit de citer de pareilles inepties pour faire juger de la valeur des ouvrages de haute fantaisie historique du comte Xavier van den Steen de Jehay, qu'on s'étonne de voir encore, quoique rarement, cités par des écrivains mal informés.

CORPS DE MARÉCHAUSSÉE

CHAPITRE Ier

ORGANISATION ET COMPOSITION EN 1793

L'ORGANISATION du corps de cavalerie ou de maréchaussée eut lieu seulement pendant le règne du prince-évêque de Méan, un an à peine avant la disparition de la nationalité liégeoise.

Depuis longtemps, la nécessité d'un corps de police militaire, destiné à assurer le maintien de l'ordre et de la sécurité publique dans les villes et surtout dans les campagnes, s'était fait sentir; mais les Etats de Liége avaient toujours reculé devant les grandes dépenses qui devaient en résulter.

Pendant la révolution de 1789, l'Etat-tiers, dans son assemblée du 2 octobre de cette année, avait proposé l'établissement d'un corps de maréchaussée de deux cents hommes à cheval, destinés à être répartis dans le pays, à l'effet d'y maintenir la tranquillité, et avait engagé les deux autres corps des Etats à se rallier à cette décision, mais aucune suite ne fut donnée à la proposition (1).

Après la restauration du prince-évêque de Hoensbroeck, le bourgmestre de Thuin, Fabri, demanda en juillet 1791, au nom des villes et des communautés d'Entre-Sambre et Meuse, aux Etats de Liége, la création d'un corps de maréchaussée (2).

(1) *Etats de Liége,* personnel, 1789-1792.
(2) *Idem,* troupes liégeoises, maréchaussée, 1791-1794.

L'Etat-tiers, dans son assemblée du 28 juillet suivant, approuva les motifs énoncés par le pétitionnaire, non seulement pour la partie du pays qu'il représentait, mais pour toutes les autres. Il prit la proposition en considération et invita les deux autres corps des Etats à prendre, conjointement avec lui, une décision à cet égard.

L'Etat-primaire approuva la proposition le 3 août 1791, mais il n'y fut pas encore donné suite à ce moment.

La situation troublée et grave dans laquelle se trouvait la principauté après la révolution de 1789-1790 et de la première invasion des républicains dans le pays en 1792, décida enfin le prince-évêque de Méan à proposer, le 6 juillet 1793, aux Etats de Liége, l'établissement d'un corps de maréchaussée. Ceux-ci approuvèrent unanimement la proposition du prince et votèrent les fonds nécessaires à sa réalisation par leurs recès des 25, 27 et 29 du même mois ; mais ils exposèrent en même temps au prince que l'augmentation de l'effectif du régiment, accordée par les Etats en 1791, n'était plus nécessaire par la création du nouveau corps, et qu'elle était fort onéreuse pour la caisse des Etats. Ils le prièrent de remettre le régiment à l'effectif où il était avant l'augmentation, ce qui semblait d'ailleurs rentrer dans ses intentions. Le 10 août suivant parut le mandement du prince-évêque, contresigné par le grand-chancelier, baron de Sluse, décrétant l'organisation du corps de maréchaussée et du code qui devait le régir.

« Les fonctions de cette maréchaussée, porte le décret, ainsi par Nous » établie à la solde de nos Etats, seront de parcourir sans cesse les Pays ; » de se répandre par brigades dans nos bonnes villes, bourgs et villages, » en s'annonçant aux officiers et bourgmestres des lieux respectifs et de » veiller par tout à la sureté tant générale que particulière, en arrêtant » les brigands, les vagabonds, les étrangers suspects et sans aveu, les » voleurs, les criminels, décrétés de prise de corps par nos tribunaux, ou » trouvés en flagrant délit ; en prêtant main-forte aux seigneurs, aux » officiers, aux bourgmestres et magistrats, à leur réquisition ; en trans- » portant tels malfaiteurs arrêtés, dans les prisons respectives ; enfin en » appuyant et assistant les dits seigneurs, officiers et magistrats, dans » tout ce qui pourra prévenir et empêcher toutes sortes de troubles, » assurer le maintien de l'ordre, du repos et de la tranquillité publics, et » soutenir, dans toutes les circonstances, les autorités légitimes, y com-

» prise celle (lorsqu'ils en seront requis) relative à la perception des » droits, impositions et moyens publics; le tout néanmoins toujours » selon la Constitution et les lois du pays, auxquelles ainsi qu'aux judi- » catures, ce nouveau corps sera sujet tant au civil qu'au criminel, les » seuls cas purement militaires exceptés, comme il est de droit et d'usage, » avec l'obligation aussi, de nous faire exactement rapport en notre » Conseil privé, et, dans des cas de complication et de difficulté de ne » rien opérer sans nos ordres préalables : pour l'observation de quoi » ainsi que du règlement ou code militaire que nous leur prescrivons » tel qu'il suit, tous les officiers devront prêter le serment requis. »

Le décret règle ainsi qu'il suit l'effectif du corps qui fut organisé sur le modèle de la maréchaussée de France :

Un prévôt-général avec rang de lieutenant-colonel de cavalerie	3,000 florins.
Deux lieutenants de prévôt-général avec rang de major	2,000 »
Deux sous-lieutenants de prévôt-général avec rang de capitaine	1,600 »
Un adjudant avec rang de lieutenant	1,200 »
Six maréchaux des logis	438 »
Deux fourriers	438 »
Trente-deux brigadiers	365 »
Cent cinquante-huit cavaliers	292 »
Deux trompettes.	292 »

En tout six officiers et deux cents hommes.

Le prévôt-général avait deux rations de fourrage valant chacune 13 sous ; les officiers, les bas-officiers, cavaliers et trompettes une ration.

Les appointements étaient payés, tous les mois, sur un tableau d'effectif présenté par le prévôt-général à la députation des Etats. On ne pouvait retenir pour dettes que le tiers de la solde avec l'approbation des députés des Etats, à qui on devait en adresser la demande.

Le corps était exempt de tous droits de chauffage, barrières, ponts, passages d'eau, etc.

L'administration du corps appartenait à un conseil composé du prévôt-général, de l'adjudant et du premier fourrier.

Chaque cavalier devait verser à son entrée au corps 400 florins de caution dont les Etats payaient l'intérêt à quatre pour cent. Cette somme était employée pour l'équipement; l'armement et les frais réunis s'élevaient, pour chaque cavalier, à 441 florins de Brabant.

Les Etats versaient annuellement à la caisse du corps 4,000 florins de Brabant pour le remplacement des chevaux morts ou réformés qui, dans le dernier cas, étaient vendus au profit de la masse, et une autre somme de 8,600 florins de Brabant pour l'entretien des équipements, des habillements et de l'armement.

Il y avait, de temps en temps, une revue générale administrative du corps, par le grand-chancelier et des députés des trois ordres des Etats de Liége.

Le corps était divisé en quatre arrondissements, deux wallons et deux flamands ayant chacun à leur tête un lieutenant ou un sous-lieutenant de prévôt-général qui, selon l'arrondissement, était wallon ou flamand. Ces quatre principales divisions comprenaient trente-huit brigades, composées chacune de quatre cavaliers et d'un chef, maréchal des logis ou brigadier. Il y avait en outre quelques cavaliers de réserve au dépôt qui était, avec l'état-major, dans la capitale.

L'adjudant était chargé de l'instruction des hommes, tant à pied qu'à cheval, de même que du dressage des chevaux.

Les chevaux devaient être à tout crin, de poil noir ou bai, de quatre pieds huit pouces de hauteur, avoir quatre ans, et moins de sept ans. Ils étaient marqués sur la jambe monture de derrière des deux lettres P. L. Les officiers devaient se monter à leurs frais.

Les officiers étaient nommés par le prince-évêque et prêtaient, avant d'entrer en fonctions, le même serment de fidélité envers le prince et son église que les officiers du régiment d'infanterie.

Les bas-officiers et les cavaliers prêtaient, entre les mains du prévôt-général, le serment de fidélité et d'obéissance en ces termes :

Je promets d'être fidèle et loyal à Son Altesse Celsissime Monseigneur l'Evêque et Prince de Liége, et à son Eglise.

Je promets respect et obéissance à tous les officiers du corps, et à tous mes supérieurs hauts et subalternes.

Je promets de n'abandonner jamais mes officiers pendant le terme de mon engagement, mais qu'en brave et fidèle soldat, je les défendrai jusqu'à la dernière goutte de mon sang, et me maintiendrai de même dans tous les postes où je serai commandé pour le service du Prince.

Je promets de garder le secret sur tous les ordres et commissions, qui me seront donnés et de ne me laisser séduire ni corrompre par qui que ce soit.

Je promets au contraire d'avertir mes supérieurs de tout ce qui pourrait parvenir à ma connaissance qui serait préjudiciable à mon Prince, à mes supérieurs et au corps.

Je promets d'accomplir fidèlement tous les points susdits et de me conformer exactement au présent Code militaire.

Ainsi je jure, ainsi m'aide Dieu et tous ses saints.

Les officiers et soldats étaient soumis aux lois du pays, tant au civil qu'au criminel, à la réserve des cas de discipline militaire qui relevaient du Conseil de guerre. Ce Conseil de guerre, réuni par ordre du prévôt-général, était composé d'un lieutenant et d'un sous-lieutenant de prévôt, d'un fourrier faisant fonctions d'auditeur, de deux maréchaux des logis, de deux brigadiers, et de deux cavaliers, qui jugeaient conformément aux lois militaires du Saint-Empire.

L'uniforme, pour les bas-officiers et les cavaliers, consistait en un habit de drap vert avec parements, col rabattu, passe-poils et doublure de drap écarlate, fermé jusqu'à la taille par dix boutons en métal jaune, deux boutons à la taille, quatre boutonnières en galons de chamois jaune sur le col et deux sur chaque parement; une épaulette sur l'épaule droite et une aiguillette en laine jaune sur l'épaule gauche. La veste de drap couleur chamois avec dix boutons, et la culotte de peau naturelle; bottes à l'écuyère avec éperons noirs, et gants de peau. Le chapeau à bord retroussé, bordé d'un galon de laine noire de dix lignes de largeur, la ganse en laine jaune, les cordons et les floches en laine jaune et verte, la cocarde, le col, la rosette de la queue en crin noir et le panache noir. Les cheveux étaient liés en queue, à deux doigts de la tête, et coupés droits à mi-oreille, sans boucle. Les maréchaux des logis et les fourriers avaient les boutonnières en galon d'or, les épaulettes et les aiguillettes en soie rouge écarlate mélangée d'or. Les fourriers avaient, en outre, un galon au-dessus du coude. Les brigadiers étaient seulement distingués des simples cavaliers par un galon d'or en dessous du coude.

Les trompettes étaient habillés aux couleurs de la livrée du prince.

L'armement consistait pour les maréchaux des logis, fourriers et trompettes, en un sabre et deux pistolets; les brigadiers et cavaliers avaient en outre un mousqueton à bayonnette.

Le ceinturon dit à la hussarde et la bretelle du mousqueton étaient en cuir noir.

La giberne en cuir noir avec six cartouches était fixée pour le service à cheval, à la fonte de pistolet à droite, et pour le service à pied, s'attachait au moyen de deux boutons sur le devant de la veste, à hauteur de la ceinture.

Les housses, chaperons et porte-manteaux du harnachement des chevaux étaient en drap rouge écarlate, bordés d'un galon de laine jaune. Les selles à quartier carré en cuir fauve. Les brides et autres courroies en cuir noir, avec les garnitures, les bossettes en cuivre jaune, de même que le frontal, sur lequel étaient gravés le chiffre du prince régnant, le numéro de la brigade et celui du cavalier. Les mors et les étriers étaient étamés.

L'uniforme des officiers était le même que celui des cavaliers, sauf la différence de qualité du drap et la longueur, les boutonnières brodées en or et les boutons dorés. Les officiers avaient l'aiguillette, l'épaulette et la dragonne en or. Le prévôt-général et les lieutenants de prévôt-général portaient à l'épaulette des graines d'épinard, les sous-lieutenants des franges sans graines d'épinards. Le prévôt-général avait une petite broderie autour du col et des parements.

La garniture du chapeau en or, la cocarde et le panache noir. Les cols en soie noire.

Les officiers avaient en outre une redingote avec le col montant et les parements de drap écarlate, une rotonde verte, bordée d'un passepoil écarlate; et un manteau à rotonde bordé d'un galon d'or, le col montant et la doublure du devant du manteau en drap écarlate. Les bottes semblables à celles des cavaliers.

Les housses et chaperons des chevaux étaient bordés d'un galon d'or; le prévôt-général avait la distinction d'une petite broderie aux coins de la housse. Les selles en cuir fauve, piquées en vert, les bossettes et les boucles en cuivre jaune.

CHAPITRE II

LA MARÉCHAUSSÉE AU SERVICE DE LIÉGE ET DE L'AUTRICHE
CAMPAGNES DE 1794 A 1798

Le commandement et l'organisation de la maréchaussée liégeoise furent confiés au chevalier de Raick, capitaine en pied au régiment national de *Berlaymont*, nommé prévôt-général de la maréchaussée avec rang de lieutenant-colonel de cavalerie, par commission du 14 août 1793.

Le recrutement du nouveau corps, qui était caserné au couvent de Saint-Léonard, aujourd'hui la fonderie royale de canons, se fit très difficilement. Plus de six cents volontaires se présentèrent dans l'origine, mais ils furent refusés parce qu'ils ne pouvaient effectuer le versement des 400 florins de Brabant fixés par les Etats pour l'équipement.

Du mois d'août au mois de décembre 1793, l'effectif du corps comprenait six officiers et cinquante-trois hommes, savoir : cinq maréchaux des logis, deux fourriers, six brigadiers et quarante cavaliers, parmi lesquels se trouvaient un certain nombre d'émigrés français, pour lesquels le prince-évêque de Méan avait fait, sur sa cassette particulière, le versement des 400 florins.

Le cadre des officiers, qui tous avaient été précédemment au service de Liége, de France ou d'Autriche, fut composé ainsi qu'il suit :

Prévôt-général, (rang de lieutenant-colonel).	chevalier de Raick.
Lieutenants de prévôt-général, (rang de major).	Moers. Renoz.
Sous-lieutenants de prévôt-général, (rang de capitaine).	Dubois-Bury. Kenens.
Adjudant, (rang de lieutenant).	Crahay (1).

L'organisation du corps, commencée un peu à la hâte dans des moments difficiles, devait être complétée.

(1) Il obtint le grade de major en second à titre personnel le 24 avril 1794.

Les Etats de Liége, dans leurs séances des 22 et 23 mai 1794, délibérant sur la proposition présentée par le prince-évêque le 5 mai, augmentèrent l'effectif de la maréchaussée de : un aumônier attaché au dépôt à Liége, aux appointements annuels de 100 florins; d'un chirurgien à 600 florins (1) et d'un maréchal ferrant expert à 150 florins. Ils accordèrent un supplément de 4,000 florins en sus des 8,600 attribués précédemment à la régie du corps pour la remonte, l'augmentation du prix des rations, la fourniture des munitions, du mobilier, de l'éclairage de la caserne et des écuries, et autres objets d'importance secondaire. Les Etats de Liége, pour faciliter le recrutement, décidèrent que dans la suite, on n'exigerait plus que des étrangers seulement la consignation des 400 florins pour l'équipement. Les Liégeois ne devaient plus verser que 200 florins de Brabant, et les Etats payaient le restant, soit 241 florins par homme, à la caisse du corps (2).

La maréchaussée, pendant sa courte existence au service de Liége, resta en garnison dans la capitale à l'exception de deux brigades placées à Rochefort et à Bois, et fut employée à de nombreux détachements provisoires à Verviers, à Huy, à Franchimont et en Hesbaye, pendant la première moitié de l'année 1794.

Le 26 mai 1794, le prince-évêque de Liége mit la maréchaussée, ainsi que le régiment national sous les ordres du feld-maréchal-lieutenant duc Ferdinand de Wurtemberg, commandant des troupes impériales dans la principauté de Liége.

Au mois de juin de cette année, l'effectif du corps s'élevait à cinq maréchaux des logis, deux fourriers, sept brigadiers et quarante-six cavaliers, en tout soixante hommes et six officiers (3); ils quittèrent le pays de Liége dans les derniers jours du mois de juillet avec l'armée autrichienne, pour se replier d'abord derrière la Meuse, ensuite au mois de septembre derrière le Rhin, lorsque la trop grande supériorité des armées françaises obligea l'armée impériale à évacuer définitivement la Belgique après la perte de la bataille de Sprimont.

(1) Ce fut le chirurgien-major de la Vignette, du régiment d'infanterie, qui obtint cet emploi.

(2) *Etats de Liége*, fonds Ghisels, n° 67.

(3) Thomassin, dans son *Mémoire statistique du département de l'Ourte*, pages 304-305, donne un état erroné de la maréchaussée liégeoise.

Le corps de maréchaussée passa l'hiver de 1795, dans les cantonnements de l'armée autrichienne, sur la rive droite du Rhin.

Au commencement du printemps de cette année, il fit sa jonction à Siegburg, petite ville du duché de Berg, avec le régiment de chasseurs à cheval de *Rohan,* composé en grande partie d'émigrés français, dans lequel il fut incorporé.

Nous empruntons au docteur Bovy, quelques détails sur l'organisation de ce corps.

« Le cardinal de Rohan, évêque de Strasbourg, si célèbre dans la » malheureuse affaire du collier, qui lui avait fait encourir la disgrâce » de Louis XVI et de Marie-Antoinette, ayant conservé toute la partie » de sa principauté située sur la rive droite du Rhin, sa charité envers » les fugitifs français le fit surnommer le père des émigrés. Ce fut avec » l'intention de pourvoir à leur existence qu'il conçut et exécuta le projet » de former deux régiments, l'un de chasseurs à cheval, l'autre d'infan- » terie, dont il donna le commandement à ses neveux, Louis et Victor.

» Notre chef, le prince Louis de Rohan, passait pour être l'un des » plus beaux hommes de son temps. Il joignait à une tournure noble » et chevaleresque toutes les grâces de l'esprit et l'amabilité de son oncle » le cardinal. Il habitait Vienne, quand ce dernier lui manda qu'il le » faisait propriétaire du corps de cavalerie en levée et qu'il lui aban- » donnait le choix de l'uniforme à donner à ces braves. Le prince » Louis était encore dans l'indécision à cet égard, lorsqu'un jour, » assistant à un bal paré de la cour, il y vit paraître une dame pour » laquelle il se sentait une vive inclination, dans un costume si sédui- » sant, qu'il lui jura que son régiment porterait ses couleurs. J'ignore » quel était le costume de cette dame ; mais je sais que le nôtre offrait » un éclat bizarre. Voici, en effet, quelle était notre grande tenue : bottes » à la chasseur, bordées par le haut d'un cordon blanc formant une » houppe au milieu ; pantalon couleur capucine festonné en blanc sur » les coutures latérales et sur le haut des cuisses ; dolman écarlate garni » de cordons blancs sur la poitrine ; ceinture de trois couleurs, blanche, » bleue et brune ; caraco vert sans manche, garni tout autour de four- » rure blanche, laissant la partie antérieure du corps à découvert, de » manière que le dos et les flancs étaient verts, la poitrine et les bras » rouges (ce qui nous avait fait surnommer les *bouchers de l'armée)* ;

12

» cravate noire, schako en feutre gris, surmonté d'un panache bleu » ondoyant ; manteau blanc. La petite tenue consistait en une veste » et un pantalon de cheval vert-uni.

» Cet uniforme sentait un peu l'arlequin ; cependant, quand nous » étions en ligne, nous excitions l'admiration des habitants des villes » et des campagnes dans lesquelles nous passions.

» Joignez à cela que la plupart des émigrés français qui composaient » notre régiment étaient des hommes superbes et d'une tournure plus » distinguée que le commun des soldats. L'uniforme des officiers, » chargé d'or et d'argent, était d'un éclat extraordinaire ; les harnais de » leurs chevaux étincelaient d'ornements en argent et en petits coquil- » lages. Deux ans après, nous quittâmes ce costume pour prendre celui » des hussards de Blankenstein et recevoir la qualification de hussards » de Rohan (1). »

Le régiment de hussards de *Rohan* passa dans la suite à la solde du duché de Brunswick, dont il forma le contingent à l'armée de

(1) *Souvenirs d'un émigré liégeois*, p. 24 et 25.

Le docteur Bovy (Jean-Pierre-Paul) naquit à la citadelle de Liége le 20 octobre 1779 et fut baptisé le surlendemain dans la chapelle de Saint-Henri. Il avait à peine 15 ans, lorsque le régiment national quitta Liége le 26 juillet 1794. Fils d'un chirurgien sédentaire de la citadelle, il suivit le régiment en qualité de volontaire, lorsque celui-ci entra au service de l'Autriche. Atteint du typhus, à la fin de l'année 1794, il passa la plus grande partie du rigoureux hiver de 1795 à l'hôpital établi dans l'ancienne abbaye de Hirchsfeld en Hesse. Lorsqu'il eut recouvré la santé au printemps de cette même année, il s'engagea dans le corps de maréchaussée liégeoise, qui allait être incorporé dans le corps franc de chasseurs à cheval de *Rohan*. Bovy fit les campagnes de 1795 à 1797 à l'armée du Rhin, et passa, après la paix de Campo-Formio, avec le corps de *Rohan*, au régiment de chasseurs à cheval de *Bussy*, en juin 1798. L'année suivante, il quitta la Hongrie avec son régiment, pour se rendre à l'armée d'Italie, et se trouva le 12 juin à un combat devant Modène. Son cheval ayant été tué sous lui dans une charge de cavalerie, il resta prisonnier des Français, et comme il était de l'âge de la réquisition, il fut incorporé dans le 7e régiment de chasseurs à cheval. Peu de jours après, à la bataille de la Trebbia, Bovy, en combattant ses anciens compagnons d'armes, eut encore son cheval tué sous lui. Enfin, le 14 juin de l'année suivante, il assista à la mémorable bataille de Marengo, à la suite de laquelle il put, après quelques mois passés à l'hôpital d'Alexandrie en qualité d'aide chirurgien volontaire, quitter la carrière militaire avec son congé définitif.

Rentré dans son pays natal, Bovy continua ses études et devint bientôt un des praticiens les plus distingués de Liége. Membre de la commission médicale de la province et de la commission de surveillance du Conservatoire royal, chirurgien en chef des hospices de Liége, etc., il décéda en cette ville le 26 août 1841.

Dans les dernières années de sa vie, le docteur Bovy, liégeois de vieille roche, consacra ses

l'Empire. Les cavaliers liégeois, montés et armés à leurs frais, formèrent, dans le début, une compagnie spéciale, commandée par le capitaine Crahay, sous les ordres du chef d'escadron comte de Liedekerke.

Pendant la campagne de 1795, où les deux armées belligérantes passèrent la plus grande partie de l'été à s'observer d'une rive à l'autre du Rhin, le régiment de hussards de *Rohan*, commandé par le colonel comte de Contades fit, jusqu'au mois de septembre, le service d'avant-poste sur les bords de la Lahn. Il fut engagé dans un petit combat au passage du Rhin par les Français et se retira sur la rive droite du Mein, pour prendre ensuite ses cantonnements d'hiver en Bohême à Horasdiowitz et dans les localités environnantes.

Les hussards de *Rohan* firent partie de l'armée de l'archiduc Charles pendant la campagne de 1796, et prirent part à la plupart des actions qui élevèrent si haut la réputation de ce grand capitaine. Le régiment, réuni à Mayence au mois de décembre, fut envoyé ensuite pour achever l'hiver dans les cantonnements de Netzbach, à deux lieues de Limbourg sur la Lahn et à Weroth, à pareille distance de Monthabor.

Le 1er mars 1797, le régiment de *Rohan*, qui jusque-là avait été à la solde du duché de Brunswick, passa à la solde de l'Autriche et prit l'uniforme des hussards hongrois.

Il fit partie, pendant la courte campagne de 1797, du corps d'armée du feld-maréchal-lieutenant baron Kray et assista à la bataille de Hedersdorff, où l'armée autrichienne fort inférieure en nombre à l'armée française, fut mise en déroute et obligée de battre en retraite au delà du Mein.

loisirs à réunir, sous le nom de *Promenades historiques dans le pays de Liége* (Liége, Collardin, 1838-1839, 2 vol. in-8° et *Supplément*, Liége, Jeunehomme, 1841, in-8°), les vieilles chroniques, traditions orales et légendes qu'il avait recueillies au cours de ses nombreuses promenades sur le sol du vieux pays de Liége.

Ces pages, pleines d'intérêt, et qui eurent un grand succès de popularité, ne contribuèrent pas peu à réveiller parmi les Liégeois le goût des recherches historiques.

Bovy n'était pas un savant, mais bien un conteur et un écrivain dont l'exquise sensibilité de cœur dirigeait la plume, ainsi qu'en font foi les détails si touchants, dont sont remplis les *Souvenirs d'un émigré liégeois*, son dernier volume, achevé peu de jours avant sa mort.

Nous avons fait assez d'emprunts au docteur Bovy pour que nous ne rendions pas à cet homme de bien, à ce vrai patriote liégeois, l'hommage dû à ses mérites. C'est la lecture de son dernier ouvrage, qui nous a suggéré l'idée de faire l'*Histoire des Troupes liégeoises au XVIIIe siècle*.

L'escadron du comte de Liedekerke, dont faisait partie les Liégeois, eut considérablement à souffrir de la cavalerie française, et allait être fait prisonnier en entier lorsqu'il fut dégagé par une vigoureuse charge, menée par le marquis d'Andigné à la tête de son escadron.

Cette bataille fut une des dernières actions de la campagne ; les préliminaires de la paix, signés à Leoben le 7 avril, mirent fin aux hostilités, et les deux armées rentrèrent dans leurs cantonnements.

Le régiment de *Rohan,* ayant perdu beaucoup d'hommes et de chevaux, fut, à l'exception de deux escadrons, envoyé dans la Franconie, où il résida pendant quelques mois.

De là, le régiment qui avait été rallié à Munich et à Wasserbourg par les escadrons détachés, marcha au complet sur Wesprim en Hongrie, lieu fixé pour sa résidence.

Ce fut à Wesprim, qu'au mois de juin 1798, fut organisé le régiment de chasseurs à cheval de *Bussy,* des débris des corps-francs : 1° des chasseurs à cheval de *Bussy,* formant depuis 1795 le contingent de l'Empire des principautés-évêchés de Paderborn et de Hildesheim ; 2° des hussards de *Rohan,* contingent de l'Empire pour le duché de Brunswick (ces deux corps étaient passés au service particulier de l'Autriche depuis le 1er mars 1797); 3° des hussards de *Bourbon* (entrés au service d'Autriche le 6 avril 1793); 4° des hussards de *Carneville* (entrés au service d'Autriche le 1er mars 1793).

Le nouveau régiment, qui comprenait huit escadrons, eut pour colonel-propriétaire, le général-major comte Antoine de Mignot de Bussy, émigré français, et pour commandant, le colonel de Frimont (1).

L'uniforme était habit et pantalon, gris brochet, col et parements verts, boutons jaunes, casque à la romaine à crête verte.

Les Liégeois survivants aux dernières campagnes continuèrent à faire partie de l'escadron du comte de Liedekerke, qui resta dans le régiment nouvellement organisé ; mais le capitaine Crahay, qui jusque-là avait commandé la compagnie des Liégeois, fut désigné pour passer au régiment de cuirassiers *Hohenzollern-Hechingen.*

(1) Le comte Jean de Frimont, prince d'Antrodocco, devint dans la suite général de cavalerie, colonel propriétaire d'un régiment de hussards, conseiller intime de l'empereur d'Autriche, commandant-général de la Vénétie et de l'armée autrichienne, dans la Basse-Italie, décédé en 1832.

L'ouverture des hostilités au printemps de 1799, trouva le régiment des chasseurs de *Bussy* en Hongrie, mais il ne tarda pas à être dirigé sur l'Italie, en traversant la Croatie, la Carniole et le Frioul, pour se rendre à Trévise, de là à Padoue, enfin à Modène, où il arriva peu de jours avant le combat livré le 12 juin devant cette ville, et dans lequel le chef d'escadron, comte de Liedekerke, dut la vie à l'intrépidité d'un Liégeois nommé Dumont, qui le tira de la mêlée (1). Mais laissons encore la parole au docteur Bovy, qui fut présent à cette bataille et resta prisonnier des Français :

« On était au commencement de juin ; rien ne nous abritait de la » chaleur du jour ; la nuit nous grelottions de froid, outre que nous » avions à souffrir du sol humide. Le 12 au matin, peu après le lever du » soleil, le bruit du canon nous annonça que nous allions avoir une » rencontre avec l'ennemi. Un aide-de-camp du général Hohenzollern » accourut à toute bride pour nous intimer l'ordre de nous tenir prêts » à nous porter en avant. Chacun de nous, ainsi que cela se pratiquait » toujours, prit un mouchoir, le mouilla pour le rouler ensuite autour » du poignet droit en guise de dragonne, excellente garde contre les » coups de sabre. Notre division, rangée sur deux lignes de front, mar- » cha à l'ennemi ; elle ne tarda pas à l'avoir en regard.

» Une batterie française, soutenue par la 32me demi-brigade de ligne, » foudroyait notre régiment resté en bataille sans en deviner la » nécessité. Enfin on nous commanda de charger. Déjà plusieurs de » nous approchaient des pièces abandonnées des canonniers, lorsque » nous reçumes tout le feu d'un bataillon embusqué à notre droite dans » un ravin ; mon cheval tomba raide mort, criblé de coups de balles. Je » me relevai subitement, mais au même instant nous fûmes chargés » à notre tour par le 13e de dragons qui nous coupa la retraite ; » la mêlée devint affreuse. Je fis des efforts inouïs pour en sortir ; » les genêts dont était couvert le champ où nous nous trouvions, » me liaient les jambes et puis chaque dragon qui passait près de moi

(1) Henri-Toussaint Dumont, originaire de Viemme en Hesbaye, servit aux hussards de *Rohan* puis aux chasseurs à cheval de *Bussy*, de 1795 à 1801. En 1803, il entra, avec le grade de sous-lieutenant, au 112e régiment de ligne français, qu'il quitta en 1805 pour embrasser l'état ecclésiastique ; ordonné prêtre en 1806, il devint curé de Viemme le 1er septembre 1815 et mourut à Hamoir, où il avait été transféré, le 20 avril 1825.

» m'assénait un coup de sabre qui me faisait chanceler ; tous me
» criaient : « Rends-toi, quitte ton sabre. » Je faisais l'impossible pour
» obéir à cette injonction ; mon mouchoir, séché par la chaleur, ne
» voulait pas se détourner de mon poignet, et les coups de sabre conti-
» nuaient à pleuvoir sur moi comme le fléau tombe sur l'aire d'une
» grange. Je m'appesantis sur ce fait pour répéter avec d'autres que si,
» à l'armée, tous les coups portaient, une charge de cavalerie devien-
» drait une affreuse boucherie. Cependant, le sang qui tombait à grosses
» gouttes sur ma poitrine et sur mes mains me fit croire que j'étais
» blessé à la figure ; il n'en était rien, je n'avais pas même reçu une
» égratignure, mais je saignais abondamment du nez par l'excès de
» la chaleur, ou plutôt par l'effet des commotions réitérées portées à
» la tête.

» Expliquons comment je n'avais pas été haché en pièces. Nous
» portions le casque à la romaine, de cuir bouilli, avec visières en avant
» et en arrière, le dessus bordé d'une croix de fer. Nos manteaux roulés
» étaient placés en guise d'écharpe, les deux extrémités en étaient
» rapprochées sur le côté gauche à l'aide d'une courroie. Les banderoles
» de la giberne et de la carabine nous ceignaient en sens inverse toute la
» partie antérieure et postérieure du haut du corps ; la crosse de la
» carabine nous montait presque jusqu'à la hauteur de la nuque ;
» ajoutez à cela que les coups de sabre tombent souvent à plat et l'on
» comprendra comment j'échappai au tranchant de l'arme blanche.

» Les dragons poursuivirent le reste de mon régiment et je restai la
» proie de l'infanterie (1). »

Quelques jours après le combat de Modène, eut lieu la sanglante bataille de la Trebbia, qui dura trois jours : les 17, 18 et 19 juin, et se termina par la défaite de l'armée française, commandée par le général Macdonald.

Le régiment de *Bussy* perdit un grand nombre d'hommes et de chevaux tués et blessés dans cette bataille.

Le 24 octobre suivant, deux escadrons de chasseurs de *Bussy*, conduits par le major comte Degenfeld-Schomburg, dégagèrent des mains de l'ennemi, par une charge furieuse, un bataillon du régiment *Kray*

(1) *Souvenirs d'un émigré liégeois*, p. 122 et 123.

infanterie, et plusieurs bouches à feu, qui faisaient partie de la division du feld-maréchal-lieutenant baron Karaiczay.

Cet officier-général déclara par écrit qu'il était prêt à renoncer à sa croix de l'Ordre de Marie-Thérèse, en faveur du valeureux chef des chasseurs de *Bussy*.

Le régiment prit part ensuite aux différents combats qui furent livrés devant Gênes jusqu'à la prise de cette place.

Le 14 juin 1800, il se trouva à la mémorable bataille de Marengo, où il se couvrit de gloire. Au plus fort de la bataille, le colonel de Frimont, à la tête de quatre escadrons du régiment parvint, par une manœuvre habile, à tourner la garde consulaire qu'il chargea vigoureusement et lui enleva une partie de ses bouches à feu. Les Français, après plusieurs retours offensifs, battaient en retraite pour la quatrième fois sur toute la ligne, la victoire se déclarait pour l'armée autrichienne lorsque le général Desaix arriva à 7 heures du soir, sur le champ de bataille avec sa division, derrière laquelle vinrent se rallier les fuyards. L'arrivée de ces troupes fraîches changea entièrement la situation et fit pencher la balance du côté des Français, qui finirent par remporter une victoire complète et décisive.

Quoique le sort des armes lui eût été contraire, le général en chef autrichien baron de Mélas, dans son rapport à l'Empereur, recommanda » à la bienveillance de Sa Majesté, Messieurs les généraux, l'état- » major, etc., et, en particulier, les valeureux colonel Frimont et major » Degenfeld de *Bussy*, chasseurs, qui, avec ce *régiment incomparable,* » *ont fait l'impossible.* »

Le régiment se distingua encore à la fin de la campagne, les 25 et 26 décembre, en protégeant la retraite des Autrichiens au passage du Mincio près de Pozzolo. Le général français Ricanet, ayant cherché à les inquiéter avec sa cavalerie, le colonel de Frimont fondit à la tête de son régiment sur les dragons ennemis et arrêta, par son intrépidité, toute nouvelle tentative de poursuite.

Après la signature du traité de paix de Lunéville en 1801, le régiment des chasseurs de *Bussy* fut dissous et les quelques rares Liégeois qui s'y trouvaient encore furent licenciés et rentrèrent dans leur patrie.

CONTROLE GÉNÉRAL

DES

OFFICIERS AU SERVICE DE LIÉGE ET D'AUTRICHE (1)

1715-1798

AGRIS (Jean-Guillaume, baron d'), capitaine en pied à l'organisation du régiment en 1715, major le 4 mars 1743, lieutenant-colonel le 1er juillet 1744, renonça à sa compagnie en 1748. Il décéda à Liége le 4 mars 1749 et fut enterré dans l'église de Sainte-Aldegonde.

Marie-Gertrude-Thérèse de Schreibers, son épouse, décéda à la citadelle le 7 mars 1748 et fut enterrée dans l'église de Saint-Servais.

AIRKIN (Jean), prêtre, nommé aumônier le 23 novembre 1720.

ARGENTEAU D'ESNEUX (Jean-Louis, comte d'), comte et seigneur d'Esneux, seigneur de Piétrain et de Sprimont, membre de

(1) Le contrôle comprend : *a)* tous les officiers *en pied, brevetés* et *à la suite* du régiment d'infanterie, depuis le grade de colonel jusqu'à celui d'enseigne inclusivement, ainsi que les auditeurs, quartiers-maîtres, aumôniers et chirurgiens-majors;

b) les officiers de la maréchaussée;

c) les officiers et sous-officiers avec rang d'officier des gardes-du-corps;

d) les fonctionnaires militaires ne faisant pas partie d'un des trois corps cités ci-dessus : commissaires généraux, commissaires et sous-commissaires de guerre, major de la place et inspecteur de l'artillerie de la citadelle, aide-major de la cité de Liége, etc.;

e) les cadets du régiment d'infanterie au moment de son passage au service de l'Autriche.

Beaucoup d'officiers avaient des grades honoraires, plus élevés que les emplois dont ils

l'Etat-noble de Limbourg, chambellan du prince-évêque Joseph-Clément de Bavière électeur de Cologne, lieutenant-colonel au régiment de ses gardes à pied, avait fait toutes les campagnes de la guerre de la Succession d'Espagne. En 1717, il fut envoyé avec la compagnie des gardes-du-corps, archers à cheval, dont il était lieutenant, pour accompagner le Czar de Russie, Pierre-le-Grand, à Spa (1). Nommé en 1719 capitaine des gardes-du-corps, il devint ensuite colonel au régiment des gardes à pied, enfin brigadier-général. Il décéda au château d'Esneux le 26 avril 1742, et fut enterré dans l'église paroissiale, sous la pierre dite d'Argenteau.

Le comte d'Esneux était fils de Guillaume-Ulric d'Argenteau, comte d'Esneux, seigneur de Sprimont, Lavoir, etc., et d'Anne-Catherine de Waha-Baillonville, chanoinesse de Moustier ; il avait épousé en 1724, Marie-Anne, baronne de Metternich de Mullenarck, dame de Vernich, Zivel, qui décéda le 3 mars 1787.

AUBREMONT (Théodore-Charles d'), né à Liége et baptisé à Notre-Dame-aux-Fonts le 16 janvier 1756, fils de Remi-Maximilien d'Aubremont, avocat, et de Marie-Madeleine de Visé, fut nommé enseigne en pied en avril 1778. Pendant la révolution liégeoise il obtint

étaient titulaires. Les grades dits *en pied* étaient effectifs ; les autres, simplement honorifiques. Les officiers qui faisaient partie du régiment sans avoir un emploi effectif, sont indiqués *à la suite*.

Ces règles s'appliquent seulement aux officiers du régiment. Quant aux officiers des gardes-du-corps et de la maréchaussée, tous les grades étant effectifs, il n'y aura pas d'indication spéciale. Il est à remarquer toutefois, que les grades des officiers des gardes-du-corps étaient tous assimilés à des grades supérieurs à ceux de leur dénomination.

Malgré le soin avec lequel le contrôle des officiers a été établi, il serait téméraire d'affirmer qu'il ne s'y trouve pas quelques omissions. Mais s'il en est, elles seront peu nombreuses, deux ou trois au plus, pour la période de 1715 à 1735.

Les registres dits du *Scel des grâces*, des princes-évêques de Liége, dont une partie se trouve aux archives de l'Etat et une autre dans la bibliothèque du château de Warfusée, nous ont fourni le plus grand nombre de dates de nominations d'officiers. Ces registres ne contiennent malheureusement pas toutes les commissions accordées par les princes. Nous en avons trouvé dans les archives de différentes familles, plusieurs qui n'y sont pas enregistrées, et dont la communication nous a permis de rendre ce travail aussi complet que possible.

(1) Le comte d'Esneux quoiqu'il ne fût pas au service de Liége, mais bien de l'Electeur de Cologne, est renseigné ici, parce qu'il commanda à Spa le détachement du régiment d'infanterie envoyé par le prince-évêque pour faire le service auprès de Pierre-le-Grand.

le grade de lieutenant au régiment de *Lynden* en 1790 et assista au combat de Sutendael.

BARHON (Jean-Bernard), enseigne à la suite du régiment le 3 janvier 1752, décédé à la citadelle le 18 juin 1758.

BASSOMPIERRE (Jean-François de), né à Liége le 1er juillet 1765, fut nommé lieutenant en pied le 12 mars 1792. Au mois de juillet 1794, il passa avec le régiment au service d'Autriche, et fut porté sur la liste des prévenus d'émigration du département de l'Ourte, du 29 ventôse an VI (19 mars 1798).

Après avoir fait les campagnes de l'armée du Rhin de 1795 à 1797, il passa au bataillon de *Carneville* en 1798, prit part à la campagne d'Italie de 1799 et, à la dissolution de ce bataillon en 1801, entra au 1er régiment d'infanterie de garnison ; il renonça, après la paix de Lunéville, au service de l'Autriche, et prêta serment de fidélité à la République française le 17 germinal an XI (7 avril 1803).

BASTIN (Jean-Nicolas-Hubert de), chevalier du Saint-Empire, né à Liége le 23 février 1746, capitaine en pied le 23 octobre 1774. Pendant la révolution de 1789, il resta fidèle au prince-évêque et après l'invasion des républicains français dans le pays de Liége, il passa avec le régiment au service de l'Autriche où il conserva, après la réorganisation, le commandement d'une des quatre compagnies et prit part aux différentes campagnes des années 1794 à 1797, à l'armée du Rhin et notamment à la levée du blocus de Mayence. Par dépêche datée d'Erfurt, le 15 mai 1797, le prince-évêque de Méan lui accorda sa démission honorable (1).

Il avait été porté sur la liste des prévenus d'émigration du département de l'Ourte, du 29 ventôse an VI (19 mars 1798), et il fit les déclaration et serment prescrits par l'article 7 du Senatus consulte du 6 floréal an X (26 avril 1802), devant le préfet du département de l'Ourte, le 9 frimaire an XI (30 novembre 1802).

(1) Dans cette pièce, datée de 1797, le prince se qualifie encore : *François-Antoine, par la grâce de Dieu, évêque et prince de Liége, prince du Saint-Empire romain, duc de Bouillon, marquis de Franchimont, comte de Looz, baron de Herstal, etc., etc.*

BASTIN (Dieudonné-Joseph), prêtre, né à Herve en 1737, fut nommé, le 1er mars 1795, aumônier du bataillon *Prince-évêque de Liége*, avec lequel il fit toutes les campagnes de l'armée du Rhin de 1795 à 1797; il passa, le 21 juin 1798, au bataillon de *Carneville*.

BEAUFORT (Théodore-François, comte de), baron de Celles, seigneur d'Annevoie, Boiseilles, membre de l'Etat-noble du pays de Liége par réception du 30 janvier 1715, colonel en pied du régiment d'infanterie le 6 avril 1726, décédé en 1737, marié par contrat du 18 octobre 1698 à Marie-Hubertine de Waha.

Il était fils d'Albert, comte de Beaufort, baron de Celles, seigneur de Sapogne, Baizy, Foy, Hun, major de cavalerie au service d'Espagne, et de Catherine-Thérèse de Wignacourt, chanoinesse de Nivelles.

BEAUMONT DE FULCONIS (Marc-Antoine, chevalier de), garde-du-corps, fut nommé enseigne à la suite du régiment le 24 novembre 1754 et capitaine le 25 juillet 1761.

BECKERS (Joseph), aide-major et capitaine des portes de la cité de Liége le 21 juillet 1737. Il fut confirmé dans ses fonctions le 20 juillet 1744 et décéda en 1756.

BECKERS (Maximilien-Henri-Godefroid), fils du précédent, enseigne en pied le 22 juillet 1746, lieutenant le 3 janvier 1752, démissionnaire en 1756, aide-major et capitaine des portes de la cité de Liége le 6 août 1756. Il renonça à son emploi au mois d'avril 1789.

BECKERS (Jean-Baptiste), enseigne à la suite le 5 mars 1757, enseigne en pied le 20 juillet 1769, démissionnaire en 1778.

BECKERS (François-Léonard), enseigne en pied le 16 février 1782. En 1790, il devint adjudant et quartier-maître du régiment de *Lynden*, avec lequel il assista au combat de Sutendael.

BERLAYMONT (Charles-François-Edmond, comte de), vicomte del Heid, seigneur de Bormenville, né le 16 août 1696, cornette aux gardes-du-corps, avec rang de lieutenant-colonel, du prince-évêque

Georges-Louis de Berghes en 1724, démissionnaire en 1736, décédé au château de Bormenville le 6 mars 1748 et enterré dans la chapelle de Saint-Laurent.

Il était fils de Charles-Winand, comte de Berlaymont, vicomte del Heid, seigneur de Bormenville, Spiennes et Mouveau, et d'Aldegonde-Marguerite d'Oultremont.

BERLAYMONT (Théodore-Antoine, comte de), vicomte del Heid, seigneur de Bormenville, né à Bormenville le 10 décembre 1698, frère du précédent, cornette au régiment de *Vehlen*, dragons, au service de l'empereur Charles VI, puis cornette aux gardes-du-corps du prince-évêque Georges-Louis de Berghes, le 5 mars 1736, à la place de son frère, membre de l'Etat-noble du pays de Liége par réception du 19 janvier 1739, capitaine en pied au régiment le 30 juin 1739, major le 14 juillet 1739, lieutenant aux gardes-du-corps le 2 juin 1742, major en pied au régiment avec rang de lieutenant-colonel le 3 octobre 1742, haut-drossart de Montenaken par commissions des 2 mai 1739 et 1er avril 1744, chambellan du prince-évêque Jean-Théodore de Bavière le 4 juin 1744, colonel le 4 janvier 1745, général-major, colonel en pied du régiment et gouverneur de la citadelle de Liége le 1er février 1759; il prêta serment au chapitre de Saint-Lambert le 28 mars 1759, devint bourgmestre de la cité de Liége en 1763 et décéda au château de Bormenville le 23 juillet 1773.

Le comte de Berlaymont épousa Olympe-Charlotte-Joséphine, comtesse d'Oultremont de Warfusée, chanoinesse de Sainte-Waudru à Mons, née au château de Druynen le 26 février 1710, décédée au château de Bormenville le 16 mars 1767, sœur du prince-évêque d'Oultremont et fille de Jean-François-Paul-Emile, comte d'Oultremont et de Warfusée, baron de Han-sur-Lesse, seigneur de Chevetogne, grand-bailli de Moha, membre de l'Etat-noble du pays de Liége, et de Marie-Isabelle de Bavière-Schagen, comtesse de Warfusée, dame de Druynen, des pays et ville de Schagen, etc.

BERLAYMONT (Maximilien-Joseph, comte de), né au château de Famelette et baptisé dans la chapelle castrale le 26 décembre 1734, chambellan de S. M. I. et R. Ap., capitaine de dragons, membre de l'Etat-noble du pays de Liége par réception du 27 avril 1765, lieutenant aux gardes-du-corps, avec rang de lieutenant-colonel, le 1er mai 1764, capitaine en pied au régiment le 26 mai 1767, démissionnaire en 1774, décéda à Liége le 18 décembre 1786, dans la paroisse de Saint-Martin en Ile et fut enterré dans l'église de Huccorgne.

Il était fils de Charles-Nicolas-Joseph, comte de Berlaymont et de Wideux, seigneur de la Chapelle, Famelette, Marneffe, Huccorgne, grand-veneur et grand-fauconnier de la principauté de Liége, haut-officier de la ville de Hasselt et châtelain de Curange, etc., et de Marie-Anne-Antoinette de Cotereau-Puisieux, baronne de Jauche ; il avait épousé à Bruxelles, le 11 janvier 1778, Eléonore O Lonergaine O Brien, dame de Grez, décédée le 14 février 1788, veuve de François-Joseph, comte van den Berghe de Limminghe.

BERLAYMONT (Florent-Théodore-Henri-Laurent, comte de), vicomte del Heid, seigneur de Bormenville, né à Liége le 26 février 1755 et baptisé à Bormenville le 10 août suivant, succéda, à peine âgé de 16 ans, à son père, le comte Théodore-Antoine, en qualité de colonel en pied du régiment et de gouverneur de la citadelle, par commission du chapitre de Saint-Lambert *Sede vacante* du 13 novembre 1771 et serment du 29 novembre suivant ; il fut nommé général-major par le prince-évêque de Velbruck le 5 février 1782, et reçu membre de l'Etat-noble le 8 mars 1779.

Pendant la révolution liégeoise il fut désigné par l'Etat-noble, le 27 avril 1790, pour devenir colonel d'un des deux régiments d'infanterie levés par les Etats rebelles, mais il refusa et resta fidèle au prince-évêque (1). Il renonça à la carrière militaire au mois de juillet 1794 et se retira dans le pays de Munster, mais il revint à Bormenville le 15 frimaire an IV (6 décembre 1795), et ne fut pas porté sur la liste des émigrés. Le comte de Berlaymont devint membre de la première chambre des Etats-généraux sous le gouvernement des Pays-Bas, et membre de l'ordre équestre de Namur où il décéda le 17 janvier 1825.

Il avait épousé au château de Malève, le 11 février 1782, Marie-Anne-Louise, comtesse de Berlo, chanoinesse de Nivelles, née au

(1) *Etat-noble*, recès, 1789-1790.

château d'Assenois le 12 mars 1761, décédée à Liége le 22 février 1834, fille de Marie-Léopold-Jacques-François-Joseph, comte de Berlo-Suys, de Hozémont et de Malève, seigneur d'Assenois, Orbais, etc., chambellan de S. M. I. et R. Ap., lieutenant-colonel de dragons au service de l'électeur de Cologne, gouverneur du château de Bruhl, grand-croix de l'ordre de Saint-Michel, membre des Etats-nobles de Liége et de Luxembourg, et de Marie-Victoire, baronne de Ledebur de Puritz, chanoinesse d'Asbeck, dame de la Croix étoilée.

BERLAYMONT (Louis-Ignace-Dieudonné, comte de), né et baptisé au château de Jauche en Brabant le 16 décembre 1767, capitaine au régiment *Royal-Liégeois* (1), au service de France par commission du 25 février 1788. Nommé, le 27 avril 1790, colonel d'un régiment d'infanterie levé par les Etats, pendant la révolution de Liége, il refusa, le 20 mai, cet emploi. Après le licenciement des régiments étrangers au service de France en 1792, il revint à Liége et fut nommé capitaine des gardes-du-corps, avec rang de général-major, à la place du comte de Geloes, décédé le 7 mars 1794. Il suivit le prince-évêque de Méan en émigration et vécut retiré jusqu'à la chute de Napoléon. A la restauration, le roi Louis XVIII lui accorda le grade de chef de bataillon dans l'armée française par commission du 18 avril 1816, et le fit chevalier de l'ordre de Saint-Louis, décoration que le roi Guillaume l'autorisa à porter le 15 avril 1816 (2).

Le comte de Berlaymont décéda à Bruxelles, célibataire, le 13 décembre 1843 ; il était fils de Jean-Louis-Antoine-Bernard, comte de Berlaymont, seigneur de la Chapelle, Famelette, Jauche, membre de l'Etat-noble de Liége, conseiller aux Conseils privé et ordinaire, etc., et de Marie-Elisabeth-Josèphe, comtesse de Nesselrode de Landscroon, chanoinesse de Borghorst, dame de la Croix étoilée.

(1) Ce régiment fut levé par la France dans le pays de Liége en 1788 et licencié à Trévoux, en exécution de la loi du 9 septembre 1792.

(2) Le comte de Berlaymont jouissait d'une pension de 1,500 florins d'Allemagne, qui lui était payée par la confédération des Etats du Rhin, comme ancien dignitaire de la Cour du prince-évêque de Liége. Cette pension lui fut payée jusqu'en 1817, mais après le traité de Vienne, elle fut transférée à charge du royaume des Pays-Bas qui continua à la payer jusqu'en 1830.

BERLAYMONT (**Adrien-Florent-Louis-Henri-Ghislain, comte de**), né à la citadelle de Liége, et baptisé dans la chapelle de Saint-Henri le 4 avril 1785, fils du comte Florent-Théodore-Henri-Laurent ; à peine âgé de 9 ans il était cadet au régiment d'infanterie, mais il ne suivit pas le régiment au service de l'Autriche en juillet 1794.

Sous le premier Empire, il entra comme lieutenant au 13e dragons avec lequel il fit les premières campagnes d'Allemagne. Passé au 6e dragons, il accompagna, comme aide-de-camp, le général Kellermann, comte de Valmy, en Espagne. Nommé ensuite capitaine au 3e régiment de chasseurs à cheval, il prit part à la campagne de Russie. Le 16 août 1812, à la bataille de Smolensk, le 3e chasseurs ayant échoué dans plusieurs charges contre un carré d'infanterie russe, le comte de Berlaymont, à la demande unanime des officiers et des soldats, reforma, sous le feu et la mitraille, le premier escadron de son régiment mis en déroute, et malgré la défense expresse de son colonel, le ramena à l'ennemi. Le carré, après des charges réitérées, fut enfin enfoncé et fait prisonnier, mais un des derniers coups de feu de l'ennemi renversa de son cheval le brave capitaine de Berlaymont, percé de part en part (1).

BERLO (**Maximilien-Henri, comte de**), comte de Hozémont, seigneur de Berlo, de Brus et Chokier, haut-voué d'Ougrée, Sclessin et Rosoux, membre de l'Etat-noble de Liége par réception du 30 janvier 1715, colonel au régiment des gardes à pied et chambellan du prince-évêque Joseph-Clément de Bavière électeur de Cologne, grand-croix de l'ordre de Saint-Michel. Il fit toutes les campagnes de la guerre de la Succession d'Espagne et fut nommé gouverneur de la citadelle de Liége, général-major et colonel en pied du régiment par commission du prince-évêque Jean-Théodore de Bavière le 17 mars 1744.

(1) Son frère, le comte Jules de Berlaymont, fut page de l'empereur Napoléon, qu'il accompagna en Espagne. Lors de la prise de Madrid, il fut chargé d'en porter la nouvelle à l'impératrice Joséphine à Paris. Nommé en 1811, sous-lieutenant au 1er régiment de cuirassiers, il fit la campagne de Russie ; ayant voulu avec quelques cavaliers, reprendre l'étendard de son régiment tombé aux mains des Russes, il fut accablé par le nombre et fait prisonnier après avoir reçu treize coups de lance. Après 1814, il fut membre de l'Ordre équestre et des Etats de la province de Namur, chambellan du roi Guillaume Ier, colonel de la garde communale de Namur, chevalier du Lion néerlandais, et décéda au château de Bormenville le 16 décembre 1855.

Il décéda à Liége, dans la paroisse de Saint-Georges, le 26 janvier 1759 et fut enterré dans le caveau des Berlo à Chokier.

Par contrat du 8 juin 1721, il avait épousé Sophie-Madeleine-Henriette-Josèphe de Renesse, chanoinesse de Maubeuge, décédée en 1722, fille de Maximilien-Henri de Renesse, comte de Masny, et de Marguerite-Elisabeth-Sophie, baronne de Stepraedt. Il épousa, en secondes noces, Anne-Louise de Haudion, morte à Bruxelles le 29 avril 1769, fille de Charles-Donat de Haudion, premier comte de Wyneghem, membre de l'Etat-noble de Brabant, et de Madeleine-Françoise d'Oyenbrugghe, dame de Suerenberg, Meldert, etc. Le comte de Berlo était le second fils de Jean-Alphonse, comte de Berlo, seigneur de Brus et de Chokier, lieutenant-général au service du prince-évêque Joseph-Clément de Bavière, gouverneur de la citadelle de Liége et colonel d'un régiment d'infanterie liégeoise, mort en 1702, et de Marie-Agnès-Mechtilde Roist de Werst, chanoinesse de Neuss.

BERNETTI (Dominique), garde-du-corps avec rang de lieutenant par brevet du 18 novembre 1792.

BIEGLER (Henri), né à Kreuznach dans le Palatinat en 1749, servit au régiment de *Wurtemberg*, infanterie, au service d'Autriche et fut décoré de la médaille d'argent, le 19 septembre 1773, pour sa bravoure devant l'ennemi. Le 15 avril 1795, il fut nommé adjudant et transféré, par ordre du Conseil aulique de guerre, le 21 mai suivant, au bataillon *Prince-évêque de Liége*, où il obtint le brevet de lieutenant en premier. Il fit toutes les campagnes de 1795 à 1797 à l'armée du Rhin, et passa, à la dissolution du corps, au bataillon *Prince Charles de Rohan* le 20 juin 1798.

BLOCHOUSE DE SCHALTIN (Jacques-Mathieu-Lambert de) (1), enseigne en pied en avril 1778, démissionnaire en 1787, décédé à Liége le 3 avril 1817.

(1) Ses prénoms sont écrits inexactement dans la commission d'enseigne. C'est Jacques-Mathieu-Lambert qu'il faut lire. En effet, Mathieu-Joseph-Ferdinand était mort lorsque cette commission fut délivrée ; ensuite dans les actes de baptême des enfants de Jacques-Mathieu-Lambert, ce dernier est qualifié : officier au service de Liége.

BLOCHOUSE (**Jean-Henri-Martin de**), né à Liége et baptisé à Notre-Dame-aux-Fonts le 11 novembre 1755, enseigne en pied le 3 mai 1779, il donna sa démission au mois de janvier 1782, en faveur de M. de Crenwick, mais celui-ci ayant été promu lieutenant en pied au mois de juillet 1782, M. de Blochouse reprit, avec la permission du prince-évêque, son ancien grade. Pendant la révolution de 1789-1790, il sollicita le grade de capitaine, mais il n'obtint des Etats de Liége que le grade de lieutenant au régiment de *Fyon*, le 28 septembre 1790. Après 1794, il fut nommé capitaine au service de la République française et décéda à Liége le 15 décembre 1814.

BONIVER (**Jean-Lambert de**), chevalier du Saint-Empire, né à Chassenay (France) le 2 octobre 1766; les cérémonies de son baptême furent complétées à Notre-Dame-aux-Fonts en juillet 1767, pour lui conserver ses droits de citoyen liégeois.

Après avoir servi dès 1787, en France, comme cadet aux dragons d'*Artois*, il revint en 1790 à Liége (1), devint enseigne en pied au régiment, le 20 septembre 1791 et lieutenant en pied, le 4 septembre 1793. Il fut porté sur la liste des prévenus d'émigration du département de l'Ourte du 29 ventôse an VI (19 mars 1798).

Passé au service de l'Autriche en juillet 1794, il prit part, avec le bataillon *Prince-évêque de Liége*, aux campagnes de l'armée du Rhin de 1795 à 1797. Après la réforme de ce bataillon il entra, le 6 août 1798, au régiment de *Wurtemberg*, où il devint capitaine et avec lequel il fit plusieurs campagnes. Rentré à Liége en 1806, il vécut retiré jusqu'en 1814 et passa, à la chute de l'Empire, avec le grade de capitaine, au service des Pays-Bas. En 1815, il fut nommé major commandant de place à Namur, puis à Dinant et enfin à Huy, où il resta jusqu'à sa retraite en 1827 et décéda à Liége le 24 octobre 1851.

BOUNAM DE RYCKHOLT (**Antoine-Joseph-Ignace-Casimir de**), chevalier du Saint-Empire, seigneur de la baronnie de Ryckholt, enseigne en pied le 8 août 1746, lieutenant le 3 janvier 1752, capitaine le 5 avril 1755, enfin lieutenant en pied le 19 février 1768. Il donna sa

(1) *Nécrologe liégeois*, 1851, p. 12.

démission en 1773 et décéda au château de Ryckholt, le 22 février 1793. Né à Ryckholt le 5 novembre 1715, il épousa, dans l'église des Carmes à Gueldre, le 8 septembre 1762, Hélène-Françoise-Henriette de Lom, née à Gueldre, le 14 octobre 1732, décédée le 28 avril 1821, fille de Philippe-Louis de Lom, conseiller au Conseil souverain de Gueldre, et d'Anne-Marie Portmans.

BRABANT (Godefroid-Hubert-Floribert-Joseph de), enseigne à la suite du régiment le 13 décembre 1746, puis lieutenant à la suite. Il obtint la charge d'enseigne en pied le 7 avril 1761.

BRABANT (Jean-François-Joseph de), fils du précédent, né à Liége et baptisé à Saint-Henri le 1er mars 1757, enseigne en pied le 27 novembre 1771, prêta serment au chapitre de Saint-Lambert *Sede vacante* le 6 décembre suivant, lieutenant en pied le 3 juillet 1777, capitaine le 8 août 1782, enfin capitaine en pied le 20 septembre 1791. Pendant la révolution de 1789 et 1790, il resta fidèle au prince-évêque et quitta le régiment en 1794 lorsque celui-ci passa au service de l'Autriche.

Le capitaine de Brabant épousa Marie-Jeanne-Catherine de Closset et figure, en 1787, au nombre des membres de la loge des Francs-maçons, nommée la *Parfaite égalité*, à Liége (1). Il est l'auteur d'un poème intitulé : *Martyre de Louis XVI, roi de France,* lequel est au-dessous de toute critique.

BREIDERBACH (François-Hubert de), capitaine en pied à l'organisation du régiment d'infanterie en 1715, renonça à son emploi en 1742. Il avait épousé Régine-Bernardine de Vervo, qui décéda à la citadelle, le 24 décembre 1738, et fut enterrée dans l'église de Saint-Servais.

BRIENEN (Charles-Joseph-Maximilien-Marie de), auditeur et quartier-maître du régiment le 15 octobre 1793. Il passa au service de l'Autriche au mois de juillet 1794, et conserva ses fonctions d'auditeur (2), mais celles de quartier-maître furent confiées à un officier autrichien.

(1) *Bulletin de l'Institut archéologique liégeois,* t. I, p. 412.

(2) La justice continua à être rendue au bataillon *Prince-évêque de Liége,* d'après les lois du pays de Liége, jusqu'en 1798.

Il fit toutes les campagnes de l'armée du Rhin des années 1794 à 1797 et donna sa démission le 31 octobre de cette dernière année après la signature du traité de Campo-Formio.

Né et baptisé à Cologne le 11 juillet 1767, fils de Maximilien-Henri-Marie-Charles de Brienen et d'Adrienne de Lunickhausen, il décéda à Gronsveld le 2 février 1861. Il épousa, dans la chapelle castrale de Ryckholt, le 10 février 1793, Marie-Thérèse-Caroline de Bounam de Ryckholt, née le 8 février 1771, décédée à Gronsveld le 25 septembre 1793, fille de Antoine-Joseph-Ignace-Casimir de Bounam de Ryckholt, chevalier du Saint-Empire, capitaine au régiment national liégeois, et d'Hélène-Françoise-Henriette de Lom.

BOURDON (Pierre-Antoine-Bruno de), né à Liége le 6 octobre 1734, lieutenant en pied le 20 septembre 1791, capitaine le 4 septembre 1793. Il passa, au mois de juillet 1794, au service de l'Autriche et fut porté sur la liste des prévenus d'émigration du département de l'Ourte du 29 ventôse an VI. Il prit part aux campagnes de 1794 à 1797 avec le bataillon *Prince-évêque de Liége* et passa à la suite du corps de *Carneville* le 21 juin 1798 ; le 6 août suivant, Bourdon fut incorporé au 1er régiment de garnison, mais rentra peu après au pays.

Le 17 germinal an XI (7 avril 1803) il déclara vouloir rester français et renoncer au grade et à la pension qu'il recevait de l'Autriche, et prêta serment de fidélité à la République.

BUCHWALD (Maximilien-Wolff de), gentilhomme danois originaire du duché de Holstein, né à Lilleworde et baptisé le 8 décembre 1712, fils de Frédéric de Buchwald, seigneur de Guddumlund, capitaine d'infanterie, et d'Anne de Rosenlund. Il servit d'abord comme cornette au 2e régiment de cavalerie de la Jutlande, au service de Danemarck, pendant quatre ans.

Il passa ensuite au service du prince-évêque Georges-Louis de Berghes, comme capitaine à la suite du régiment le 17 décembre 1738, capitaine en pied le 5 avril 1742, lieutenant-colonel le 10 juillet 1746, gentilhomme de bouche du prince-évêque Jean-Théodore de Bavière, enfin lieutenant-colonel en pied du régiment, avec le grade de brigadier d'infanterie et de commandant des troupes, le 20 janvier 1783.

Après la prise de la citadelle de Liége, le 18 août 1789, il se retira au château d'Envoz, chez son beau-frère M. de Mélotte ; au mois de mai suivant, une bande de révolutionnaires hutois alla l'enlever d'Envoz et le ramena à Huy, où il mourut des mauvais traitements qu'il dut subir pendant le voyage.

M. de Buchwald avait épousé en premières noces à Liége, à Saint-Adalbert, le 5 avril 1742, Anne-Jeanne-Hélène de Mélotte, née et baptisée le 30 août 1715, décédée le 6 février 1760, fille de Henri de Mélotte, seigneur d'Oplinter, avocat à la Cour de Liége, et d'Anne-Catherine de Goer de Herve (1). Il se remaria au mois de décembre 1760 avec Jeanne Soiron.

BUCHWALD (Georges-François de Paul, baron de), né à Liége et baptisé à Saint-Adalbert, le 2 avril 1745, d'abord exempt des gardes-du-corps en 1774, capitaine en pied au régiment le 12 septembre 1780, lieutenant-colonel le 17 août 1784, cornette des gardes-du-corps avec rang de lieutenant-colonel, le 22 septembre 1792. A la dernière invasion des républicains français dans le pays de Liége au mois de juillet 1794, il escorta avec un détachement de gardes-du-corps, le prince-évêque de Méan, lorsque celui-ci dut quitter Liége, le 20 juillet, pour se rendre en émigration à Erfurt, et fut porté sur la liste des prévenus d'émigration du département de l'Ourte du 29 ventôse an VI mais amnistié le 25 germinal an XI. Après 1814 il accompagna encore le prince de Méan lorsque ce dernier fut nommé à l'archevêché de Malines, et resta constamment attaché à sa personne, jusqu'à sa mort arrivée à Malines le 26 mai 1819 (2).

(1) Du premier mariage naquirent entre autres enfants :

1° Henri-Everard-Cand, capitaine au service de France, chevalier de Saint-Louis ;

2° Georges-François de Paul, qui suivra ;

3° Jean-Théodore, né à Liége et baptisé à Saint-Adalbert le 9 septembre 1746, chanoine de Saint-Jean Evangéliste, reçu en 1768 ;

4° Henri-Louis-Frédéric, né à Ougrée le 16 août 1751 et baptisé à Liége dans l'église de Saint-Adalbert le 16 septembre suivant, capitaine au régiment de *Hesse-Darmstadt*, infanterie, au service des Etats-généraux des Pays-Bas, puis lieutenant-colonel de cavalerie le 18 mars 1794 ; marié à Liége, le 16 mai 1786, à Marie-Anne-Lambertine de Lezaack.

(2) Borgnet, dans son *Histoire de la révolution liégeoise de 1789*, t. I, p. 189, rapporte que : « le baron Georges-François de Buchwald, enseigne aux gardes du prince, était le fils » d'un officier danois arrivé dans le pays à l'époque des campagnes du maréchal de Saxe, et

BULOW (**François, baron de**), colonel de cavalerie au service du roi de Pologne électeur de Saxe, chambellan du prince-évêque Jean-Théodore de Bavière, obtint de ce prince la survivance des charges de lieutenant-colonel en pied du régiment et de commandant de la citadelle, pour entrer en fonctions après le décès du titulaire le brigadier de Pichard, par commission du 10 août 1754. Mais le prince-évêque annula cette nomination dans la suite.

CHESTRET (**Louis-Cajetan-Victor de**), chevalier du Saint-Empire, né à Liége le 7 mars 1733 et baptisé le lendemain à Notre-Dame-aux-Fonts. Agé à peine de 13 ans, il fut nommé enseigne à la suite du régiment le 8 août 1746, enseigne en pied le 5 décembre 1747, lieutenant le 3 janvier 1752 et capitaine le 26 mai 1754 ; il obtint sa démission le 8 mai 1757 et entra, le 1er avril 1757, avec son dernier grade, au régiment de *Vierset*, successivement au service de France puis

» dont la conversion au catholicisme procura à sa famille la faveur de la Cour épiscopale. » En note il ajoute : « Ransonnet, dont nous n'entendons pas ratifier toutes les appréciations, » écrivait à Fabry, le 11 mars 1788, en parlant de Buchwald fils : Admis par bonté dans la » maison d'Oultremont de Wégimont, il paraît avoir oublié qu'il est le fils d'un aventurier » danois, occupé aux bagages après l'affaire de Rocour et nous resté après l'action; qu'il ne » trouva d'autre ressource pour vivre aux rives de la Meuse, que de faire trafic de sa religion, » denrée qui, en ce temps, avait encore cours sur place.

» Aimé de Hœnsbrœch, lié d'une étroite amitié avec son neveu le suffragant, qui était du » même âge que lui et auprès de qui il alla mourir à Malines en 1819, il n'avait pas sans doute » la culture intellectuelle de de Paix, mais ses lettres attestent une originalité d'esprit qui les » fait lire avec intérêt malgré l'incorrection du style. »

Le prétendu aventurier danois, resté aux bagages après Rocour, selon Ransonnet, était capitaine au régiment national liégeois depuis le 17 décembre 1738, ***huit ans*** avant la bataille de Rocour, qui eut lieu le 11 octobre 1746.

La famille de Buchwald était d'ancienne noblesse d'épée du Holstein. Sur le rapport du héraut d'armes Le Fort, le Conseil privé ordonna, le 20 avril 1751, l'inscription de cette famille au nombre des nobles *(Diplômes impériaux*, 1748-1794, p. 112). Un certificat d'ancienne noblesse pour la famille de Buchwald, délivré par huit gentilshommes danois parmi lesquels figurent les noms de Moltke, Holstein, Bulow, Rosenkrantz, fut rendu authentique au nom du roi de Danemarck par le comte de Bernstorff, ministre d'Etat à Copenhague, le 14 avril 1790.

Ajoutons que Georges-François de Buchwald n'était pas, comme le dit Borgnet, du même âge que le suffragant de Méan, mais plus âgé de onze ans, étant né en 1745 et le suffragant en 1756. On peut juger, par ces quelques rectifications, de la valeur des assertions de Borgnet et de Ransonnet. Ce dernier, dont on connaît la vie plus qu'aventureuse, était moins autorisé que tout autre à se servir du terme d'aventurier.

d'Autriche. Il fit les campagnes de la guerre de Sept ans et se retira définitivement du service en 1771. Il devint conseiller à la Chambre des comptes le 26 juillet 1774, commandant à Spa le 16 juin 1777, et décéda à Liége le 27 décembre 1783.

Il avait épousé à Bruxelles le 16 août 1764, Marie-Thérèse-Antoinette de Pfanzelter décédée en novembre 1790, fille de Charles-Joseph de Pfanzelter, chevalier, commissaire de guerre au service d'Autriche, et de Marie-Barbe de Via.

COLSON (Charles), enseigne en pied au régiment avant 1724, lieutenant en pied par commission du chapitre de Saint-Lambert *Sede vacante* du 8 avril 1724 (1), major de la place et inspecteur de l'artillerie et des casernes de la citadelle avec rang de capitaine, le 19 juillet 1733. Il donna sa démission en 1742, devint capitaine en pied au régiment, le 4 octobre de la même année, et décéda à la citadelle, le 9 janvier 1748.

COLSON (Louis-Nicolas), né à Liége et baptisé à Saint-Jean-Baptiste le 4 décembre 1715, lieutenant en pied le 9 mai 1738, capitaine le 4 juillet 1746, aide-major en août 1746, major de la place et inspecteur de l'artillerie et des casernes de la citadelle, avec rang de major au régiment, le 20 janvier 1763.

Il décéda le 2 février 1768 et avait été marié à Saint-Servais, le 19 novembre 1742, avec Catherine-Dominique de Pichard, qui décéda à la citadelle le 11 juin 1765.

COLSON (Jean), fils du capitaine Charles Colson, enseigne à la suite le 13 février 1743, enseigne en pied le 20 janvier 1748, lieutenant le 3 janvier 1752, lieutenant en pied le 3 juin 1767, démissionnaire en 1781.

COLSON (Nicolas), frère du précédent, enseigne à la suite le 20 juillet 1744, enseigne en pied le 15 novembre 1747, lieutenant le 3 janvier 1752, capitaine le 23 mai 1761, lieutenant en pied le 14 juillet 1767, démissionnaire en 1787.

(1) Pendant la vacance du siège épiscopal le chapitre de Saint-Lambert gouvernait la principauté ; les nominations faites pendant le *Sede vacante*, n'étaient pas enregistrées au *Scel des grâces* mais dans les registres aux *Commissions du Chapitre cathédral*.

COLSON (**Louis-Joseph**), enseigne à la suite le 12 août 1760, fils du lieutenant Jean Colson.

COLSON (**Dieudonné-François-Marie**), fils du major Louis-Nicolas Colson, né à la citadelle le 11 juin 1754, enseigne en pied le 28 décembre 1769, lieutenant le 3 juillet 1777, aide-major du régiment le 9 mai 1780, capitaine le 30 janvier 1782, lieutenant en pied le 20 septembre 1791, démissionnaire en 1792.

Il avait épousé Marie-Catherine Jacquemart, dont il eut un fils et une fille et fut porté, avec ses enfants, sur la liste des prévenus d'émigration du 19 messidor an IV (7 juillet 1796), du département de l'Ourte, mais rayé peu après.

COLSON (**Jean-Charles**), né et baptisé à Liége le 11 avril 1755, enseigne en pied par commission du chapitre de Saint-Lambert *Sede vacante* du 7 mai 1784, lieutenant en pied le 20 septembre 1791, démissionnaire en 1792.

COLSON (**Hubert-François-Joseph**), enseigne en pied le 20 septembre 1791. Il passa, en juillet 1794, au service de l'Autriche, où il mérita, par sa valeur, la médaille d'or pour le *mérite militaire*. Il fut tué au combat de Weilbourg sur la Lahn le 13 septembre 1796.

CONSTANT (**Guillaume-Henri**), né à Liége et baptisé à Notre-Dame-aux-Fonts le 11 avril 1710, gentilhomme de bouche du prince-évêque Jean-Théodore de Bavière, auditeur et quartier-maître du régiment et sous-commissaire de guerre, en survivance, le 25 janvier 1745, prêta serment, en cette dernière qualité, au chapitre de Saint-Lambert, le 29 janvier du même mois, capitaine le 24 février suivant. Il renonça à la survivance de la charge d'auditeur et de quartier-maître en 1751, et devint successivement capitaine en pied le 20 juillet 1753, major en pied le 10 mars 1755, colonel le 20 mai 1759, enfin brigadier d'infanterie à la suite du régiment le 12 octobre 1760. Il décéda à Liége le 20 mai 1773.

COUDENHOVE (**Philippe-François de**), baron de Fraiture, membre de l'Etat-noble du pays de Liége par réception du 12 décembre 1709, colonel en pied du régiment et gouverneur de la citadelle, par commission du prince-évêque Georges-Louis de Berghes, du 27 avril 1725. Il décéda le 7 mars 1726 et fut enterré dans l'église de Fraiture.

Par contrat du 23 septembre 1699, il avait été marié à Louise-Catherine de Maillen, décédée le 11 septembre 1713, fille de Godefroid de Maillen, seigneur d'Arville et de Mont, et de Marie-Madeleine de Geloes.

COUDENHOVE (Jean-Maximilien-François de), baron de Fraiture, fils du précédent, né le 24 juin 1705, membre de l'Etat-noble du pays de Liége par réception du 24 décembre 1726, capitaine en pied le 23 septembre 1726, major le 12 août 1733, décédé le 1er janvier 1742.

Il avait été marié par contrat du 21 mai 1733 à Thérèse-Ambrosine, baronne de Reusschenberg, fille de Josse-Edmond-François-Christophe, baron de Reusschenberg de Setterich, conseiller privé de l'Electeur palatin, et de Marie-Claire, baronne de Virmundt de Neersen.

COUNE (Jean-Erard de), mayeur en féauté de Liége par commission du 3 décembre 1714, démissionnaire en 1724, auditeur et quartier-maître à la formation du régiment en 1715 jusqu'en février 1726, lieutenant aux gardes-du-corps en 1724, capitaine en pied au régiment le 7 février 1726, lieutenant-colonel le 20 juin 1732. Il devint intendant de la cour et ministre du prince-évêque Georges-Louis de Berghes, conseiller de la Cour féodale, bourgmestre de Liége en 1737, et donna sa démission de capitaine en 1738.

Il décéda au palais de Liége le 30 mai 1742 et fut enterré au chœur de l'église de Saint-Séverin. Sa veuve, Dieudonnée du Mortier, décéda à Liége le 7 novembre 1764 dans la paroisse de Saint-Martin en Ile.

COUNE (Joseph), enseigne en pied le 20 juillet 1733, démissionnaire en 1737.

CRAHAY (Jean-Henri), servit d'abord au régiment *Royal-Roussillon*, cavalerie, au service de France, puis comme sous-lieutenant au régiment *Royal-Liégeois*, à la formation de ce régiment en 1788, démissionnaire du service de France en 1792 ; entré au service du prince-évêque de Liége le 14 août 1793, comme adjudant de la maréchaussée avec rang de lieutenant, major en second de cavalerie le 24 avril 1794; il passa avec le corps de maréchaussée, au service de l'Autriche au mois de juillet 1794, et fut porté sur la liste des prévenus d'émigration du département de l'Ourte du 29 ventôse an VI (19 mars 1798).

Au printemps de l'année 1795, la maréchaussée liégeoise fut incorporée dans le corps des hussards de *Rohan*, avec lequel Crahay fit toutes les campagnes de l'armée du Rhin de 1795 à 1797. Après la dissolution des hussards de *Rohan* en 1798, il devint capitaine en second au régiment de *Hohenzollern Hechingen*, cuirassiers, avec lequel il fit la campagne de 1805 en Bavière, puis capitaine-commandant d'escadron en 1806. Il assista pendant les campagnes de 1809 aux batailles d'Eckmuhl, de Ratisbonne, d'Aspern et de Wagram ; de 1813 aux batailles de Dresde et de Leipsig ; enfin en 1814 il fit partie, avec son régiment, de la grande armée des alliés, et fut présent à la bataille de Troyes, ainsi qu'à celle de la Fère-Champenoise où les cuirassiers de *Hohenzollern-Hechingen*, sous les ordres du colonel prince Alfred Windisgrätz, se couvrirent de gloire. Les blessures et les fatigues de ses nombreuses campagnes avaient miné la robuste santé de Crahay; par ordonnance datée de Paris le 9 mai 1814, il fut mis à la retraite avec le grade de major et décéda en Autriche le 30 novembre 1815.

CRASSIER (Guillaume-Joseph-Léopold, baron de), né à Liége et baptisé à Saint-Servais le 9 octobre 1774, fils de Lambert-Louis-Joseph, baron de Crassier, et de Marie-Jeanne-Thérèse de Bollis. Nommé, à peine âgé de 15 ans, quartier-maitre et auditeur du régiment avec rang de capitaine le 25 mars 1789, il accepta pendant la révolution liégeoise les fonctions d'adjudant et d'auditeur du régiment de *Lynden* par brevet du 28 septembre 1790 ; enfin, après l'invasion des armées républicaines dans le pays de Liége, il demanda à entrer en qualité de capitaine au service de France, mais sa demande ne fut pas agréée. Il s'engagea ensuite avec son frère Thomas-Constantin dans la 9e demi-brigade d'infanterie de ligne, avec laquelle il fit les campagnes des ans II, III, IV et V (1). Rentré dans ses foyers, il fut compris dans les classes

(1) Deux de ses frères servirent dans l'armée française : Thomas-Constantin, baron de Crassier, né en 1777, sous-lieutenant au 3e régiment de chasseurs à cheval, fut emporté par un boulet de canon à la bataille de Wagram le 6 juillet 1809 ; Auguste-Servais, baron de Crassier, né

de conscription appelées en l'an VII, et servit dans l'artillerie à cheval. Il faisait partie de l'armée de Boulogne lorsqu'il décéda à l'hôpital de Dunkerque le 30 ventôse an XIII (21 mars 1805), des suites d'une blessure reçue en duel.

CRENWICK (**Jean-Mathieu-Pierre-Joseph de**), né à Liége, baptisé à Saint-Adalbert le 10 novembre 1758, enseigne en pied le 15 janvier 1782, lieutenant en pied le 26 juillet de la même année. Il servit pendant la révolution liégeoise en qualité de capitaine en second au régiment de *Lynden* en 1790.

CROELS (**Pierre-Richard**), sous-lieutenant honoraire de la maréchaussée le 11 septembre 1793.

CUPEURS (**Remacle**), aumônier du régiment en 1740, décédé à la citadelle le 26 juin 1780.

DAMRY (**Jean-Théodore-Joseph**), né à Liége et baptisé à Saint-Jean-Baptiste le 11 novembre 1764, lieutenant en pied le 27 novembre 1787, se rangea du parti révolutionnaire en 1789 et fut exclu du régiment à la réorganisation de 1791.

DEBOEUR (**Jean-Henri**), enseigne à la suite le 15 juillet 1759, capitaine à la suite le 3 septembre 1762, enseigne en pied le 14 juillet 1767, démissionnaire en 1782, en faveur de son fils.

DEBOEUR (**Jean-Henri-Thomas-Englebert**), fils du précédent et d'Anne-Marie-Henriette de la Naye, né à Liége et baptisé à Saint-Henri le 10 septembre 1760, enseigne en pied le 5 avril 1782, lieutenant en pied le 20 septembre 1791, capitaine des portes de la citadelle le 24 septembre 1791, aide-major en pied du régiment le 10 janvier 1792, capitaine le 4 septembre 1793. Il suivit le régiment au service d'Autriche en juillet 1794 et fut porté sur la liste des prévenus d'émigration du 19 messidor an IV (7 juillet 1796). Il prit part à toutes les campagnes de 1794 à 1797 sur les bords du Rhin et passa au bataillon *Carneville*

en 1778, maréchal-des-logis au 4e régiment de hussards, mourut des suites des blessures reçues à la bataille d'Austerlitz en décembre 1805.

le 21 juin 1798. A la reprise des hostilités, au mois de mars 1799, il prit part aux combats qui furent livrés au Mont-Saint-Gothard et dans le Valais, et resta, grièvement blessé, prisonnier des Français, le 14 août. Relâché sur parole le mois suivant, Debœur fut pensionné en 1801 à la dissolution du bataillon *Carneville.*

DEBRU (Walter), né à Liége et baptisé à Sainte-Véronique le 5 février 1737, sous-mayeur de Liége par commission du prince-évêque de Velbruck le 2 décembre 1774, fut nommé capitaine en pied au régiment le 29 décembre 1782. A l'avènement du prince-évêque de Hoensbroeck, il fut confirmé dans ses fonctions de sous-mayeur de Liége par commission du 17 août 1784, mais s'étant rallié au parti patriotique pendant la révolution de 1789-1790, il fut, au rétablissement de l'ordre, destitué de sa charge de sous-mayeur le 26 février 1791.

DEJACE (Guillaume-Mathieu) (1), enseigne à la suite le 5 janvier 1742, enseigne en pied le 13 février 1743, lieutenant le 21 avril 1751, décédé le 8 juillet 1752.

DELATTE (Jean-Louis), enseigne en pied le 30 mai 1757, capitaine le 5 juin 1772, lieutenant en pied le 30 mai 1777, démissionnaire en 1782.

DELATTE (Antoine-François), fut nommé aumônier du régiment par le colonel comte de Berlaymont en juin 1780, confirmé par le prince-évêque le 3 juillet suivant et maintenu dans ses fonctions par le chapitre de Saint-Lambert *Sede vacante*, le 12 mai 1784. Il prit parti en 1789, pour les Etats révolutionnaires et fut révoqué de son emploi, lors de la restauration du prince-évêque de Hoensbroeck.

DELCHEF (Gilles-François de), chevalier du Saint-Empire, né à Liége et baptisé à Saint-Jean-Baptiste le 4 juin 1737, fils de Dieudonné-Gaspar-François de Delchef, chevalier du Saint-Empire, seigneur d'Achy, conseiller de la Cour allodiale et bourgmestre de Liége en 1726, et de Marie-Marguerite de la Naye.

(1) Dejace ou Jasse.

Il servit d'abord en France en qualité de capitaine au régiment de *Horion,* infanterie, devint ensuite capitaine en pied le 31 octobre 1761, lieutenant-colonel le 2 juin 1785 et major en pied le 20 septembre 1791.

Après l'invasion des armées républicaines dans le pays de Liége, il passa au service d'Autriche en juillet 1794 et fut porté sur la liste des prévenus d'émigration du département de l'Ourte du 29 ventôse an VI (19 mars 1798).

Il prit part, avec le bataillon *Prince-évêque de Liége,* aux campagnes de l'armée du Rhin de 1794 à 1797 contre la République française; mis en non activité le 23 mars 1797, il passa le 21 juin 1798 à la suite du bataillon *Carneville,* et fut peu après pensionné. Le 17 mars 1803, il déclara à Liége, en exécution de l'article 9 du traité de Campo-Formio, vouloir rester au service de l'Autriche, et se retira à Prague avec son fils infirme, qui suivra.

Il décéda à Stanislawow en Galicie le 6 mars 1810, et fut amnistié par décret impérial du 13 janvier 1813, du chef d'émigration (1).

DELCHEF (Laurent-François de), chevalier du Saint-Empire, né à Liége et baptisé à Saint-Jean-Baptiste le 28 mars 1761, fils du précédent et de Marie-Anne-Josèphe de Dossin, enseigne à la suite le 10 avril 1779, lieutenant en pied le 13 janvier 1781, capitaine le 10 janvier 1782. Passé au service de l'Autriche en 1794, il fut porté sur la liste des émigrés du département de l'Ourte du 29 ventôse an VI.

Son état de cécité l'empêcha de prendre part aux campagnes du bataillon liégeois contre la République française. Il passa en juin 1798, à la suite du bataillon de *Carneville* et fut peu après pensionné.

DELCREYER (2) **(Dieudonné)**, lieutenant en pied en 1715 à l'organisation du régiment, puis capitaine.

Il mourut le 31 décembre 1744 et fut enterré dans l'église de Saint-Servais.

(1) Plusieurs officiers liégeois, émigrés en 1794, furent amnistiés après leur décès, pour permettre à leurs héritiers d'entrer en possession de leur succession mise sous séquestre.

(2) Le nom de cette famille est écrit de différentes manières dans les actes: Creyr, Del Creyr ou Delle Creyr ou Creyer, Delcreyer, etc. Nous avons adopté cette dernière leçon.

DELCREYER (Jean-Joseph), enseigne en pied le 10 octobre 1735, capitaine en pied le 8 juillet 1746, major en pied le 20 mai 1759, à la place du major Constant, démissionnaire ; il reçut les appointements affectés à ce dernier grade par une nouvelle commission du 26 avril 1764, lieutenant-colonel le 14 mars 1783.

Il décéda à la citadelle le 26 avril 1789 et fut enterré dans l'église Saint-Jean-Baptiste. Il avait été marié le 4 octobre 1744 à Catherine-Louise de Fléron, et épousa en secondes noces, le 8 janvier 1754, Hedwige Gerardi.

DELCREYER (Guillaume-Gérard), enseigne à la suite le 15 juillet 1759, enseigne en pied le 3 juin 1767. Pendant la révolution il servit en qualité de capitaine au régiment de *Lynden*, avec lequel il se trouva au combat de Sutendael en 1790, et ne fut plus replacé au régiment national après la restauration du prince-évêque de Hoensbroeck.

DELCREYER (Antoine-Joseph-Augustin), fils de Jean-Joseph, enseigne le 28 février 1777, enseigne en pied le 31 août suivant, capitaine le 13 août 1782, capitaine en pied le 7 mai 1784, major le 9 juillet 1785. A la révolution liégeoise il prit parti pour les Etats et fut nommé lieutenant-colonel du régiment de *Lynden*, qu'il commanda au combat de Sutendael, en l'absence du colonel. Il demanda aux Etats, le 14 août 1790, le commandement de ce régiment, mais il ne put l'obtenir.

DELCREYER (Guillaume-Antoine-Joseph), né à Liége et baptisé à Saint-Nicolas Outre-Meuse le 25 décembre 1763, fils de Jean-Joseph Delcreyer, major en pied, et d'Hedwige Gerardi, fut nommé enseigne à la suite le 1er novembre 1780.

DELHEID (Jean-François-Joseph), aide-major et capitaine des portes de la cité de Liége le 22 avril 1789, à la place vacante par la démission de M. H. Beckers.

DELHEID (Jean-Joseph-Damien), né à Liége et baptisé à Notre-Dame-aux-Fonts le 2 mai 1750, fils de Jean-Damien Delheid, licencié en médecine, et de Marie-Joséphine Fabritius ; médecin de la compagnie des gardes-du-corps le 10 juin 1772, et médecin du corps et de la cour du prince-évêque de Velbruck le 12 août 1779. Il appartenait à une ancienne famille originaire de Fraiture, fixée à Liége depuis le milieu du XVIIe siècle, était licencié de l'Université de Louvain et collaborateur de l'*Esprit des journaux*.

DELLIS (Grégoire), lieutenant en pied à l'organisation du régiment en 1715, décédé en 1724.

DEMARTEAU (Laurent), capitaine en pied à l'origine du régiment, major le 28 juillet 1744, décéda le 30 décembre de l'année suivante.

Il avait été marié avec Jeanne-Marie de Bernard, décédée à la citadelle le 7 février 1725.

DEMESTE (Jean-Nicolas), fut nommé chirurgien-major du régiment le 25 avril 1740 et obtint le rang d'enseigne à la suite le 10 février 1752. Il devint ensuite chirurgien de la cour du prince-évêque Jean-Théodore de Bavière, et renonça en 1783 à son emploi de chirurgien-major, en faveur de son fils Jean, qui suit, et auquel il survécut.

DEMESTE (Jean), docteur en médecine et chirurgie, membre correspondant de l'Académie royale de chirurgie de Paris, membre des Académies de Lisbonne, Erfurt, Mayence, etc., né à Liége et baptisé à Notre-Dame-aux-Fonts le 7 janvier 1748, fut nommé chirurgien-major du régiment le 12 février 1783, capitaine à la suite le 17 du même mois, et décéda à Liége le 20 août 1783.

DEPREZ (François-Mathieu), né à Liége et baptisé à Notre-Dame-aux-Fonts le 9 juillet 1767, lieutenant en pied le 21 décembre 1791. Au mois de juillet 1794, il quitta Liége avec le régiment et fut porté sur la liste des prévenus d'émigration du département de l'Ourte du 29 ventôse an VI (19 mars 1798). Il fit, de 1794 à 1797, toutes les campagnes avec le bataillon *Prince-évêque de Liége* à l'armée du Rhin et passa à la suite du bataillon de *Carneville* le 21 juin 1798. Le 6 août suivant, il entra au régiment de *Beaulieu*, infanterie, avec lequel il fit les campagnes de 1799, de 1800 et de 1805, devint successivement capitaine-lieutenant puis capitaine, et fut tué à la bataille devant Presbourg le 3 juin 1809.

DERKENS (**Antoine-Joseph**), lieutenant en pied le 6 mars 1773, ensuite capitaine, démissionnaire le 28 avril 1789. Décédé en 1796.

DESPA (**Melchior**), lieutenant, décédé à la citadelle le 10 juillet 1725 et enterré à Saint-Servais.

DIVORY (**Louis-Alexandre**), enseigne à la suite le 21 janvier 1741, enseigne en pied le 4 octobre 1742, démissionnaire en 1747.

DOBBELSTEIN (**Jean-Charles, baron de**), seigneur d'Eynebourg, Limpach, Morslede, Schouweiler, etc., chambellan du prince-évêque Joseph-Clément de Bavière électeur de Cologne, grand-croix de l'Ordre de Saint-Michel, membre de l'Etat-noble de Liége, colonel d'un régiment de cavalerie au service de l'Electeur de Cologne, fit toutes les campagnes de la guerre de la succession d'Espagne et se distingua à la bataille d'Eeckeren le 30 juin 1703, où son régiment faisait partie du corps du prince de T'Serclaes-Tilly, sous les ordres du maréchal duc de Boufflers. Il fut même particulièrement signalé par ce maréchal dans son rapport au roi Louis XIV, du 1er juillet suivant (1). Le 18 juillet 1705, il se trouva à la prise des lignes d'Heylissem par les alliés, où son régiment, comme toute la cavalerie électorale, subit des pertes considérables.

Il était en 1715, maréchal de camp ou général-major, et fut désigné pour commander le régiment organisé à la solde des Etats de Liége, qu'il conduisit à Liége au mois d'août de cette même année. Nommé en 1971 lieutenant-général et conseiller d'Etat, il quitta le commandement du régiment à la mort de Joseph-Clément de Bavière. Il fut aussi gouverneur et grand-bailli de Keiserweerdt et avait épousé en 1697, Catherine-Bernardine, baronne de Westerholt de Lembeeck.

DOCHE (**François**), lieutenant en pied à l'origine du régiment en 1715, capitaine-lieutenant le 24 décembre 1740, décédé le 25 novembre 1745 et enterré à Saint-Henri.

DOCQUIER (**Nicolas**), lieutenant en pied en 1715, démissionnaire en avril 1737, décédé le 13 mai suivant.

(1) De Vault, *Mémoires militaires relatifs à la succession d'Espagne sous Louis XIV*, t. III, p. 75.

DOZO (**Pierre**), officier au régiment, décédé le 23 mars 1729 à la citadelle et enterré à Saint-Servais.

DUBOIS (**Jean-Henri**), auditeur et quartier-maître, en survivance, du régiment le 3 mars 1751, enseigne à la suite le 22 avril 1751 et capitaine le 11 mars 1755. Il renonça à ses fonctions en 1761, en conservant son rang de capitaine.

DUBOIS (**Denis-Ignace**), écuyer du prince-évêque Jean-Théodore de Bavière, enseigne en pied le 27 novembre 1756, démissionnaire, le 30 octobre 1767, en faveur de son fils Denis-Ignace-François.

DUBOIS (**Denis-Joseph**), fourrier et trésorier de campagne du prince-évêque Jean-Théodore de Bavière, fut nommé sous-commissaire de guerre le 8 mai 1757.

DUBOIS (**Denis-Ignace-François**), enseigne à la suite le 20 juillet 1759, enseigne en pied le 30 octobre 1767, démissionnaire, en 1769, en faveur de son frère Henri-François, qui suit.

DUBOIS (**Henri-François**), enseigne en pied le 22 septembre 1769, démissionnaire en 1789.

DUBOIS-BURY (**Jean-Ignace**), né à la citadelle de Liége et baptisé à Saint-Henri le 19 août 1757, fils du capitaine Jean-Henri Dubois et de Marie-Anne-Josèphe Bury, d'abord officier de la légion de *Sternbach*, puis sous-lieutenant de prévôt-général de la maréchaussée, avec rang de capitaine, le 14 août 1793, passa au mois de juillet 1794 au service de l'Autriche, dans les hussards de *Rohan*, avec lesquels il fit les campagnes de 1794 et 1795, à l'armée du Rhin.

DUPERRON (**Charles-Louis-François**), ancien officier au service de France, fut nommé capitaine en pied le 9 octobre 1781. Pendant la révolution de 1789-1790, il fut nommé major au régiment de *Fyon*, par l'Etat-noble, le 10 mai 1790 et confirmé dans cette charge par commission du 28 septembre suivant. Après l'entrée des Français à Liége en 1794, il demanda à entrer, avec le grade de lieutenant-colonel, au service de la République, mais il ne fut pas donné suite à cette demande.

DURIEUX (Martin), capitaine des portes de la citadelle le 17 mars 1744, décédé le 5 mai 1774.

DUROSNE (Gaspar), enseigne en pied à l'organisation du régiment en 1715, lieutenant en pied en octobre 1735, démissionnaire en 1738.

ERNEST (Pierre-Lambert), échevin de la cour de justice de Herstal, sous-commissaire de guerre et capitaine à la suite le 22 novembre 1760, capitaine en pied le 20 mai 1773, décédé le 5 avril 1786.

ERNEST (Louis-Ferdinand), né à Liége le 1er mai 1763, lieutenant en pied le 25 février 1781, capitaine le 15 janvier 1782, sous-commissaire de guerre le 10 mai 1784, capitaine en pied le 20 septembre 1791. Il passa au service de l'Autriche avec le régiment au mois de juillet 1794, et fut porté sur la liste des prévenus d'émigration, dressée le 19 messidor an IV (7 juillet 1796), par l'Administration centrale du département de l'Ourte.

Il commanda, pendant les campagnes de 1794 à 1797, sur le Rhin, la compagnie du colonel et après la dissolution du bataillon *Prince-évêque de Liége*, en 1798, il servit au bataillon d'infanterie légère de *Carneville*, avec lequel il fit les campagnes de 1799 à 1801 à l'armée d'Italie et du Tyrol.

Le 14 août 1799, il fut blessé dans un combat livré dans le Valais aux Français qui le firent prisonnier. Laissé libre sur parole, le 14 septembre suivant, il fut, après le licenciement du corps de *Carneville*, transféré, le 1er septembre 1801, au régiment d'infanterie de *Beaulieu*, et pensionné le 1er décembre de la même année, avec le rang de major.

Après la paix de Lunéville, il déclara, le 17 germinal an XI, vouloir rester Français, prêta serment à la République et renonça à la pension qu'il tenait de l'Autriche.

EVRARD (Guillaume), chirurgien-major, en survivance, du régiment le 3 mai 1730, décédé à la citadelle le 20 avril 1740.

FALLE (André-Ernest), enseigne à la suite le 6 août 1737, enseigne en pied le 25 janvier 1743, lieutenant le 21 avril 1751, capitaine le 20 novembre 1758, décédé à Liége le 10 juillet 1767.

FARSY (Jean-Nicolas de), gentilhomme de bouche du prince-évêque Jean-Théodore de Bavière, lieutenant en pied le 9 avril 1737, capitaine le 2 décembre 1745. Il renonça en 1753 à son emploi de lieutenant en pied, mais il conserva le titre honorifique de capitaine.

Il avait été marié en mars 1743 à Marie-Dieudonnée Abry.

FRAAS (Nicolas), né à Hessingen (Luxembourg) en 1757, lieutenant en premier d'artillerie le 14 mai 1794. Il avait d'abord servi pendant seize ans dans l'artillerie de campagne autrichienne, où il avait obtenu la médaille d'argent pour sa bravoure devant l'ennemi. Rentré avec le régiment au service de l'Autriche en juillet 1794, il passa dans l'artillerie, tout en appartenant au bataillon liégeois. Il fut mis à la suite du bataillon de *Carneville* en 1798, classé définitivement dans l'artillerie autrichienne en 1801 et attaché à la garnison de Venise ; nommé capitaine-lieutenant en 1805, et transféré à Theresienstadt, il devint capitaine de l'artillerie de la forteresse de Josephstadt en 1811, et fut mis à la retraite en 1818 avec le titre et la pension de major.

FRÉRON (Guillaume-Jean-Baptiste-Thomas de), né à Liége en 1772, fils de Guillaume-Joseph de Fréron, procureur-général du pays de Liége, entra en 1788 comme cadet au régiment de *Latour*, dragons, au service de l'Autriche, et devint ensuite capitaine en pied au régiment national le 3 septembre 1793. Rentré au service de l'Autriche au mois de juillet 1794 avec le régiment, il fut porté sur la liste des prévenus d'émigration du 29 ventôse an VI (19 mars 1798).

Il prit part aux différentes campagnes de 1794 à 1797, de l'armée autrichienne sur les bords du Rhin, en qualité de capitaine-lieutenant de la compagnie major du bataillon *Prince-évêque de Liége*, et déserta vers le milieu de l'année 1798.

FRICHE DE VALAZÉ (Charles-Eléonore de), gentilhomme de bouche du prince-évêque Jean-Théodore de Bavière, capitaine à la suite du régiment le 26 juin 1751.

GELOES (Guillaume-Bernard-Antoine-Maur, comte de), seigneur d'Eysden, Fouron-le-Comte, Herckenraedt, Kloppenberg, Oost et Sainte-Gertrude, conseiller privé le 30 octobre 1760, grand-bailli de

Moha le 28 avril 1762, châtelain et lieutenant des fiefs de Curange et haut-officier de Hasselt le 12 avril 1764, chef de l'Etat-noble de Liége le 17 avril 1782, commissaire déciseur de Maestricht, grand-maître d'hôtel, grand-argentier et chambellan du prince-évêque Jean-Théodore de Bavière. Il était ministre plénipotentiaire de Liége à la cour de France lorsque le prince-évêque lui accorda, par commission datée de Passy le 15 janvier 1761, la première place de capitaine en pied au régiment national qui viendrait à vaquer, et par une seconde commission du 26 du même mois, il lui accorda la survivance de la charge de colonel en pied de ce régiment, mais ces deux nominations n'eurent pas de suite. A la mort du comte de Glimes de Florennes en 1772, il fut nommé capitaine des gardes-du-corps avec rang de général-major, par le prince-évêque de Velbruck. Il conserva cette charge sous le règne de son successeur, et le prince-évêque de Méan à son avènement à la principauté de Liége, par commission du 22 septembre 1792, le confirma dans ses fonctions.

Il décéda à Liége dans la paroisse de Sainte-Marie-Madeleine le 7 mars 1794.

Il était fils de Hubert-Maur-Ferdinand, comte de Geloes, seigneur de Fouron-le-Comte, etc., conseiller intime et chambellan du prince-évêque Jean-Théodore de Bavière, chef de l'Etat-noble de Liége, etc., et de Isabelle-Adolphine-Philippine de Hoensbroeck d'Oost, dame d'Eysden, etc., dame de la Croix étoilée.

Le comte de Geloes épousa, le 22 août 1784, Marie-Thérèse-Théodorine d'Andelot, chanoinesse de Maubeuge, décédée en 1798, veuve de Louis-Adrien-Emile, comte d'Oultremont et de Warfusée, décédé en 1782, et fille d'Adrien-Théodore-Rodrigue-Charles-Louis-Joseph, comte d'Andelot, baron de Saffre, et de Marie-Anne-Thérèse, baronne de Blanckart d'Alsdorf.

GLARONE dit TSCHUDY (François de), baron de Flums, chambellan du prince-évêque Jean-Théodore de Bavière, major au service de l'empereur Charles VII, capitaine en pied avec rang de lieutenant-colonel au régiment le 5 juillet 1744. Il donna sa démission de capitaine en juillet 1746, en conservant cependant son grade honorifique de lieutenant-colonel.

Il avait été marié à Catherine-Clémence de Louvrex qui décéda le 9 mai 1756 et fut enterrée dans l'église de Saint-Martin-en-Ile.

GLIMES DE BRABANT (Charles-Jean-Jacques, baron de), seigneur de Louverval et de Saint-Martin, maréchal de camp au service du prince-évêque Joseph-Clément de Bavière électeur de Cologne, chambellan, conseiller d'état, capitaine des gardes-du-corps, trabants à pied. Il avait pris part aux campagnes de la guerre de la succession d'Espagne et devint, en 1719, capitaine de la compagnie des gardes-du-corps liégeois, carabiniers à cheval, fonctions qu'il remplit jusqu'à la mort de Joseph-Clément de Bavière.

Il était fils d'Adrien-Charles de Glimes de Brabant, seigneur de Saint-Martin, et d'Angélique-Charlotte de Hylle, chanoinesse de Moustier.

GLIMES DE FLORENNES (Guillaume-Eugène-Charles-François, comte de), capitaine des gardes-du-corps du prince-évêque Georges-Louis de Berghes en 1725, haut-drossart de Montenaken le 20 novembre 1727, membre de l'Etat-noble de Liége par réception du 17 septembre 1730, conseiller privé le 17 mars 1736, colonel en pied du régiment le 19 janvier 1737, général-major le 14 juillet 1739. Ne pouvant cumuler les deux charges de capitaine des gardes et de colonel en pied, il renonça à cette dernière charge lors de l'avènement du prince Jean-Théodore de Bavière, et conserva celle de capitaine des gardes. Il devint grand-bailli de Hesbaye le 30 avril 1744 et chambellan de ce prince ; après la mort de celui-ci, son successeur, le prince-évêque d'Oultremont, le confirma dans ses fonctions de capitaine des gardes par commission du 1er mai 1764, et le prince-évêque de Velbruck le conserva de même à la tête de ses gardes. Il décéda à Liége le 10 juin 1772 et fut enterré dans l'église de Sainte-Ursule (1).

Il était fils de Claude-François-Lamoral de Glimes, baron de Florennes, marquis de Courselles, Stave, Spontin, pair de la principauté de Liége, et de Jeanne-Marguerite de Cotereau-Puisieux.

GOESWIN (Antoine-Ernest-Charles-Joseph, baron de), né à Liége en 1732, enseigne en pied le 10 décembre 1781, lieutenant en pied

(1) Sa pierre sépulcrale se trouve déposée au Musée de l'Institut archéologique.

le 20 septembre 1791. Au mois de juillet 1794, il passa au service de l'Autriche, et prit part avec le bataillon *Prince-évêque de Liége* aux campagnes de l'armée du Rhin de 1794 à 1797. Après la dissolution de ce bataillon le 20 juin 1798, il fut transféré à la suite du bataillon de *Carneville*, et incorporé le 6 août 1798, au 2e régiment de garnison. Il fut porté sur la liste des prévenus d'émigration du département de l'Ourte du 29 ventôse an VI (19 mars 1798).

Il avait épousé Marie-Josèphe de Villers du Fourneau.

GOESWIN (Charles-Ernest-Eugène, baron de), né à Liége et baptisé à Saint-Servais le 7 février 1777, cadet au régiment d'infanterie, quitta le service le 17 août 1794 à Aix-la-Chapelle (1). Entra au service d'Autriche comme cadet au régiment de *Beaulieu*, infanterie, le 16 mars 1798, devint enseigne au régiment *Archiduc Joseph*, infanterie, le 18 décembre 1799, lieutenant au régiment *Esterhazy*, infanterie, le 20 septembre 1805 ; il fit les campagnes de 1799, 1800, 1801 et 1805 en Italie. Nommé premier lieutenant au même régiment le 2 février 1809, il fut la même année grièvement blessé d'une balle au côté droit à la bataille de Raab en Hongrie. Capitaine le 1er juillet 1811, démissionnaire le 17 du même mois ; désigné pour servir à la 78e cohorte le 7 avril 1812, puis au 127e régiment de ligne le 8 février 1813. Il se trouva en 1813 et 1814 au blocus de Wesel et fut nommé chevalier de la Légion d'honneur le 31 mars 1814. Passé au 19e de ligne le 1er juillet 1814, il quitta le service de France le 1er septembre suivant pour entrer à celui des Pays-Bas ; capitaine au 4e bataillon d'infanterie le 30 septembre 1814, major commandant le 42e bataillon d'infanterie le 4 avril 1815, puis le 4e bataillon de chasseurs le 31 octobre 1815. Lieutenant-colonel au 43e bataillon d'infanterie le 23 août 1817, il quitta le service le 30 mai 1823, et fut enfin nommé colonel commandant la Garde communale de Liége le 26 février 1828. Après les événements de 1830, il donna sa démission et décéda à Liége le 31 octobre 1858.

GOESWIN (Louis-Joseph-Ferdinand, baron de), né à Liége et baptisé à Saint-Servais le 26 mai 1780, cadet au régiment d'infanterie,

(1) Il ne figure pas, par oubli sans doute, comme son frère, sur la liste de revue du régiment du 15 juillet 1794, mais sa démission prouve qu'il en faisait partie à cette époque.

quitta le service à Aix-la-Chapelle le 27 août 1794, et mourut dans la suite à Vienne des suites d'un coup d'épée reçu en duel.

GORDINNE (Gérard-Bruno), enseigne en pied le 20 avril 1732, lieutenant en pied le 13 février 1743, capitaine le 25 avril 1751. Il renonça en 1755 à sa place, en faveur de son fils, mais continua néanmoins à remplir ses fonctions jusqu'à la majorité de ce dernier.

Il avait épousé à Liége, dans l'église de Saint-Servais, le 25 juin 1746, Françoise Verdun.

GORDINNE (Gérard-Bruno), lieutenant en pied, avec rang de capitaine, le 10 mars 1755, décédé le 3 juin 1767.

GOUDER DE BEAUREGARD (Pierre-Antoine de), enseigne en pied le 1er février 1724, lieutenant en pied le 24 décembre 1740, capitaine le 23 février 1745.

Marié à Liége, dans la chapelle de Saint-Henri, le 28 avril 1738, à Marie-Pétronille de Warnotte.

GOUDER DE BEAUREGARD (Pierre-Charles-Hubert de), enseigne en pied le 26 septembre 1750, lieutenant en pied le 20 juillet 1769, capitaine le 29 janvier 1782, démissionnaire en 1782, décédé à la citadelle le 6 février 1784.

Il avait été marié le 13 juillet 1763 à Liége, dans l'église de Saint-Christophe, à Albertine-Thérèse de Préalle.

GOUDER DE BEAUREGARD (Pierre-François-Joseph de), lieutenant en pied, en survivance, le 29 juillet 1756, capitaine le 4 février 1782, fils du capitaine Pierre-Antoine.

GOUDER DE BEAUREGARD (Jacques-François-Philippe de), né à Liége en 1766, enseigne en pied le 28 avril 1789, lieutenant en pied le 24 novembre 1791. Entré au service d'Autriche au mois de juillet 1794, il fit les différentes campagnes de 1795 à 1797 à l'armée du Rhin. Il passa le 21 juin 1798 à la suite du bataillon de ***Carneville***, infanterie, et fut incorporé le 6 août suivant au régiment de ***Murray***, infanterie, depuis ***Reuz-Greiz***, où il était capitaine-lieutenant en 1803 ; il fut transféré ensuite avec son grade au régiment de ***Lindenau***, infanterie, où il devint capitaine en 1809, et quitta le service actif en 1815.

GOUDER DE BEAUREGARD (**Charles de**), né à Liége en 1765, lieutenant en pied le 20 octobre 1793. Passa au service d'Autriche au mois de juillet 1794 et fit avec le bataillon *Prince-évêque de Liége* les campagnes de 1794 à 1797, sur les bords du Rhin. Après le licenciement de ce corps, il fut placé à la suite du bataillon de *Carneville* le 21 juin 1798, et incorporé le 6 août de la même année au régiment de *Clerfayt* depuis *Czartoryski*. Il prit part aux campagnes de 1805 et de 1809 en Autriche, assista aux batailles d'Eckmuhl, Abensberg, Ratisbonne, Aspern et Wagram, et quitta le service le 18 juillet 1810.

GRADY (**Albert-Antoine-Henri de**), chevalier du Saint-Empire, seigneur de Bellaire, Queue-du-Bois, Parfondvaux et Waonry, né le 4 juin 1748, conseiller à la Cour féodale de Liége, fut nommé cornette aux gardes-du-corps avec rang de lieutenant-colonel le 22 septembre 1792. Après 1815, il fut membre de la seconde chambre des Etats-généraux des Pays-Bas, membre de l'Ordre équestre de la province de Liége par arrêté royal du 26 avril 1816, chevalier de l'Ordre du Lion Belgique et décéda au château de Bellaire le 25 juin 1835. Il avait été marié à Liége, le 29 mars 1778, à Marie-Isabelle-Joséphine de Grady, décédée à Spa le 22 septembre 1780.

GRAMKET (**Charles**), maréchal des logis des gardes-du-corps du prince-évêque Georges-Louis de Berghes en 1724, fut nommé capitaine à la suite du régiment le 7 novembre 1724, lieutenant en pied le 9 décembre 1740, capitaine en pied le 20 décembre suivant. Il fut continué dans ses fonctions de maréchal des logis des gardes-du-corps par le prince-évêque Jean-Théodore de Bavière en 1744, obtint le grade de major le 3 janvier 1752, et fut encore confirmé dans son emploi de maréchal des logis des gardes-du-corps, par le prince-évêque d'Oultremont, le 1er mai 1764. Il mourut à Liége le 25 mai 1767 et fut enterré dans l'église de Saint-Thomas.

GRÉGOIRE (**François-Thomas-Bonaventure de**), seigneur de Roiseux, Leswailles, etc., enseigne en pied le 18 mai 1734, lieutenant le 21 avril 1751, capitaine le 20 août 1751, lieutenant en pied le 12 avril 1752. Décédé à Liége le 27 décembre 1769 et enterré dans l'église de Saint-Servais.

GROSBERG (Albert-François-Joseph, comte de), baron de Mackelen, grand-croix de l'Ordre de Saint-Michel, chambellan du prince-évêque Jean-Théodore de Bavière. Entré fort jeune au service de France, il était capitaine d'infanterie en 1757 et capitaine de cavalerie en 1760; nommé cornette aux gardes-du-corps avec rang de lieutenant-colonel en 1761, à la place du baron d'Indermaur, il rentra dans l'armée française au mois d'octobre 1765, avec le rang de mestre de camp (colonel) de cavalerie et devint brigadier d'infanterie le 1er mars 1780.

Il était fils unique de Jean-Baptiste-Victor, comte de Grosberg, fils naturel légitimé du prince-évêque Joseph-Clément de Bavière, électeur de Cologne, né en France en 1706, chambellan de Clément-Auguste, duc de Bavière, électeur de Cologne, et de Jean-Théodore de Bavière prince-évêque de Liége, ministre résident à la cour de Bruxelles, grand-croix de l'Ordre de Saint-Michel, marié en 1729, à Marie-Joséphine-Ferdinande-Rose, baronne de Colins, fille unique de Pierre-Antoine baron de Colins, seigneur et baron de Sainte-Gertrude, de Mackelen, et d'Anne-Eléonore Edouars dite Threvot, issue d'une maison royale d'Angleterre.

HARENNE (Jean-Baptiste-Joseph de), né à Liége et baptisé à Notre-Dame-aux-Fonts le 29 juin 1698, fils de Lambert-Arnold de Harenne, avocat à la Cour de Liége, et d'Ernestine-Françoise de Massillon ; enseigne en pied le 3 mai 1734, lieutenant en pied le 20 janvier 1748, capitaine le 3 janvier 1752, conseiller de la cité de Liége en 1752, décéda à la citadelle et fut enterré dans l'église de Saint-Servais le 15 décembre 1763.

Il épousa à Liége dans l'église de Saint-Remi le 20 mai 1726, Anne-Catherine de Closar, dont il eut notamment un fils qui suit :

HARENNE (Jean-Lambert-Joseph de), né à Liége et baptisé à Notre-Dame-aux-Fonts le 22 juillet 1730, enseigne à la suite le 3 janvier 1752, lieutenant le 22 juillet 1754 ; il passa ensuite au service de l'Autriche où il devint capitaine. Par diplôme du 24 janvier 1769, enregistré au Conseil privé le 11 avril 1771, il fut créé chevalier du Saint-Empire par le comte de Zeyl, en même temps que son frère.

HEMRICOURT DE SERON (Conrard-Ferdinand-Joseph-

Richard, comte de), seigneur de Mierdorp, Mozet, Meeffe, Forville, Ramioul, gentilhomme de l'Etat-noble de Namur par réception du 4 juin 1729, fut nommé capitaine à la suite du régiment le 26 juin 1729.

Il épousa en premières noces, par contrat du 21 juillet 1732, Marie-Madeleine-Béatrice de Charneux, dame de Messencourt, décédée le 7 décembre 1733, et en secondes noces, le 12 décembre 1736, Barbe-Joséphine, baronne de Sluse. Il fut créé comte du Saint-Empire par lettres patentes du 10 septembre 1745.

HEMRICOURT DE WALEFFES (**Henri-Charles de**), enseigne en pied, fut nommé lieutenant à la suite le 20 février 1729 et décéda l'année suivante.

HENNION (**François-César d'**), enseigne à la suite le 7 avril 1761.

HILDEN (**baron de**), capitaine en pied à l'organisation du régiment en 1715.

HIRSCHY (**Jean-Ulrich**), né à Berne en 1763; après avoir servi en qualité de fourrier au régiment de *Vierset*, infanterie, au service d'Autriche, il fut, après l'organisation du bataillon *Prince-évêque de Liége* nommé, le 1er septembre 1794, lieutenant quartier-maître par le prince-évêque de Liége colonel propriétaire. Il prit part aux campagnes de 1794 à 1797 sur les bords du Rhin et fut transféré, le 17 avril 1798, au bataillon de *Carneville*.

HODIAMONT, enseigne en pied, démissionnaire en 1734.

HOMBOURG (**Jean-Pierre**), lieutenant en pied à la formation du régiment en 1715, démissionnaire en 1734.

INDERMAUR (**Jean-Baptiste, baron d'**), premier page de la chambre, puis chambellan du prince-évêque Jean-Théodore de Bavière, fut nommé cornette des gardes-du-corps, avec rang de lieutenant-colonel, le 1er février 1759. Il succéda en 1761 au comte de Torring, dans la charge de lieutenant en second des gardes-du-corps, avec rang de colonel, et quitta le service de Liége en 1764.

JARRY DE LA ROCHE (Dominique-Louis du), seigneur du Challart, baron de Saint-Irieux, né à Tournay et baptisé le 19 janvier 1699, d'abord capitaine au régiment *de la Marck*, infanterie, au service de France, puis capitaine et adjudant-général du Cercle de Westphalie, fut nommé, le 22 mars 1744, major du contingent liégeois au Cercle de Westphalie, à la suite du régiment d'infanterie. Il devint ensuite général-major d'infanterie et lieutenant-gouverneur de la ville et duché de Juliers, au service de l'électeur Palatin, et grand-croix de l'Ordre de Saint-Michel. Il avait épousé, en 1728, Marie-Thérèse de Harcking, dame de Broeck.

JASSE (Jean), chirurgien-major en 1727.

JEANFILS (Charles), enseigne en pied en 1715 à l'organisation du régiment, lieutenant en pied le 23 février 1734, capitaine-lieutenant le 5 janvier 1742, décéda le 11 février 1743 et fut enterré dans l'église de Saint-Servais.

Il avait épousé Anne-Robertine Ansion, décédée à la citadelle le 5 juillet 1732, et se maria en secondes noces le 20 avril 1733 à la citadelle, avec Dieudonnée-Françoise de Vignes, décédée le 8 mai 1765.

JEANFILS (Jacques-Gérard), enseigne à la suite le 3 janvier 1752, décédé le 17 août 1754 à la citadelle.

KENENS (Jean-Henri), né à Herck-la-Ville le 3 février 1767, fut nommé sous-lieutenant de prévôt-général de la maréchaussée, avec rang de capitaine, le 14 août 1793. Il passa au mois de juillet 1794 au service de l'Autriche où il servit dans la gendarmerie.

Sous le premier empire et sous le gouvernement des Pays-Bas, il fut de 1808 à 1818, maire et bourgmestre de Herck-la-Ville, et décéda le 11 juin 1831.

KEPPEL (Jacques), enseigne en pied, décédé à Liége le 1er avril 1729.

KEPPEL (Jean-Ernest), fils du précédent, enseigne en pied le 21 avril 1729, lieutenant en pied le 4 octobre 1742, capitaine le 25 avril 1751, décédé le 25 juillet 1764.

KEPPEL (**Jean-Balthazar**), frère du précédent, enseigne à la suite le 5 janvier 1742, enseigne en pied le 31 décembre 1744, lieutenant le 21 avril 1751, lieutenant en pied le 29 juillet 1764, décédé le 16 juillet 1769 et enterré à Saint-Servais.

KEPPEL (**Jean-François**), enseigne à la suite le 15 juillet 1759.

KEPPEL (**Gilles-Joseph**), enseigne à la suite le 15 juillet 1759, enseigne en pied le 19 février 1768. Pendant la révolution liégeoise, il fut nommé par l'Etat-noble le 1er juin 1790, officier dans le régiment de *Lynden*, et fit la campagne de 1790 avec l'armée révolutionnaire. Le 28 septembre 1790, il obtint le brevet de capitaine en second au régiment de *Fyon*, et sollicita le grade de capitaine à l'arrivée des Républicains dans le pays de Liége.

KEPPEL (**Joseph**), cadet sergent de la compagnie d'artillerie en juillet 1794, passa au service de l'Autriche et fit avec le bataillon *Prince-évêque de Liége*, les campagnes de 1794 à 1797 sur le Rhin. Après le licenciement de ce corps, il fut transféré le 21 juin 1798, au bataillon *Carneville*, et assista à la campagne de 1799, en Italie et en Suisse, pendant laquelle il fut nommé enseigne. Passé au régiment de *Ligne*, il devint lieutenant en second en 1805, lieutenant en premier en 1809, capitaine-lieutenant en 1812 et capitaine en 1813, prit part aux campagnes de 1805, 1809 et 1813, avec son régiment, et fut pensionné le 31 octobre 1820.

KEVERBERG (**Jean-Louis, baron de**), lieutenant en pied le 6 septembre 1734, capitaine le 13 février 1743, capitaine en pied le 12 avril 1752, lieutenant-colonel le 6 avril 1774. Il décéda à la citadelle le 11 septembre 1780 et fut enterré à Saint-Servais.

KINABLE (**Pierre-Auguste, le père Benoît**), religieux augustin, aumônier du régiment le 20 septembre 1791. Il suivit le régiment au service de l'Autriche et décéda à Lindenholzkausen le 18 février 1795.

KLONKART (**Wathieu**), aide-major et capitaine des portes de la cité de Liége, par commission du 19 février 1715. Le chapitre de Saint-Lambert le confirma dans ses fonctions le 22 décembre 1723.

KNAEPS (Jacques-Léonard), lieutenant en pied le 14 avril 1734, capitaine-lieutenant le 4 octobre 1742, capitaine en pied le 20 janvier 1748, décédé à Saive le 12 octobre 1778.

Il avait épousé en premières noces, le 25 août 1738, Marie-Françoise de Vignes, décédée le 27 décembre 1738, et en secondes noces, le 11 janvier 1740, Catherine-Josèphe Demarteau, décédée le 9 juillet 1775.

KNAEPS (Jean-Bernard), né à la citadelle et baptisé le 26 août 1742, fils du précédent, enseigne à la suite le 15 août 1752, enseigne en pied le 13 juillet 1765, décédé en 1771.

KNAEPS (Gérard-Dominique), frère du précédent, né à la citadelle et baptisé à Saint-Henri le 16 mai 1747, enseigne en pied le 21 mai 1772, major de la place et inspecteur de l'artillerie et des casernes le 3 mai 1779. En 1793, il fut chargé de l'organisation de la compagnie d'artillerie annexée au régiment et devint, le 21 juillet 1794, capitaine en pied d'infanterie, par brevet du prince-évêque de Liége. Après la transformation du régiment en bataillon *Prince-évêque de Liége*, il commanda une des quatre compagnies, avec laquelle il fit toutes les campagnes de l'armée du Rhin contre la République française, de 1794 à 1797. Pendant le célèbre siège de Mayence de 1795, il fut détaché du bataillon, au mois de février, pour servir dans l'artillerie de la place en qualité de major. Le 21 juin 1798, il passa au bataillon de *Carneville*, prit part à la campagne de 1799 en Suisse, et se trouva aux différents combats livrés par les Autrichiens aux Français, dans le Valais et au Saint-Gothard. Après la paix de Lunéville en 1801 il fut nommé major et pensionné.

Le 19 mars 1803 à Liége, il déclara au préfet de l'Ourte son intention de rester au service de l'Autriche, mais au mois de juin 1809, il revint à Liége et renonça à la pension qu'il avait de cette puissance.

KNAEPS (Nicolas-Marie), né à la citadelle et baptisé le 5 février 1749, frère du précédent, lieutenant démissionnaire le 20 avril 1778.

LALLEMANT DE LÉVIGNEN (Louis-François-Charles, comte), seigneur de Bodeux, fils de Louis-François, conseiller au Parlement et intendant d'Alençon et de Marie-Jacqueline de Boutin ;

exempt aux gardes-du-corps du roi Louis XV, avec rang de capitaine de cavalerie, puis chambellan du prince-évêque Jean-Théodore de Bavière, grand-croix de l'Ordre de Saint-Michel, fut nommé capitaine en pied au régiment le 29 juin 1748, major le 13 janvier 1751, lieutenant-colonel le 8 juin 1759, colonel le 8 mai 1761. Il décéda à la citadelle le 15 mars 1786 et fut enterré à Bodeux, dans le pays de Stavelot.

Il avait été marié à Marie-Marguerite de Rahier, fille d'Emmanuel de Rahier, seigneur d'Hansimont, mayeur héréditaire de Bodeux, et d'Anne-Hubertine de Nollet.

LALLEMANT DE LÉVIGNEN (Charles-François-Louis, comte), fils du précédent, né au Sart dans le marquisat de Franchimont le 20 juin 1749, enseigne à la suite (à peine âgé de 3 ans) le 11 juillet 1752, page du prince-évêque Jean-Théodore de Bavière, capitaine en pied, en survivance, par commission du 14 août 1769, confirmée le 10 avril 1772 et le 30 septembre 1784. Il devint capitaine en pied effectif, après la mort de son père en 1786.

En 1789, il resta fidèle au prince-évêque et quitta la carrière militaire après l'invasion des Français en 1794. Il fut porté sur la liste des prévenus d'émigration du département de l'Ourte du 19 messidor an IV et prêta serment de fidélité à la République le 9 prairial an X (29 mai 1802).

Le comte de Lévignen épousa, le 20 octobre 1780, dans la chapelle de Tignée, paroisse de Mélen, Marie-Angélique-Gilles Massot.

LAMBRECHT (Guillaume-Louis), sous-commissaire de guerre depuis la guerre de 1702, et auditeur du régiment dès sa formation en 1715. Nommé quartier-maître en pied au régiment avec rang de capitaine par commission du 8 février 1726 et serment du 13 février suivant, il décéda à Liége, dans la paroisse de Saint-Remacle-en-Mont, le 25 février 1751.

LAMOCK (Jean-Jacques), lieutenant en pied dès l'origine du régiment; il donna sa démission en 1737.

LANDINGER (Balthazar), brigadier des gardes-du-corps du prince-évêque Jean-Théodore de Bavière, devint quartier-maître des gardes-du-corps, avec rang de capitaine, le 15 décembre 1754.

LEBLANC (**Pierre-François-Emmanuel**), sous-lieutenant honoraire de la maréchaussée le 11 septembre 1793, passa au service de l'Autriche en juillet 1794 avec le corps de maréchaussée qui fut incorporé dans le régiment de hussards de *Rohan*, devenu ensuite *Bussy* en 1798, avec lequel il fit toutes les campagnes de 1795, jusqu'à la paix de Lunéville, lieutenant au régiment des dragons de *Savoie* en 1804, il assista à la bataille de Caldiero, devint lieutenant en premier le 1er août 1807, et se trouva avec son régiment aux batailles de Fontana Frida et de Raab en 1809, et fut mis à la retraite le 1er février 1813.

LECLERCQ (**Nicolas**), né à Liége en 1734, lieutenant en pied le 20 septembre 1791, capitaine le 4 septembre 1793, suivit le régiment lorsqu'il passa au service de l'Autriche en juillet 1794, fit les campagnes des années 1794 à 1797 sur le Rhin ; mis en non-activité le 23 mars 1797, il passa le 21 juin à la suite du bataillon *Carneville*, et fut peu après pensionné.

Il avait été porté sur la liste des prévenus d'émigration du 19 messidor an IV (7 juillet 1796).

LECOIN (**Isaac**), enseigne en pied le 31 janvier 1731, démissionnaire en 1732.

LEJEUNE (**Dieudonné**), enseigne en pied le 18 janvier 1734, lieutenant en pied le 31 décembre 1744, capitaine le 26 avril 1751, décédé en 1777.

LEJEUNE (**Urbain**), enseigne à la suite le 2 décembre 1745, lieutenant à la suite le 3 janvier 1752, enseigne en pied le 10 avril 1755. Il faisait partie en 1787 de la loge des francs-maçons, dite la *Parfaite égalité*, à Liége (1).

LEJEUNE (**Laurent-Catherine**), enseigne à la suite le 3 janvier 1752.

LÉONARD (**Pierre-Louis de**), chevalier du Saint-Empire, ancien capitaine au service de France, fut nommé major de la place et

(1) *Bulletin de l'Institut archéologique liégeois*, t. I, p. 412.

inspecteur de l'artillerie et des casernes de la citadelle le 4 février 1768, démissionnaire en 1779.

LE PLOMB (**André**), enseigne en pied, puis lieutenant en pied en janvier 1731, décédé en 1734.

LEROUX (**Robert-Joseph**), servit d'abord en France et fut nommé lieutenant en pied au régiment le 14 janvier 1737, capitaine par commission du chapitre de Saint-Lambert *Sede vacante* le 8 janvier 1744, capitaine en pied, en survivance, le 3 juillet 1759, et effectif le 13 février 1765, lieutenant-colonel le 15 mars 1783. L'année suivante, il renonça à sa compagnie en faveur de son fils et pendant la révolution de 1789-1790, il sollicita sans succès, des Etats de Liége, une charge de capitaine et donna, dans ce but, sa démission du service du prince-évêque le 24 avril 1790.

Il avait épousé à Liége, le 16 septembre 1739, Catherine-Françoise-Hubertine de Vergniers.

LEROUX (**Jean-Baptiste-Joseph**), fils du précédent, enseigne à la suite le 25 juillet 1754. Il obtint, le 8 mai 1757, sa démission honorable avec grade de capitaine, et passa en cette qualité au régiment de *Bouillon*, infanterie étrangère, au service de France. Il fit toutes les campagnes de la guerre de Sept ans, mais après la paix il fut réformé. Son père ayant donné sa démission, il fut nommé à sa place capitaine en pied, par commission du chapitre de Saint-Lambert *Sede vacante* le 14 mai 1784. Il donna, pendant la révolution, sa démission du service du prince-évêque, le 24 avril 1790, et fut nommé capitaine au régiment de *Lynden* et commandant de la place de Hasselt.

Le capitaine Leroux, lors de la première invasion des Républicains français, avait été nommé membre de la municipalité liégeoise, élue le 8 janvier 1793, mais la rentrée de l'armée autrichienne, au mois de mars suivant, et la restauration du prince-évêque le forcèrent à quitter le pays. Après la seconde invasion des Français dans le pays de Liége, au mois de juillet 1794, il reprit le 21 août ses fonctions de membre de la municipalité, et fut confirmé dans ses fonctions le 14 vendémiaire an III (5 octobre 1794), par le représentant du peuple Frécine. Il demanda ensuite à entrer dans l'armée française.

LEROUX (**Grégoire-Michel**), enseigne à la suite le 8 mai 1757 à la place de son frère, passé au service de France; enseigne en pied le 29 juillet 1764, démissionnaire le 26 novembre 1769.

LIBEN (**Ferdinand-Lambert-Nicolas**), volontaire au service de l'Autriche en 1790, entra au régiment national liégeois, en qualité d'enseigne en pied, le 24 novembre 1791, et donna sa démission en 1794. Il servit ensuite dans l'armée française où il était lieutenant au 112e de ligne en 1806.

LIBEN (**Jean-Pierre**), frère du précédent, né à Liége en 1765, enseigne en pied le 19 février 1794, entré en juillet de la même année au service de l'Autriche, fut porté sur la liste des prévenus d'émigration du 29 ventôse an VI (19 mars 1798). Il fit les campagnes de l'armée du Rhin avec le bataillon *Prince-évêque de Liége*, et passa, après le licenciement de ce corps, à la suite du bataillon de *Carneville*; transféré au régiment de *Ligne*, infanterie, le 2 août 1798, il devint lieutenant le 1er mai 1799 et lieutenant en premier le 15 juin 1800. Le 1er août 1808, il fut incorporé au régiment de *Baillet*, et le 1er décembre suivant dans un bataillon de chasseurs; nommé capitaine-lieutenant le 16 février 1809, il assista aux batailles de Ratisbonne le 1er avril 1809 et d'Aspern, et se distingua particulièrement à la bataille de Wagram, dans la défense du château de Sachsengang; transféré ensuite au régiment de *Wurtemberg* le 15 avril 1810, il fut pensionné le 28 février 1812.

LOYERS DE RORIVE (**Arnold-François de**), gentilhomme de bouche du prince-évêque Jean-Théodore de Bavière, ancien capitaine au régiment de *La Marck*, infanterie, au service de France, devint capitaine à la suite du régiment le 21 septembre 1753.

Il avait épousé, le 3 février 1759, dans l'église de Saint-Etienne à Liége, Marie-Anne de Médard.

MAGHIN (**Nicolas-Joseph de**), capitaine en pied à l'organisation du régiment en 1715, décédé le 28 juillet 1739 et enterré à Saint-Servais.

MAIMIEUX (**Jean-Godefroid de**), capitaine à la suite du régiment, retraité avec le grade de major le 25 novembre 1784.

MARCHANT D'ANSEMBOURG (Joseph-Romain-Claude-Maximilien-François de Paule, comte de), seigneur d'Useldange, Sept-Fontaines, Kohler, Olm, Fiemal, Haaren, Bommershoven, né au château d'Ansembourg le 14 mai 1745, cornette aux gardes-du-corps, avec rang de lieutenant-colonel en 1772, lieutenant aux gardes-du-corps avec rang de lieutenant-colonel en 1774, premier lieutenant des gardes-du-corps avec rang de colonel le 22 septembre 1792, décéda au château de Fraiture le 10 février 1798.

Il avait épousé Marie-Anne-Victoire, baronne de Hayme de Bomal, et était fils de Joseph, comte de Marchant d'Ansembourg, et d'Anne-Catherine, comtesse de Velbruck, sœur du prince-évêque de Liége.

MARIN DE LA GUIGNARDIÈRE (Gaspar-Pierre-Clément, chevalier), cornette des gardes-du-corps, carabiniers à cheval, en 1719, chambellan du prince-évêque Joseph-Clément de Bavière.

MASSART (André), capitaine des portes de la citadelle, puis enseigne en pied le 23 février 1734, lieutenant en pied le 2 novembre 1745, capitaine le 3 janvier 1752.

MASSART (Jean-Philippe), fils du précédent, enseigne à la suite le 13 mars 1743, lieutenant en pied, en survivance, le 23 juin 1747, capitaine le 28 février 1757 ; en 1782 il donna sa démission des fonctions de lieutenant en pied en faveur de son fils qui suivra, et décéda à la citadelle le 3 juillet 1790.

MASSART (Jean-Henri-Guillaume-Hubert), lieutenant en pied, en survivance, le 26 février 1782, lieutenant en pied, effectif, le 6 mars suivant, capitaine le 12 mars 1787. Il suppléa dans ses fonctions le quartier-maître et auditeur de Crassier, devint quartier-maître et auditeur effectif le 20 septembre 1791, et décéda le 14 juillet 1793.

Il avait épousé, dans la chapelle de Sainte-Balbine, le 10 juillet 1789, Marie-Barbe-Dorothée-Elisabeth-Joséphine, baronne de Moffarts.

MASSART DE GENHEZ (Jean-François-Joseph), quartier-maître de la compagnie des gardes-du-corps en 1772, fut nommé lieutenant à la suite du régiment le 22 mai 1776. Décédé le 30 septembre 1777.

MAWET (Philippe), lieutenant en pied le 24 janvier 1728, major de la place et inspecteur de l'artillerie et des casernes de la citadelle, avec rang de capitaine, le 27 janvier 1731, capitaine en pied le 19 juillet 1733, démissionnaire en 1746.

MEESTER (Hyacinthe-Godefroid), de Saint-Trond, enseigne en pied le 20 septembre 1791, passa avec le régiment au service de l'Autriche en juillet 1794, et fit, avec le bataillon *Prince-évêque de Liége*, les campagnes de 1794 à 1797 sur le Rhin. Il décéda au mois de décembre 1797 à l'hôpital de Rheinheim des suites de la dernière campagne. Après sa mort, il fut amnistié comme émigré le 2 floréal an XI (22 avril 1803) à la demande de son frère P. Meester, maire de Saint-Trond.

MÉLOTTE (Gisbert-Nicolas-Henri de), né à Liége et baptisé à Notre-Dame-aux-Fonts le 28 mars 1748, capitaine en pied le 20 avril 1774, démissionnaire en 1781, puis conseiller à la Cour allodiale, et bourgmestre de la cité de Liége en 1786 et en 1792, mourut en cette ville le 28 février 1803.

Il épousa à Liége, le 23 mai 1774, Anne de Nizet, née à Liége et baptisée à Sainte-Véronique le 17 janvier 1746, décédée en 1829, fille de Denis de Nizet, et d'Anne-Lambertine Wilkin.

MÉLOTTE (Georges-Henri-Joseph de), seigneur d'Envoz, Couthuin, Marsinne et Surlemez, né à Liége et baptisé le 15 janvier 1739, conseiller de la Chambre des comptes et de la Cour allodiale, bourgmestre de la cité de Liége en 1775, 1781 et 1787, fut nommé commissaire-général de guerre de la principauté de Liége, le 1er mai 1791, à la place vacante par la défection du baron de Graillet et mourut en 1794.

Il avait été marié à Liége dans l'église de Saint-Clément, le 17 septembre 1766, à Marie-Jeanne-Elisabeth Defooz de Corbion, veuve d'Antoine de Closset, bourgmestre de Liége, née et baptisée à Liége le 15 décembre 1728 et fille de Lambert-Benoît Defooz, seigneur de Corbion, et de Françoise de Macors.

MOLINAY, enseigne, puis lieutenant en pied avant 1722, décédé en 1728.

MOLINAY (**Jean-Pierre**), enseigne à la suite le 22 avril 1751, enseigne en pied, par commission du chapitre de Saint-Lambert *Sede vacante* du 19 décembre 1763, démissionnaire en 1777.

MOSTY (**Jean-Charles**), enseigne en pied le 8 novembre 1737, décédé le 24 novembre 1747 et enterré à Saint-André.

MOORS (**François-Augustin**), lieutenant en pied au régiment le 20 septembre 1791, fut transféré au corps de maréchaussée avec le grade de lieutenant de prévôt-général et rang de major de cavalerie le 14 août 1793, et passa au service de l'Autriche au mois de juillet 1794.

MOPIER, enseigne en pied au régiment, décédé en 1747.

NOVILLE (**Martin**), aide-major et capitaine des portes de la cité de Liége, décédé en 1737.

OTHÉE (**Mathias-Hubert d'**), enseigne à la suite le 2 avril 1739, enseigne en pied le 23 décembre 1740, lieutenant en pied le 8 août 1746, capitaine le 21 avril 1751, démissionnaire en 1781.

PAIX (**Charles-Hubert-Auguste de**), chevalier du Saint-Empire, né à Liége et baptisé à Notre-Dame-aux-Fonts le 10 décembre 1770, servit comme cadet au régiment de *Beaulieu*, infanterie, au service d'Autriche et fut décoré de la médaille d'or du *mérite militaire*, pour sa bravoure devant l'ennemi, pendant la révolution brabançonne. Nommé capitaine en pied au régiment liégeois le 20 septembre 1791, il prit part à la défense de Maestricht pendant les mois de janvier et février 1793, passa au service d'Autriche en juillet 1794, et fit toutes les campagnes de 1794 à 1797, avec l'armée du Rhin, à la suite du bataillon *Prince-évêque de Liége*. Il entra le 21 juin 1798, au bataillon de *Carneville*, comme capitaine-commandant d'une compagnie, assista pendant la campagne de 1799, aux différents combats où le bataillon fut engagé au mont Saint-Gothard et dans le Valais, et resta prisonnier des Français, avec une partie de sa compagnie, au mois d'août 1799.

Après le licenciement du bataillon, il entra au régiment de *Reisky*, infanterie, prit part aux campagnes de 1805 et de 1809, et mourut le 13 septembre 1809 à Sebbenico en Dalmatie.

Il était fils de Jérôme-Lambert-André de Paix, chevalier du Saint-Empire, lieutenant-colonel d'infanterie au service des Etats-généraux des Pays-Bas, et de Thérèse-Emmanuelle de Bastin.

PAIX (Félix de), chevalier du Saint-Empire, cadet au régiment d'infanterie en juillet 1794.

PERGENS (Guillaume-Jacob), enseigne en pied le 20 septembre 1791. Il était encore au régiment en juillet 1794, mais ne figure plus depuis lors dans les cadres.

PHILIPPENS (Pierre-Antoine-Godefroid), né à Maestricht en 1755, enseigne en pied le 20 septembre 1791, passa, en juillet 1794, au service de l'Autriche et fit toutes les campagnes de 1794 à 1797 à l'armée du Rhin. Le 21 juin 1798, il fut mis à la suite du bataillon de *Carneville* et pensionné en août 1801, lors de la dissolution de ce corps.

PICHARD DE LUCILLY (Ignace-François-Joseph-Cajetan-Marie de), chevalier du Saint-Empire, seigneur de Lucilly en Savoie, était capitaine en pied, avec rang de major, en 1715 à l'organisation du régiment. Il succéda, comme major en pied du régiment, au major de Thier, décédé en 1726 ; lieutenant-colonel le 20 juin 1732, il remplaça à la fin de la même année le brigadier de Vignes, en qualité de lieutenant-colonel en pied et de commandant de la citadelle. Nommé colonel le 7 juillet 1739 et brigadier le 30 novembre 1744, il décéda à la citadelle de Liége le 2 juin 1767.

Il était fils de Paul-Amédée de Pichard, seigneur de Lucilly, conseiller intime de la chambre et maître de la garde-robe du prince-évêque Joseph-Clément de Bavière, créé chevalier du Saint-Empire le 9 juin 1716 (1) et de Marie-Claudine d'Aubry, qui décéda à la citadelle de Liége le 2 octobre 1755.

Le brigadier de Pichard avait épousé Marie-Thérèse Colart (2),

(1) *Diplômes impériaux*, 1748-1794, fol. 390.

(2) La pierre sépulcrale de la famille de Pichard de Lucilly existe encore aujourd'hui, maçonnée dans la muraille du magasin à poudre qui se trouve sur l'emplacement de la chapelle Saint-Henri, au milieu de l'ancien cimetière de la citadelle.

décédée le 13 juin 1752, dont il eut plusieurs enfants parmi lesquels nous citerons :

PICHARD DE LUCILLY (Paul-Amédée de), chevalier du Saint-Empire, enseigne en pied le 29 juillet 1729, capitaine le 7 juillet 1739, capitaine en pied le 8 août 1746, major le 15 août 1752, gentilhomme de bouche du prince-évêque Jean-Théodore de Bavière, lieutenant-colonel en pied le 10 mars 1755, colonel et commandant de la citadelle, en survivance, le 11 mars 1759, brigadier et commandant des troupes sous les ordres du général-major comte de Berlaymont le 1er juin 1760, décédé à la citadelle le 28 décembre 1782.

PICHARD DE LUCILLY (Jean-Marie-Claude de), chevalier du Saint-Empire, enseigne à la suite le 24 décembre 1740, enseigne en pied le 4 janvier 1742, démissionnaire en 1750, décédé le 22 juillet 1754.

PICHARD DE LUCILLY (Walraf-Henri-François-Joseph-Cajetan de), chevalier du Saint-Empire, enseigne à la suite le 4 octobre 1742, enseigne en pied le 2 décembre 1745, décédé à la citadelle le 16 juillet 1750.

PICOLET (Pierre), lieutenant en pied en 1715 à la formation du régiment, décédé le 8 octobre 1735.

PIRLOT (Edmond-Joseph), chirurgien de la Cour, fut nommé chirurgien-major du régiment le 31 août 1783. Pendant la révolution liégeoise, il servit au régiment de *Lynden*, et perdit son emploi à la restauration du prince-évêque de Hoensbroeck en 1791.

PIRQUET dit Mardaga (Jean-Martin-Auguste), né en 1741, ancien officier au service de France, fut nommé quartier-maître de la compagnie des gardes-du-corps du prince-évêque de Velbruck le 1er octobre 1777, capitaine à la suite du régiment le 7 mai 1784, capitaine en pied au régiment le 6 avril 1786, maréchal des logis des gardes-du-corps, avec rang de capitaine, le 22 septembre 1792. Au mois de juillet 1794, il accompagna le prince-évêque de Méan dans son émigration en Allemagne et après 1814, il entra dans l'armée des Pays-Bas, avec le grade de major pensionné.

Il avait épousé Marie-Agnès-Thérèse de Bleret, dont il eut un grand nombre d'enfants, et mourut à Spa le 12 août 1819 (1).

PIRQUET (Pierre-Lambert-Auguste), fils du précédent, né à Liége en 1777, enseigne à la suite le 20 juillet 1789, enseigne en pied le 20 septembre 1791, passa au service de l'Autriche en 1794, comme cadet au régiment de *Beaulieu* et se trouva à la bataille de Sprimont, où il resta prisonnier des Français. Il obtint la médaille d'or du *Mérite militaire* pour sa bravoure devant l'ennemi, devint successivement enseigne, lieutenant et lieutenant en premier le 21 octobre 1803 au

(1) Trois de ses fils suivirent la carrière des armes :

A. Auguste Pirquet, officier au service de Liége;

B. Joseph Pirquet, qui servit dans le régiment des chevau-légers d'Arenberg sous Napoléon Ier, et fut tué à la bataille de Leipzig en 1813;

C. Pierre Pirquet, baron de Cesenatico, feldzeugmeister des armées autrichiennes, conseiller intime d'Etat et capitaine-lieutenant de la garde noble allemande de l'empereur d'Autriche, second propriétaire du régiment de chasseurs tyroliens, membre des Etats du Tyrol, etc., chevalier de l'Ordre de Marie-Thérèse et de l'Ordre de Léopold d'Autriche, grand-cordon de l'Ordre de Léopold de Belgique, chevalier des Ordres du Christ du Saint-Siège, de Saint-Ferdinand et du mérite de Sicile, etc.

Né à Liége le 1er février 1781, Pirquet entra au service de l'Autriche le 16 décembre 1799, comme cadet au régiment d'infanterie de *Beaulieu*, et se distingua, par beaucoup de résolution, aux affaires d'Engen, Moskirch et Biberath.

Nommé enseigne le 24 août 1800, il assista à la bataille de Hohenlinden, fut promu lieutenant le 1er septembre 1805, et lieutenant en premier au mois de février 1809. Pendant la campagne de 1805, il couvrit, près de Castel-Franco, la retraite du général prince de Rohan, et quoique blessé, il arrêta pendant plusieurs heures avec quatre-vingt-dix hommes, l'adversaire très supérieur en nombre. A l'affaire de Landshut, il reprit trois canons qui venaient de tomber aux mains des ennemis; le 3 mai 1809, il se distingua au combat meurtrier d'Ebelsberg et fut grièvement blessé de deux coups de feu, au moment où il s'emparait d'un drapeau de l'ennemi. Resté prisonnier des Français, il fut mis en liberté contre rançon après quinze mois de captivité, et pensionné à la suite de ses blessures le 31 mai 1811, avec le grade de capitaine-lieutenant.

Par ordre de l'empereur François Ier, Pirquet fut admis à faire ses preuves devant le chapitre de l'Ordre de Marie-Thérèse le 17 juillet 1813, pour l'obtention de la croix de chevalier qui lui fut accordée, par voix unanimes, pour prendre rang à partir du 3 mai 1809. En 1813, Pirquet put rentrer dans le service actif et prit, le 1er juin, le commandement d'une compagnie de chasseurs, dans l'armée autrichienne d'Italie. Nommé, le 9 juillet, capitaine, il se trouvait à l'affaire de Sachsenburg le 11 septembre. Le lendemain, à la tête de trois compagnies, il attaqua à la baïonnette trois bataillons italiens et les mit en déroute. Il enleva de ses mains à l'ennemi trois drapeaux et quoique blessé de trois coups de baïonnette, s'élança de nouveau à la tête de six hussards du régiment *Frimont*, sur l'ennemi qui essayait de se rallier et, rejoint

régiment de *Beaulieu*, et prit part à la campagne de 1805. Nommé capitaine-lieutenant le 16 février 1809 et capitaine le 27 mai suivant, il fit la campagne de 1809 en Hongrie, dans le corps d'armée de l'archiduc Jean, et celles de 1813 et 1814, contre la France. Il fut pensionné, à la suite de ses blessures, le 30 septembre 1824, et mourut à Vienne. Le capitaine Pirquet avait été porté sur la liste des prévenus d'émigration du département de l'Ourte du 29 ventôse an VI (19 mars 1798) et ne fut pas amnistié.

PLONIES (Jean de), lieutenant au régiment des gardes à cheval du prince-évêque Joseph-Clément de Bavière, capitaine en pied en 1715 à la formation du régiment, major en pied le 5 décembre 1732, lieutenant-colonel le 14 juillet 1739, décéda à la citadelle et fut enterré dans l'église de Saint-Servais le 27 septembre 1742.

par son infanterie, le força à déposer les armes. Deux drapeaux, dix-huit tambours, sept cents fusils, trois cents prisonniers, dont deux chefs de bataillon et deux cents morts furent les trophées de cette journée. Le cheval de Pirquet reçut douze coups de baïonnette dans cette affaire.

Le 7 octobre, le capitaine Pirquet commandait l'avant-garde de sa division et fut chargé d'enlever le défilé de Windisch-Feistritz. Quoiqu'il eut déjà perdu le tiers de sa compagnie et deux officiers, il escalada un rocher presque inaccessible et fit rouler, du sommet, de grandes masses de pierres sur l'ennemi qui dut abandonner sa position près de Seifnitz. Mais tourné par un nombreux détachement ennemi, qui s'était glissé par un ravin sur ses derrières, il se trouva, avec quarante chasseurs, dans l'alternative de se rendre ou de s'ouvrir un chemin les armes à la main. Pirquet attendit froidement l'ennemi et lorsqu'il ne fut plus qu'à quinze pas, il commanda le feu et le chargea vigoureusement. Intimidés par cette brusque attaque, les Français perdirent contenance et s'enfuirent en laissant leur chef et de nombreux prisonniers aux mains des Autrichiens.

Le 21 octobre 1813, avec cent cinquante chasseurs et fantassins, et quarante hussards, il voulut surprendre et détruire le pont sur la Piave près de Narvese, mais près de Santa-Mama il se heurta à la division du général Grenier, dont la cavalerie le poursuivit pendant quatre heures. Pirquet parvint à gagner Bideroba où il fut attaqué le lendemain et eut la main droite traversée par un coup de feu. Au mois de novembre lorsque l'armée autrichienne abandonna la position de Caldiero, près de Vérone, le capitaine Pirquet couvrit sa retraite et fut de rechef blessé à l'épaule gauche. Entouré, avec sa faible troupe, par la cavalerie française, il parvint à se faire jour et rejoignit sa brigade à Villanuova. Nommé major le 5 décembre, il se distingua à la bataille du Mincio, où il fut encore une fois blessé, et désigné pour passer, le 1er mai 1814, au corps des chasseurs de *Fenner*.

Pendant la campagne de 1815, contre le roi de Naples Murat, le major Pirquet, avec une petite colonne composée de deux cent vingt-six chasseurs et de trente-huit dragons du régiment de *Toscane*, surprit l'ennemi à Ravenne le 19, et le 23 à Cesenatico. Le général napolitain

POISSINGER (**Jean-Jacques-Antoine**), enseigne à la suite le 20 mars 1752, enseigne en pied le 11 juillet de la même année, décédé en 1758.

POISSINGER (**François**), enseigne à la suite le 21 août 1754.

POISSINGER (**Aloys**), enseigne à la suite le 3 juillet 1759.

PIGEOT (**François**), enseigne à la suite le 13 janvier 1751.

QUOITBACH (**Jean-Guillaume de**), capitaine en pied en 1715 à la formation du régiment, décédé en 1733.

RAHIER (**François, baron de**), cornette aux gardes-du-corps, avec rang de lieutenant-colonel, le 23 juillet 1742, démissionnaire en 1748.

Ambrosio occupait cette petite ville, qui était divisée en deux parties par une rivière. Le pont ainsi que toutes les rues avoisinantes, étaient gardés par l'infanterie; la cavalerie occupait la place principale et l'ennemi qui connaissait la faiblesse numérique de la colonne autrichienne, étant loin de s'attendre à une attaque, s'était endormi dans une fausse sécurité. Le major Pirquet, sachant qu'il pouvait s'approcher sans être aperçu trop tôt, se mit à la tête des dragons et s'élança sur le pont, suivi des chasseurs. L'apparition subite des cavaliers autrichiens étourdit tellement l'infanterie napolitaine, qu'elle ne tira d'abord pas un seul coup de fusil. Les dragons autrichiens traversèrent la masse ennemie et chargèrent les lanciers napolitains qui s'enfuirent en passant sur le corps de leur infanterie.

Trois cents tués et blessés et deux cents prisonniers furent les résultats de cet audacieux coup de main, qui valut à son auteur, outre les Ordres de Léopold d'Autriche et du Christ du Saint-Siège, le titre de *baron de Cesenatico*.

Au mois de juin 1815, le major Pirquet fit partie de l'armée autrichienne, qui envahit la France par la Savoie, et se distingua par la plus éclatante bravoure à l'attaque de la Guillotière à Lyon.

Promu au grade de lieutenant-colonel le 7 octobre 1815, il prit le commandement du 9e bataillon de chasseurs le 1er janvier 1816, devint colonel le 27 janvier 1821, et prit part cette même année à l'expédition de Naples.

Le 18 janvier 1831, il fut nommé général-major et brigadier, et le 1er mai 1838 feld-maréchal-lieutenant et commandant la forteresse de Legnago. Ses nombreuses blessures l'ayant forcé à renoncer au service actif et à prendre sa retraite le 13 avril 1840, l'empereur le nomma lieutenant de la garde noble allemande le 18 juin 1841. En 1843, il devint second propriétaire du régiment de chasseurs tyroliens *Empereur*, lieutenant en premier de la garde en décembre 1851, capitaine-lieutenant le 27 juillet 1856, et fut, le 16 avril 1857, la veille du centième anniversaire de la fondation de l'Ordre de Marie-Thérèse, élevé au rang de feldzeugmeister. Chargé, au mois d'août 1853, d'accompagner en Belgique l'archiduchesse Marie-Henriette,

RAICK (**Thomas-Joseph de**), chevalier du Saint-Empire, licencié ès lois, lieutenant-bailli de Hesbaye, remplit les fonctions de commissaire de guerre auprès de l'armée exécutrice du Cercle en 1790, commissaire-général de guerre adjoint le 1er mai 1791, capitaine en pied le 20 septembre 1791, prévôt-général de la maréchaussée, avec rang de lieutenant-colonel de cavalerie, le 14 août 1793. L'année suivante, au mois de juillet, il passa au service de l'Autriche avec toute la maréchaussée, qui fut incorporée dans le corps franc de hussards de *Rohan*, émigrés français, et décéda à Francfort en 1795.

RAICK (**Nicolas-Joseph de**), chevalier du Saint-Empire, né à Liége et baptisé à Saint-Jean-Baptiste le 5 février 1774, fils du précédent, fut nommé sous-lieutenant honoraire de la maréchaussée le 11 septembre 1793. Lorsque la maréchaussée liégeoise passa au service de l'Autriche en juillet 1794, il fut incorporé aux hussards de *Rohan*, avec le grade de sous-lieutenant, mais il donna peu après sa démission. Il entra, le 13 juin 1796, comme cadet aux dragons de *Latour*, devint lieutenant en second le 28 mai 1799, lieutenant en premier le 31 août 1805 à la division de dragons de l'état-major de l'armée en Italie, passa le 28 février 1806 aux dragons de *Levenehr*, qu'il quitta, le 1er mars 1807, pour entrer aux hussards de *Frimont*; nommé capitaine le 1er octobre 1809, il fit la campagne de cette année et mourut à Mureck en Styrie le 1er mars 1810.

à l'époque de son mariage avec le duc de Brabant, aujourd'hui Léopold II, il eut l'honneur de signer au contrat de mariage de la jeune princesse et fut créé à cette occasion, grand-cordon de l'Ordre de Léopold.

Le feldzeugmeister Pirquet, qui fut sans conteste, le plus brillant soldat liégeois au service de l'Autriche, pendant les guerres du commencement de ce siècle, mourut à Vienne le 21 novembre 1861.

Il avait épousé en 1825, Jeanne de Mayern, fille du baron de Mayern, conseiller intime de l'empereur d'Autriche, dont il eut plusieurs enfants, notamment :

Le baron Antoine Pirquet, capitaine aux chasseurs *Empereur*, chevalier de l'Ordre de Marie-Thérèse, tué à l'âge de 23 ans, au combat de Rivoli le 22 juin 1848 ;

Le baron Pierre Pirquet, capitaine de cavalerie, puis secrétaire de la légation d'Autriche à Bruxelles, aujourd'hui député, marié à Flore de Pereira-Arnstein, dont il a plusieurs enfants.

Voir pour plus amples détails dans le *Nécrologe liégeois* de 1861, une notice très étendue sur le général Pirquet.

Il fut porté le 29 ventôse an VI (19 mars 1798), sur la liste des prévenus d'émigration du département de l'Ourte.

RASQUINET (Pierre-Michel de), capitaine au service de l'empereur Charles VII, fut nommé major de la place et inspecteur de l'artillerie et des casernes de la citadelle le 4 janvier 1746. Il fut confirmé dans cette charge, avec rang de major au régiment, le 29 juin 1750. Décédé à la citadelle le 17 janvier 1763 et enterré dans l'église de Saint-Séverin.

RAYMOND (Mathias), né à Liége et baptisé à Saint-Adalbert le 10 octobre 1773, enseigne en pied le 20 septembre 1791, passa au service de l'Autriche au mois de juillet 1794 et fut porté le 29 ventôse an VI (19 mars 1798), sur la liste des prévenus d'émigration du département de l'Ourte. Il fit toutes les campagnes de l'armée du Rhin de 1794 à 1797, avec le bataillon *Prince-évêque de Liége* et entra, après le licenciement de ce corps, au bataillon de *Carneville*, qui fit partie, pendant la campagne de 1799, de l'armée autrichienne du Tyrol.

Il assista aux différents combats qui furent livrés pendant l'été de 1799, au Saint-Gothard et dans le Valais, et fut fait prisonnier par les Français au mois d'août de cette année. Nommé lieutenant en premier après la paix de Lunéville et envoyé en recrutement à Deutz sur le Rhin en 1803, il fit sa déclaration le 21 mars de vouloir rester au service de l'Autriche, mais peu après il renonça à ce service et rentra à Liége amnistié.

RAYMOND (Jean-Léonard), frère du précédent, né à Liége et baptisé à Saint-Adalbert le 27 janvier 1776, cadet au bataillon *Prince-évêque de Liége,* où il entra lorsque ce corps était déjà au service de l'Autriche ; il fut incorporé le 20 juin 1798, au bataillon *Carneville,* avec lequel il fit la campagne de 1799 en Italie et en Suisse. Passé ensuite au régiment *Archiduc Joseph,* il y devint enseigne, puis lieutenant en second le 1er septembre 1805 et quitta le service en 1807 pour aller s'établir en Russie.

RENESSE (François-Lambert, comte de), seigneur d'Elderen, Herne, Oostmalle, Schalkhoven, né au château de Stockhem le

1er octobre 1709, membre de l'Etat-noble de Liége par réception du 18 janvier 1735, haut-drossart de Stockhem, fut nommé capitaine en pied au régiment le 2 décembre 1732 et décéda au château d'Elderen le 17 décembre 1740.

RENOZ (**François-Barthélemy-Joseph**), né à Liége le 25 novembre 1759, d'abord architecte, obtint le 24 août 1784, le brevet de capitaine à la suite du régiment. A l'organisation du corps de la maréchaussée, il fut nommé lieutenant de prévôt-général, avec rang de major de cavalerie, le 14 août 1793. Il quitta le pays de Liége au mois de juillet 1794 avec la maréchaussée, et fut porté sur la liste supplémentaire des prévenus d'émigration du département de l'Ourte du 17 thermidor an IV (7 juillet 1796). Il décéda à Munster le 1er mars 1799 et fut amnistié le 8 pluviôse an XI (28 janvier 1803).

RENSON (**Jean-Remacle**), né à Liége le 18 février 1768, enseigne en pied le 12 janvier 1787. A la révolution liégeoise il se rangea du côté du parti des patriotes et fut nommé, par l'Etat-noble, le 1er juin 1790, lieutenant au régiment de *Lynden*, avec lequel il se trouva à l'affaire de Sutendael en 1790.

REYNIAC (**Pierre**), lieutenant au régiment de *Berlo*, infanterie, au service de Liége, fut nommé adjudant de ce régiment et aide-major de la citadelle le 12 février 1689. Il remplit ses fonctions jusqu'en octobre 1702, époque de l'occupation de la citadelle de Liége par les alliés et les reprit au mois de juin 1720, après son évacuation par la garnison hollandaise. Il décéda le 21 mars 1724 et fut enterré dans l'église de Saint-Servais.

REYNIAC (**Gaspar-Théodore**), lieutenant en pied à la formation du régiment en 1715, fut nommé capitaine-lieutenant avant 1738 et capitaine en pied le 3 janvier 1742. Il décéda le 19 juillet 1753.

Il avait épousé, le 25 février 1737, Isabelle-Catherine de Sibourg, décédée à la citadelle le 18 mars 1756.

REYNIAC (**Jean-Pierre**), enseigne en pied le 8 avril 1724, démissionnaire en 1737.

Il avait épousé, le 3 mars 1727, Marie-Josèphe de Frenay de Vervo.

REYNIAC (**Antoine-Dominique**), enseigne en 1735, lieutenant en pied le 25 janvier 1743, capitaine le 3 janvier 1752, décédé en 1768.

Marié avec Anne-Catherine-Odile Dusart, décédée le 15 mars 1758.

REYNIAC (**Gaspar-Marie**), fils du précédent, né à la citadelle de Liége, et baptisé à Saint-Henri le 11 janvier 1735, enseigne à la suite le 3 janvier 1752, passa au service de France ; il rentra ensuite au régiment comme enseigne à la suite le 7 avril 1761, enseigne en pied le 27 novembre 1769, démissionnaire en 1778.

REYNIAC (**Henri-Antoine**), enseigne en pied le 25 juillet 1771, décédé le 14 mai 1772.

REYNIAC (**Pierre-Gaspar-Joseph**) (1), né à la citadelle et baptisé à Saint-Henri le 24 avril 1772, cadet au régiment, enseigne à la suite le 29 août 1792, enseigne en pied le 16 juillet 1793. Il passa au service d'Autriche en juillet 1794 et fut porté sur la liste des prévenus d'émigration du département de l'Ourte du 29 ventôse an VI (19 mars 1798). Après la formation du bataillon *Prince-évêque de Liége,* il resta à la suite de ce corps et fut détaché au régiment de *Beaulieu,* infanterie, où il obtint le grade de lieutenant en premier. Il assista à la bataille d'Aspern (Essling) le 21 mai 1809 et resta prisonnier des Français ; capitaine-lieutenant en novembre 1812, capitaine le 1er mars 1813, il quitta le service entre 1816 et 1819.

RUYSON (**Jean-Guillaume**), premier écuyer du prince-évêque d'Oultremont, fut nommé maréchal des logis des gardes-du-corps, avec rang de capitaine, le 1er mai 1764.

SACRÉ (**Dieudonné-Barthélemy**), enseigne en pied le 23 août 1737, décédé en 1739.

SEVEMBERG (**Georges-Frédéric de**), capitaine en pied à

(1) Le nom de la famille Reyniac est orthographié de différentes manières dans les actes de l'état-civil, ainsi que dans les commissions militaires : Reynach, Reyniack, Reignac, Reinac, Reygniac, et de Reyniac. Nous avons adopté l'orthographe la plus usitée et conservée jusqu'aujourd'hui.

l'origine du régiment en 1715, major le 4 octobre 1742, décédé à la citadelle le 4 juillet 1744.

SEVEMBERG (de), lieutenant en pied à la formation du régiment en 1715.

SEVEMBERG (Jean-Ignace de), lieutenant en pied le 19 juillet 1733, décédé à la citadelle le 14 mai 1734, et enterré à Saint-Séverin.

SOUHAY (Jean-Baptiste de), gentilhomme de bouche du prince-évêque Joseph-Clément de Bavière, était capitaine en pied à la formation du régiment en 1715; il décéda à la citadelle le 10 avril 1723.

STOCKHEM DE HEERS (Charles-François, baron de), né à Liége le 5 juillet 1763, lieutenant en second aux gardes-du-corps, avec rang de lieutenant-colonel, le 22 septembre 1792. Après 1815, il fut nommé membre de l'Ordre équestre de la province de Liége, par arrêté royal du 16 février 1816.

Il avait épousé au château de Hollogne-sur-Geer, le 11 avril 1796, Louise-Françoise-Joséphine de Seraing, fille de Pierre-Mathieu-Joseph, baron de Seraing, et de Louise-Albertine-Josèphe le Bouchel.

STREEL (Pierre-Henri-Charles), né à Liége et baptisé à Notre-Dame-aux-Fonts le 31 août 1761, enseigne en pied le 20 septembre 1791, lieutenant en pied le 15 juillet 1793. Il passa au service de l'Autriche au mois de juillet 1794, et fut porté sur la liste des prévenus d'émigration du 29 ventôse an VI (19 mars 1798). Il fit les campagnes de l'armée du Rhin de 1795 à 1797, et passa le 21 juin 1798 au bataillon de *Carneville*, avec lequel il prit part aux campagnes de 1799 et de 1800 en Italie. Il fut blessé au mois d'août 1799 dans un combat près du mont Saint-Gothard. Après la paix de Lunéville, Streel fut incorporé au régiment *Strasoldo*, et fut tué le 30 octobre 1805 à la bataille de Caldiero.

TERMONIA (Jacques-Benoît), né à Liége et baptisé à Notre-Dame-aux-Fonts le 30 octobre 1727, lieutenant en pied le 21 mars 1753, capitaine le 31 juillet 1759, décédé à Liége le 18 février 1790.

Il avait épousé en premières noces à Liége, le 15 avril 1749, Hubertine-Hyacinthe-Amour de l'Hostellerie de Fallois, née et baptisée à Wandre le 26 mai 1696, décédée à Liége le 23 février 1778, veuve de Jean-Christophe-Auguste van Neuhauss, fille de Jean de l'Hostellerie de Fallois, seigneur de Warsage et de Cœunixheydt, capitaine au service de Liége, et d'Isabelle-Anne-Marie de Frongteau. En secondes noces, il fut marié dans l'église de Saint-Servais à Liége, le 4 mars 1781, avec Marie-Françoise-Josèphe de Princen.

TERMONIA (Pierre-Gaspar), né à Liége et baptisé à Notre-Dame-aux-Fonts le 7 janvier 1736, enseigne en pied le 3 juillet 1777, lieutenant le 4 février 1782, capitaine le 23 décembre 1782, lieutenant en pied le 28 avril 1789. Il se rallia au parti patriotique pendant la révolution liégeoise et fut nommé, par l'Etat-noble le 1er juin 1790, officier au régiment de *Lynden*, puis capitaine en second au régiment de *Fyon*, le 28 septembre 1790. Après l'entrée des armées républicaines à Liége, il demanda à entrer au service de France avec le grade de capitaine.

TERMONIA (Adrien-Joseph-Benoît-Louis), né à Liége et baptisé à Saint-Henri le 7 février 1785; à peine âgé de 6 ans, il fut nommé enseigne en pied le 20 septembre 1791, et ne passa pas, à cause de son jeune âge, en juillet 1794, au service de l'Autriche.

TERMONIA (Pierre-Antoine-Louis), né à Liége et baptisé à Saint-Adalbert le 19 septembre 1767, enseigne en pied le 5 septembre 1793, fut porté sur la liste des prévenus d'émigration du département de l'Ourte du 29 ventôse an VI (19 mars 1798).

Il passa au service de l'Autriche avec le bataillon liégeois en juillet 1794, et fit toutes les campagnes de 1794 à 1797 à l'armée du Rhin. Entré en 1798 au corps de *Carneville*, il fit les campagnes d'Italie jusqu'à la paix de Lunéville, après laquelle il fut pensionné à Capo d'Istria. Le 17 germinal an XI (7 avril 1803), il déclara rester au service de l'Autriche.

Il épousa à Liége, le 2 septembre 1792, Marie-Anne-Hélène Blochouse, décédée à Liége le 10 mai 1800.

THIER (Baudouin de), major en pied, avec rang de lieutenant-colonel, à la formation du régiment en 1715, décéda à la citadelle le 30 août 1726. Il avait été marié à Anne-Marie de Meuriche.

THYSSENS (Laurent), enseigne en pied le 17 août 1758, démissionnaire en 1782.

THYSSENS (Henri), auditeur et quartier-maître du régiment, avec rang de capitaine, le 24 octobre 1761, démissionnaire en 1789.

TORRING DE SEEFELDT (Maximilien-Joseph, comte de), chambellan du prince-évêque Jean-Théodore de Bavière, chevalier de l'Ordre de Saint-Georges, fut nommé cornette des gardes-du-corps, avec rang de lieutenant-colonel, le 14 avril 1757. Par la même commission, il obtint la survivance de la première place de capitaine en pied qui viendrait à vaquer. Le 1er février 1759, il fut nommé lieutenant en second des gardes-du-corps, avec rang de colonel, et confirmé dans le grade de capitaine en pied au régiment.

En 1761, il donna sa démission de ses deux emplois.

TUTOT (Charles-Marie-Jacques-Gaspar-Joseph), enseigne en pied le 3 août 1789. Pendant la révolution, il remit sa démission aux Etats le 3 mai 1790 et obtint, à la sollicitation de son père, l'imprimeur J.-J. Tutot, une place de sous-lieutenant au régiment de *Fyon*. Après 1794, il demanda à entrer au service de la République française.

TOUR DU PIN (Louis-René, comte de la), chambellan du prince-évêque Jean-Théodore de Bavière, cornette aux gardes-du-corps, avec rang de lieutenant-colonel, le 22 mai 1755.

VAN DEN BROECK (Philippe-Albert), capitaine et aide-major avant 1742, major de la place et inspecteur de l'artillerie et des casernes de la citadelle le 4 octobre 1742, capitaine en pied le 2 janvier 1746, décédé le 10 avril 1752 et enterré à Saint-Servais.

VAN DER HEYDEN A BLISIA (Ernest-Ferdinand, baron de), seigneur de Grâce et Berleur, haut-voué de Streel, né à Liége et baptisé à Saint-Servais le 21 janvier 1696, grand-bailli du Rivage, conseiller privé, bourgmestre de Liége en 1736, 1744, 1753, 1757, 1761 et 1767, commissaire-général de guerre de la principauté de Liége en 1737.

Il épousa Isabelle-Jeanne de Juncis, décédée le 3 janvier 1763, fille de Louis-François de Juncis, seigneur de Kersbeeck et Grâce, haut-voué de Streel, bourgmestre de Liége, et d'Anne-Isabelle Van der Heyden à Blisia.

VAN DER HEYDEN A BLISIA (Jean-Guillaume-Ernest-Ferdinand, baron), seigneur de Loye et Reckhoven, né à Liége et baptisé à Notre-Dame-aux-Fonts le 30 mars 1721, grand-bailli du Rivage, bourgmestre de Liége en 1760, conseiller privé, commissaire-général de guerre de la principauté de Liége, décédé au château de Loye le 19 septembre 1783.

Il avait épousé Louise-Hélène, baronne de Rosen, fille de Michel, baron de Rosen, seigneur de Dilsen, et de Marie-Marguerite de Rossius de Bellaire.

VAN LOON (Jacques-Marcel), enseigne en pied le 20 janvier 1751, capitaine le 25 septembre 1762, lieutenant en pied le 28 décembre 1769, capitaine en pied le 30 septembre 1791. Au mois de juillet 1794, il quitta le service lorsque le régiment passa au service d'Autriche.

VAN LOON (Charles-François), fils du précédent, né à Liége et baptisé à Notre-Dame-aux-Fonts le 5 septembre 1774, lieutenant en pied le 2 février 1782, capitaine le 4 septembre 1793.

Il passa avec le régiment au service d'Autriche en juillet 1794, et fit la campagne de 1795 à l'armée du Rhin. A la levée du blocus de Mayence, il se trouva, avec le bataillon *Prince-évêque de Liége,* à l'assaut des lignes françaises et fut glorieusement tué à la prise de la grande redoute de Laubenheim le 29 octobre 1795, ainsi que son frère qui suit.

VAN LOON (Jacques-Joseph), né à Liége et baptisé à Notre-Dame-aux-Fonts le 16 mai 1779, cadet au bataillon *Prince-évêque de Liége,* fut tué à la prise de la grande redoute de Laubenheim le 29 octobre 1795, près de Mayence.

VAN DER PUTTEN (Louis-Antoine), capitaine en pied le 13 novembre 1738, décédé le 13 décembre 1756 et enterré aux Frères-Mineurs.

Il avait épousé à Saint-Henri le 1er mai 1749 Anne-Claire, baronne d'Agris, qui décéda à Liége le 27 janvier 1777 et fut enterrée à Saint-Nicolas-aux-Mouches.

VAN DER PUTTEN (**François-Joseph**), enseigne à la suite le 2 décembre 1745.

VERDUN, lieutenant en pied en 1720.

VERDUN (**Paul-Philibert**), enseigne en pied déjà en 1721, puis lieutenant en pied en 1734, décéda le 25 janvier 1743.

Il avait épousé Anne-Catherine Reyniac dont il eut :

VERDUN (**Barthélemy**), né à Liége et baptisé à Saint-Servais le 26 mars 1720, cadet puis enseigne à la suite le 13 février 1743, lieutenant à la suite le 3 janvier 1752, enseigne en pied le 12 avril 1752, capitaine des portes et aide-major de la place de la citadelle, en survivance, par commissions du 10 juin 1753 et du 23 février 1773, pour entrer en fonctions après le décès du titulaire Durieux ; capitaine le 13 juillet 1759, aide-major du régiment le 7 février 1763 et lieutenant en pied le 13 février 1765. Pendant la révolution, il sollicita vainement des Etats un emploi de capitaine et donna même sa démission du service du prince-évêque le 17 juin 1790, mais il n'obtint qu'une pension mensuelle de trente écus.

VERITA (**Jean-Baptiste-Charles, comte de**), seigneur de la Selva di Progno, marquis del Fubine, chambellan du prince-évêque Jean-Théodore de Bavière, grand-croix de l'Ordre de Saint-Michel par réception du 19 août 1748, cornette aux gardes-du-corps, avec rang de lieutenant-colonel, le 31 janvier 1749, capitaine en pied, en survivance, avec rang de lieutenant-colonel au régiment, le 20 décembre 1753, lieutenant des gardes-du-corps, avec rang de colonel, le 22 mai 1755, capitaine en pied effectif le 15 janvier 1757, colonel en pied du régiment (1) et premier lieutenant des gardes-du-corps le 1er février 1759, enfin brigadier le 15 février 1760. Après la mort du prince-évêque Jean-Théodore de Bavière, les officiers bavarois quittèrent le service de Liége et le comte de Verita fut du nombre ; il donna sa démission de capitaine en pied au régiment le 12 février 1765. Dans la suite il devint conseiller d'Etat du prince-électeur de Bavière et son commissaire-général en Italie.

(1) C'est par erreur que la qualification de colonel en pied a été employée dans cette commission : le colonel en pied du régiment était le comte de Berlaymont.

VIGNES (**Adrien de**), enseigne en pied, fut nommé lieutenant en pied le 1er février 1724, ensuite capitaine et donna sa démission en 1734.

VIGNES (**François de**), né à Herve et baptisé le 16 juillet 1655, était déjà lieutenant au service du prince-évêque Maximilien-Henri de Bavière en 1688, capitaine-lieutenant en 1690, major au régiment des gardes-à-cheval du prince-évêque Joseph-Clément de Bavière en 1697, et lieutenant-colonel en 1702. Il fit toutes les campagnes de la guerre de la succession d'Espagne, avec les troupes de Joseph-Clément de Bavière prince-électeur de Cologne, allié de la France, et était parvenu au grade de colonel de cavalerie en 1714. Lors de la formation du régiment d'infanterie au service de Liége en 1715, il fut nommé lieutenant-colonel en pied, puis commandant de la citadelle de Liége en 1720, enfin brigadier. Il décéda à la citadelle le 2 décembre 1732 et fut enterré dans l'église de Saint-Servais.

Il avait été marié à Herve, le 6 juillet 1687, à Catherine Hannot et était fils de Laurent de Vignes et d'Elisabeth de Battice.

VIGNES (**Jean-Baptiste de**), neveu du précédent, né et baptisé à Thimister le 12 janvier 1685, lieutenant en pied à la formation du régiment en 1715.

VILLERS (**Léopold-Gérard-Joseph de**), seigneur de Fourneau, né à Dinant et baptisé à Notre-Dame le 4 juillet 1674, capitaine au régiment d'*Arco*, gardes-à-cheval de Joseph-Clément de Bavière électeur de Cologne et prince-évêque de Liége, il prit part à toutes les campagnes de la guerre de la succession d'Espagne. Il devint ensuite gentilhomme de bouche de ce prince, grand-bailli d'Avroy, capitaine en pied à l'organisation du régiment en 1715, et décéda à la citadelle le 4 février 1726.

Il avait été marié à Marie-Claire Cuypers, décédée à la citadelle le 22 mai 1723.

VILLERS (**Philibert de**), enseigne en pied, démissionnaire en 1734.

VILLERS DU FOURNEAU (**Dieudonné-Nicolas-Claude de**), né à Nettine le 1er février 1719, enseigne en pied le 3 novembre 1739, lieutenant le 21 avril 1751, aide-major et capitaine le 25 mars 1761, lieutenant en pied en décembre 1763 par le chapitre de Saint-Lambert *Sede vacante*, décédé à la citadelle le 24 mai 1777.

Il avait été marié le 3 août 1749, dans la chapelle de Saint-Henri à la citadelle, avec Isabelle-Eugénie Doche, qui mourut à Liége le 15 juin 1786.

VILLERS DU FOURNEAU (Nicolas-François-Lambert de), né à la citadelle et baptisé à Saint-Henri le 16 septembre 1756, fils du précédent, enseigne en pied et aide-major du régiment à la place de son père le 30 mai 1777. Il donna sa démission d'aide-major en 1780, celle d'enseigne en pied en 1781, et décéda à Malines le 24 juillet 1840.

Il avait épousé à Malines, le 3 février 1780, Charlotte-Louise-Constance de Nève, décédée en cette ville le 7 mai 1784, fille de Jean-François-Philippe, baron de Nève, seigneur de Boden, Dullaert, et de Marie-Marguerite d'Oosterlinck. En secondes noces il épousa le 3 novembre 1791 Thérèse-Joséphine-Mechtilde de Loose, décédée le 3 mai 1830.

VIGNETTE (Jean-Jacques-Joseph de la), né à Liége le 28 décembre 1765, chirurgien-major du régiment le 20 septembre 1791, avec rang de lieutenant le 28 octobre 1791 ; il était licencié au Collège médical de Liége et docteur de l'Université de Wurzbourg. Il entra au service de l'Autriche en juillet 1794 et fit toutes les campagnes des années 1794 à 1797, avec le bataillon *Prince-évêque de Liége*, passa le 21 juin 1798, au bataillon d'infanterie légère de *Carneville* et prit part à la campagne de 1799 dans le Tyrol et en Suisse. Après la dissolution du bataillon de *Carneville*, il fut pensionné et rentra à Liége après avoir été amnistié le 6 floréal an X (26 avril 1802).

VOORDT (Edmond-Conrard, baron de), baron de Cortenack, chambellan du prince-évêque Joseph-Clément de Bavière, commissaire de guerre auprès de l'armée alliée par commission du 25 mai 1689, membre de l'Etat-noble par réception du 7 juin 1711, fils de Jean-Bernard de Voordt, seigneur de Cortenack, et de Marie-Françoise, baronne de Pallant.

VORST-LOMBECK (Charles-Georges-Antoine, baron van der), baron de Loonbeck, seigneur de Lufftelberg, Ringsheim, Surs, chambellan du prince-évêque Joseph-Clément de Bavière, lieutenant-colonel au régiment des gardes-à-pied de l'électeur de Cologne, lieutenant des gardes-du-corps, carabiniers à cheval en 1719, puis général-major et colonel propriétaire d'un régiment, commandant de Bonn et grand-croix de l'Ordre de Saint-Michel de Bavière, décédé le 1er juillet 1745.

WACQUANT (Antoine-Ignace-Joseph de), né à Liége et baptisé à Saint-Adalbert le 4 octobre 1768, enseigne en pied le 20 septembre 1791.

Il passa au service de l'Autriche en juillet 1794, fit les campagnes de l'armée du Rhin et fut fait prisonnier par les Français le 24 août 1796, dans un combat près d'Amberg et libéré contre rançon le 11 août 1797. Passé au bataillon de *Carneville* le 21 juin 1798, il prit part aux campagnes de 1799 à 1801 en Italie.

Il fit, le 17 germinal an XI (7 avril 1803), la déclaration de vouloir demeurer Français et prêta serment de fidélité à la République.

WAL (Guillaume-Eugène-Joseph, baron de), seigneur de Lantremange, né au château d'Anthisnes le 29 janvier 1736, membre de l'Etat-noble du pays de Liége par réception du 14 décembre 1759, sous-lieutenant au régiment *Royal-Allemand*, cavalerie, au service de France, puis capitaine et aide-de-camp du maréchal de Soubise en 1762, il se distingua à la bataille de Johannisberg, et quitta le service de France après la paix de Hubertzbourg. Passé au service de Liége, il fut nommé cornette aux gardes-du-corps, avec rang de lieutenant-colonel, le 1er mai 1764 et capitaine en pied au régiment le 3 juin 1767. Il donna sa démission de cornette aux gardes-du-corps en 1769, et celle de capitaine en pied en 1774. Après avoir renoncé à son droit d'aînesse, il entra, en 1773, dans l'Ordre Teutonique, bailliage des Vieux-Joncs et devint commandeur coadjuteur au bailliage des Nouveaux-Joncs à Maestricht. En 1793, il devint commandeur de Ramersdorf et après 1794, de Munerstadt, au bailliage de Franconie. Il conserva cette commanderie jusqu'en 1806, époque de l'abolition de l'Ordre en Allemagne, et revint dans son pays à Andenne, où il mourut le 16 mai 1818.

On a de lui une *Histoire de l'Ordre Teutonique,* Paris, 1783 à 1790, 8 volumes in-12, à laquelle il ajouta un supplément, sous le titre de *Recherches sur l'ancienne constitution de l'Ordre Teutonique,* Mergentheim, 1807, 2 volumes in-8°.

WAL (**Joseph-Alexandre-Albert-Jean-Népomucène, baron de**), vicomte et haut-voué d'Anthisnes, seigneur de Tavier, Tassigny, Sapogne, membre de l'Etat-noble de Liége par réception du 19 mars 1763, grand-bailli et haut-drossart de Herstal, succéda à son frère dans la charge de cornette des gardes-du-corps, avec rang de lieutenant-colonel, le 30 décembre 1769.

Il épousa en 1786, Marie-Philippine de Hautepenne, chanoinesse de Nivelles, née à Arville le 12 décembre 1749, décédée à Bruxelles le 10 octobre 1833, veuve de Charles-Bernard, baron de Pallant, seigneur de Chanteleux, et fille de François-Louis, baron de Hautepenne, seigneur d'Arville, Mont, Sart-Bernard, et de Marie-Anne de Woelmont.

WARNANT (**Nicolas-Antoine-Hubert**), né à Liége et baptisé à Notre-Dame-aux-Fonts le 2 mars 1772, enseigne en pied le 20 septembre 1791. Passé au service de l'Autriche en juillet 1794, il fit la campagne de 1795 à l'armée du Rhin et n'est plus mentionné au bataillon liégeois depuis cette année.

WASSEIGE (**Jean-François, baron de**), né à Thys, servit d'abord pendant sept ans, comme enseigne et lieutenant au régiment autrichien d'*Arenberg* ; rentré à Liége, il devint premier écuyer du prince-évêque de Velbruck, nommé capitaine en pied au régiment le 15 octobre 1778, et major en pied, en survivance, le 2 mars 1783, pour entrer en fonctions après le décès du major Delcreyer, qui décéda à la citadelle le 26 avril 1789.

Au début de la révolution de 1789, il protégea la retraite du prince-évêque de Hoensbroeck, de Seraing à Trèves, et fut chargé, après les décrets d'exécution portés par la Chambre impériale de Wetzlar en 1790, d'accompagner les troupes du Cercle chargées de rétablir l'ordre dans le pays de Liége.

Après la restauration du prince-évêque, il fut nommé lieutenant-colonel en pied du régiment par commission du 20 septembre 1791, et créé baron du Saint-Empire, en même temps que son frère Etienne-Joseph de Wasseige, chanoine-tréfoncier de Saint-Lambert, par lettres patentes du 18 juillet 1792, entérinées au Conseil privé le 17 octobre 1793 (1). Au moment de l'invasion des armées républicaines dans le pays en juillet 1794, il quitta Liége à la tête du régiment et le conduisit à Aix-la-Chapelle, où il présida à sa transformation, d'après le système autrichien, en un bataillon de quatre compagnies, dont il conserva le commandement. Le baron de Wasseige prit part, à la tête du bataillon *Prince-évêque de Liége,* à toutes les campagnes de 1794 à 1797, de l'armée autrichienne sur le Rhin, et notamment à la levée du siège de Mayence, où les soldats liégeois se distinguèrent particulièrement par leur bravoure. Après la paix de Campo-Formio, le bataillon ayant été licencié, de Wasseige resta au service de l'Autriche avec le grade de colonel pensionné, et décéda à Brandeis sur l'Elbe le 6 avril 1820. Il avait été porté sur la liste des prévenus d'émigration du département de l'Ourte le 29 ventôse an VI (19 mars 1798).

Le baron de Wasseige avait épousé, dans la chapelle du prince-évêque au palais de Liége, Anne-Marie de Raick (2).

WASSEIGE (François-Charles, baron de), fils du précédent, né à Liége et baptisé à Notre-Dame-aux-Fonts le 4 mars 1776, cadet au régiment d'infanterie en juillet 1794, et élève à l'Académie des ingénieurs militaires à Vienne, fut porté sur la liste des prévenus d'émigration du département de l'Ourte du 29 ventôse an VI. Nommé lieutenant au régiment de *Beaulieu,* infanterie, le 9 novembre 1798, lieutenant en premier le 1er novembre 1800, lieutenant en premier de grenadiers le 1er janvier 1806, capitaine en second de cavalerie au département d'équitation le 1er février 1809 et capitaine-commandant du poste de remonte d'Alt-Bunzlau le 1er février 1825 ; nommé major, il quitta le service le 15 novembre 1828.

(1) *Diplômes impériaux,* 1748-1794, fol. 552.

(2) De ce mariage naquirent deux fils, François-Charles ci-dessus, et Joseph-Etienne, baron de Wasseige. Ce dernier, né à Liége et baptisé à Notre-Dame-aux-Fonts le 28 février 1781, coadjuteur de son oncle le tréfoncier de Wasseige en 1792, émigra en 1794 et entra dans l'armée autrichienne ; il était lieutenant aux chevau-légers de *Klenau* en 1804, capitaine en 1810, major en 1815, et chevalier de l'Ordre de Saint Wladimir de Russie.

Il avait épousé en 1809, Anna Subich de Nagy-Colon, décédée le 13 décembre 1838 (1).

WELTER (J.-Jacques), aumônier du régiment de 1727 à 1732.

WERIXHAS (Mathieu-François de), lieutenant en pied, major de la place et inspecteur de l'artillerie et des casernes de la citadelle, avec rang de capitaine, le 8 avril 1724 ; décédé en 1731.

WESCHPHENNING (Walrave-Henri, baron de), lieutenant en pied à l'origine du régiment en 1715 et capitaine, mourut à Liége le 8 décembre 1740 et fut enterré dans l'église de Saint-Servais.

ZELLER (Jean-Georges), aumônier du régiment par commission du chapitre de Saint-Lambert *Sede vacante* le 11 avril 1724, jusqu'en 1727.

(1) Il laissa un fils : Maurice, baron de Wasseige, né à Alt-Bunzlau (Bohême), en 1816, lieutenant au service d'Autriche à Eger, où il mourut en 1860, sans laisser de descendance masculine, et avec lui s'éteignit la famille de Wasseige, établie en Autriche.

DOCUMENTS [1]

5 août 1715.

Ordonnance portée sur recez des Etats, établissant un règlement militaire pour les troupes qui sont à la solde desdits Etats (2).

Louvrex, *Recueil des Edits*, t. III, p. 267.

15 janvier 1720.

Ordonnance portée sur recez des Etats statuant que les gages des simples soldats, jusqu'aux sergents, ne peuvent être arrêtés pour dettes (3).

En placard.

13 juillet 1738.

Ordonnance servant d'addition et d'interprétation au règlement

(1) Dans ce chapitre sont réunis les décrets et ordonnances des princes-évêques et des Etats de Liége, concernant les troupes nationales, ainsi qu'un certain nombre d'ordres, émanant des colonels du régiment, destinés à faire connaître les usages militaires à cette époque. Nous donnons, *in extenso*, les pièces restées inédites, et nous indiquons seulement les titres des documents publiés dans d'autres ouvrages.

(2) *Recueil des ordonnances de la principauté de Liége*, 1684-1794, t. Ier, p. 466.

(3) *Idem*, p. 509.

militaire du 5 août 1715, touchant les cas d'homicide d'officiers à officiers et de soldats à soldats, et ceux d'officiers ou de soldats envers les bourgeois (1). *Archives du Conseil privé*, protocole, 1736-1738.

1740.

Règlement concernant les soldats qui travaillent en ville.

Archives du château de Bormenville.

Monsieur le General Comte de Glymes voulant bien s'incliner favorablement à faire plaisir à son regiment, accorde dix travailleurs par compagnie les quels pourront loger en ville pour la liberté de leur travail, et ordonne :

Premierement. Que les capitaines auront soin de ne permettre le travail qu'à des soldats de bonne conduite, parce qu'il deffend tres severement à tout travailleur de ne point courir en ville pendant la nuit; ceux qui seront attrappés ou convaincu avoir contrevenu à cette deffence, passeront irrémissiblement par les baguettes.

Deuxiemement. Les capitaines se garderont de ne point se presumer d'outre passer le nombre de dix travailleurs, ny de permettre à qui que ce soit de leur compagnie de coucher en ville, sous peine d'etre mis aux arrets.

Troisiemement. Tous les autres soldats du regiment non travailleurs seront absolument retirez à la citadelle pour etre a la visite des chambrées qui se fait avant le rapport, l'heure du dit rapport se reglant sur la diminution et augmentation du jour, sous peine de passer par les baguettes sans miséricorde.

Quatriemement. Tout soldat qui aurat changé de poste ou il aurat été mis pour monter la garde, (comme cela arrive assé souvent), passerat sans remission par les baguettes et les bas officiers des postes qui doivent bien s'appercevoir de cela, qui ne l'empecheront point, seront chatié si severement, qu'ils auront lieu de s'en ressouvenir.

Cinquiemement. L'on ferat la distribution des postes pour la garde de maniere que ce ne soit pas toujour les mêmes visages dans le même poste, ce qu'on remarque qui arrive continuellement.

(1) *Recueil des ordonnances de la principauté de Liége*, 1684-1794, t. Ier, p. 713.

Sixiememement. Les officiers qui monteront la garde tireront leur poste au sort, sans qu'il soit permis à aucun de changer sous peine d'etre mis aux arrets ; le major de la place en repondra.

Septiemement. Il est tres serieusement deffendu à tous capitaines, lieutenants et enseignes de ne plus faire à la venir monter leurs gardes pour de l'argent ; ils feront tout leur service eux memes et, lors qu'ils s'absenteront, ils prieront quelqu'un de leurs camarades de vouloir faire leur gardes, examens et conseils de guerre pendant leur absence, et à leur retour, ils referont les gardes et autres devoirs qu'on aurat fait pour eux, à la reserve des detachements que chaqu'un ferat à son propre tour ; bien entendu que si leurs camarades ne vouloient pas vacquer pendant leur absence aux conseils de guerre, ils seront indispensablement obligez d'y vacquer eux memes lors que ce serat leur tour.

Huitiemement. Tout officier ne pourrat faire plus d'un mois d'absence à la fois, a raison que le camarade qui fera son service seroit fatigué trop longtems, apres quoi il reviendra faire son service. Si avant son congé expirant, il avoit des affaires qui demandasse une prolongation, il pourrat la demander en alleguant les raisons.

Neuviemement. A l'avenir, tous ces petits cadets qui sont toujour à l'école, auront à se produire personellement à Monsieur le commissaire aux jours des revues.

Dixiemement. Voicy un article d'une serieuse attention : Monsieur le General n'ignore point la sinistre magnigance que les bas officiers chargés du detail des compagnies pratiquent ; il ordonne à tous bas officier faisant detail de rendre à tout soldat la juste retribution qui luy vient pour son service, sans aucune contestation, ny menace, encor moins aucun grapillement, sous peine au contraventeur d'etre cassé irremissiblement, ordonnant à tout soldat qui aurat le moindre lieu de se plaindre, de le faire hardimment à ses supperieurs, sans aucune apprehension.

Onsiemement. L'on reytere la deffence expresse de ne permettre à aucun soldat qui serat en poste de revenir à la citadelle pour y remonter la garde, tout contraventeur sera chatié. Il n'est permis qu'au capitaine du palais de renvoyer douze hommes et rien de plus, de chaque compagnie un, ordonnant à l'officier de garde à la citadelle de les laisser entrer, mais d'arreter tout autre soldat qui se presentera; il ordonnera et veillera que la sentinelle n'en laisse passer aucun, sous peine à luy d'en repondre en son propre et privé nom.

Dousiemement. Les quatre soldats par compagnie commandez pour le piquet de la citadelle, y resteront fixes pendant les vingt quatre heures de leur piquet sous peine de passer par les baguettes. S'il arrive que quelqu'un d'eux aye besoin pour une heure de tems en ville, ils en demanderont la permission à leur capitaine, qui ne pourrat la donner qu'a quatre tout au plus à la fois. Lors qu'on demandera le piquet sur le pied et sur le champ, les soldats seront alertes à sy trouver; tous ceux qui manqueront sans permission passeront comme il est dit par les baguettes.

Treisiemement. Tous les travailleurs, de même que les autres soldats qui pourront etre en ville pendant le jour, auront à remonter incessamment à la citadelle, lorsqu'ils entendront battre l'appel et la marche sur la haute batterie, sous peine d'etre châtiez rigoureusement; qu'ils s'avertissent les uns les autres dabord qu'ils entendront la caisse.

Quatorsiemement. L'officier subalterne qui se trouverat etre de piquet lors qu'on ferat la distribution du chaufage, aurat à s'y trouver pour veiller que la ditte distribution se fasse dans lordre, et si le chaufage est conditioné comme il doit etre, sçavoir bon et bien fait.

Quinsiemement. Tous les trois, treize et vingt-trois du mois, lorsqu'on peyera le pret, il y aurat alternativement le lieutenant ou l'enseigne de la compagnie qui se trouvera present au peyement afin de veiller exactement à ce quy est ordonné dans l'article dixieme.

Seisiemement. Tous les subalternes et bas officiers generalement qui montent la garde se feront renouveller mot à mot la consigne par celuy quils releveront, car la plus part du tems l'on ne fait que dire : il ni at rien de nouveaux, et de cette manière, insensiblement les consignes se perdent et s'oublient; que qui que ce soit ne manque à cette ordonnance.

L'officier en poste consignerat à celuy qui le vient relever generalement tous les ustencìles qui sont dans un corps de garde, surtout les ordonnances qui seront affichée aux corps de gardes ; s'il arrive qu'il y aye quelque chose de perdu, l'officier en repondrat.

Comme aussi lorsque les officiers sont de garde, deffendu tres serieusement de ne pas seloigner de leur poste, a peine d'etre mis aux arrets.

Il est de plus enjoint à tous officiers subalternes de s'attacher un peu plus au service qu'ils ne font, et de remplir avec plus d'exactitude les fonctions de leur charge, et ce qui leur est ordonné. Monsieur le general n'ignore point la negligence qui regne, son intention est qu'on remplisse plus exactement les devoirs et les ordonnances, outre que l'officier faisant ce qu'il doit, c'est quil luy en revient plus d'honneur et de gloire; leur négligence sera punie par les arrets. Les capitaines rendront compte des defaillants.

Toutes les autres ordonnances du regiment concernant la soumission, le respect, la police et la juste discipline et subordination sont renouvellées icy, de la meme maniere que si elles y étoient inserées.

Finalement. Les officiers subalternes et autres qui seront en garde aux portes de la ville, demanderont à tous étrangers qui entreront, comment ils s'appellent, dou ils viennent et ou ils vont loger ; ils tiendront une notule exacte de tout cela pour l'envoyer au capitaine du palais, lequel m'en rendront compte sur le champ, si ce sont personne de consideration, autrement il me le diront au raport de leur garde descendante.

Si les étrangers entroient par les portes ou il ni at que des caporaux, il feront arreter ces étrangers jusqu'à ce que l'officier principal viennent sçavoir qui ils sont.

6 avril 1743.

Consigne de la garde du Palais.

Louvrex, *Recueil des Edits*, t. III, p. 272.

2 novembre 1743.

Ordonnance touchant les exercices à feu des soldats (1).

Conseil privé, protocole, 1743.

(1) *Recueil des ordonnances de la principauté de Liége*, 1684-1794, t. Ier, p. 808.

1er avril 1744.

Autre ordonnance à l'officier de la garde du Palais, etc.

Louvrex, *Recueil des Edits*, t. III, p. 273.

9 mars 1746.

Ordonnance approuvant un exercice militaire à introduire dans les troupes liégeoises (1).

Imprimé du temps, à Liége, chez Bertrand, petit in-8° de 201 pages.

14 juin 1746.

Consigne touchant l'entrée des étrangers à Liége.

Conseil privé, dépêches, 1684-1733.

Par ordre de S. E. Monsieur le général-major, comte de Berlo d'Hozemont, il est ordonné au capitaine de la grande garde du palais d'exécuter et de tenir la main à ce que tous les postes de la ville exécutent à la lettre la présente consigne :

1° Il est ordonné aux gardes de chaque porte de la ville de veiller exactement sur toutes les personnes étrangères qui entreront, comme aussy sur ceux du pays qui reviendront de quelque voyage soit à pied, à cheval ou en voiture.

2° L'officier de la garde leur demandera leurs noms, leurs qualitez, d'où ils viennent, où ils vont, s'ils logent en ville et dans quelle auberge, ou s'ils ne font que traverser.

3° Il faudra de même interoger les couriers sur l'endroit d'où ils viennent et où ils vont.

4° Si quelques personnes de distinction, de caractère ou de grande considération arrivaient, l'officier de la garde dépêchera sur l'instant une ordonnance pour en informer le capitaine de la grande garde, qui en avertira sur le champ celuy qui commande et S. E. M. le Général.

5° Chaque officier ou bas-officier ordonnera à la sentinelle d'arrester tout étranger et autres qui reviennent de voyage; il les examinera et fera

(1) *Recueil des ordonnances de la principauté de Liége*, 1684-1794, t. II, p. 57.

écrire leurs noms, d'où ils viennent, etc., par les commis de Sa Sérénissime Eminence et de ses Etats, qui se trouveront aux portes, comme il est ordonné par les recès et ordonnance cy joints.

6° La liste des entrants étant ainsy faite à chaque porte, elle se délivrera chaque jour au capitaine de la grande garde à l'heure qu'on viendra chercher les clefs.

7° Si quelques personnes entraient en ville après la distribution des clefs, avant ou après les portes fermées, l'officier de la garde conservera cette liste et la remettra en mains de celuy qui viendra le relever, celuy-ci aura soin de la joindre à la sienne pour l'envoyer au palais lorsqu'il envoyera chercher les clefs.

8° Les listes des portes étant arrivée au palais, le major des portes de concert avec le capitaine de la garde, en feront une récapitulation généralle, c'est-à-dire que de toutes les listes ils n'en feront qu'une; ce qu'étant fait, ils en tireront trois copies : une pour Sa Sérénissime Eminence, au Palais, ou a celuy qui a le clefs pendant son absence; la deuxième pour le Conseil privé, et l'autre pour S. E. Monsieur le Général. *Nota bene;* lorsque S. S. E. sera à Liége, le capitaine donnera la liste au chambellan de service.

En l'assemblée de Messeigneurs les commis et députés de Sa Sérénissime Eminence et de ses Etats du pays de Liége et comté de Looz, tenue le 11 juin 1746 : Messeigneurs ordonnent à leurs commis aux portes lorsque ceux de Sa Sérénissime Eminence seront absents, de marquer les noms des personnes que les officiers de garde leur désigneront et ce jusqu'à autre ordonnance. Par copie conforme à l'originalle.

Sa Sérénissime Eminence ordonne à ses commis aux portes de marquer les noms des personnes que les officiers de garde leurs désigneront.

Donné en notre Chambre des Comptes le 14 juin 1746.

1747 (?).

Ordonnances militaires du prince-évêque Jean-Théodore de Bavière.

Archives du château de Bormenville.

CHAPITRE Ier. *Des gouverneurs.*

1. Il doit veiller continuelement a la conservation de la place qui luy est confiée, parcequ'il en repond.

Sa charge est d'ordonner les gardes, les rondes, les patrouilles, de faire poser des sentinels par tout où il convient pour la suretez de la place, c'est a luy que les raports des gardes doit se faire, il a droit d'ordonner les punitions, s'il y a des deffauts, il doit aussy veiller que tous les officiers et soldats fassent leurs devoirs, selon ce qu'il aura ordonné, par ordre de Sa Serenissime Eminence ou de son authorité.

2. Lorsqu'il y aurat un officier mis en prison ou aux arrets pour fautte grossier le gouverneur en avertirat Son Altesse Serenissime ens vingt quattre heures pour quelle en ordonne.

3. Sa Serenissime Eminence ordonne a tous officiers et soldats de porter honneur et respect au gouverneur, de luy obeir en tout ce qui concerne le service.

4. Le gouverneur prenderat tous les jours la parole de Son Altesse Serenissime et lorsqu'elle serat absente le major de la place irat la chercher chez celuy qui comande.

5. Hors de la capitale s'il se trouve des troupes en garnison le gouverneur ou celuy qui commande donnerat la parole.

6. Le gouverneur aurat les clefs et en reponderat.

Chapitre II. *Du comandement.*

1. Sa Serenissime Eminence ordonne que le comandant ait la meme authorite que le gouverneur en son absence; et que toute officier et soldats luy porte meme honneur et respect.

Chapitre III. *Du major de la place.*

1. Sa Serenissime Eminence ordonne au major de la place de prendre tous les jours l'ordre du gouverneur ou comandant, de la distribuer le soir aux sergens sur la place, apres les portes fermées.

2. Il ferat monter tous les jours la garde, il ferat tirer les postes aux officiers et bas-officiers, qui auront etés comander la veille.

3. Il ne permetterat pas qu'aucun change de poste sous quelle prétexte que ce soit apeine d'en repondre.

4. Pour que les sergens et caporaux ne puissent changer a son insçu, d'abord que le premier aura tirez son plomb, le major le luy ferat remettre dans une autre bourse, luy demanderat qu'elle poste luy est échu et le marquerat d'abord sur son livre, il ferat de meme au second ainsy de suitte et par la il ne pourat etre trompé.

5. Le major de la place ferat la première ronde, que l'on appelle ronde major, celle la est pour voir si la parolle a été rendue comme il l'avoit donné.

6. Tous les jours le major irat chez le gouverneur ou comandant de la place, luy porterat la feuille des officiers qui sont montez la garde, et luy ferat un raport juste de tout ce qui se serat passé dans la place.

7. Quant le major ferat faire la parade, il doit voire premièrement si les soldats comandez la veille sont en nombre comme il a été ordonné.

8. S'ils ont tout ce qu'ils leurs faut tant en uniforme qu'en arme, s'ils ont la propreté requise, a peine a luy d'en repondre.

9. Il est ordonné au major de la place s'il arrive que quelqu'un eut changé de poste, il le ferat arreter, en avertirat le gouverneur ou comandant qui les ferat punir : les officiers par les arrets et les bas-officiers par la prison.

10. Quant il aura vu si tout est en ordre, il commanderat a tous les bas-officiers montant la garde de sortir de leurs rangs et de marcher dix pas en avant, pour faire fasse a la parade, et empecher que le front ne soit occupé de qui que ce soit.

11. Lors il distribuerat ces postes et quand cela serat fait, il ferat rentrer les bas-officiers dans leurs rangs et détacherat un sergeant d'ordonnance pour aller avertir le gouverneur que la parade vat partir, scavoir s'il veut la voire defiler.

12. Pendant que le sergent serat allez chez celuy qui comande, chaque bas-officier aurat le tems de dresser les files et de les mettre bien en ordre.

13. Le sergent etant revenu, le major ferat battre la priere apres avoir fait reposer les soldats sur leurs armes, ensuitte selon que le gouverneur luy aura fait dire, il ferat defiler la parade par ploton ou par quart de conversion.

14. Le major de la place est chargé de faire la visitte des cabarets pour faire arreter et punir les soldats qui s'y rencontreront après l'heure limitée par le gouverneur, et ferat de meme punir le cabaretier qui contreviendrat a cette ordonnance.

15. Comme le major est la troisième personne dans la place, Sa Serenissime Eminence ordonne qu'en deffaut de gouverneur ou comandant, le major aurat le comandement dans la place, quand meme il s'y rencontreroit des colonels quand il prenderat le comandement en deffaut des susnomés; il receverat les raports des officiers et bas officiers descendant les gardes et ordonnerat des punitions selon l'exigence des cas.

16. Lorsque les gouverneurs et comandant des places s'absenteront, ce qui ne pourat se faire sans la permission de Son Altesse, si le major de place est avec patente il prenderat le comandement sinon ce serat le premier officier du regiment, en son absence le second suiverat ainsy de suitte.

CHAPITRE IV. *Aide-major de la place.*

1. Sa Serenissime Eminence ordonne que l'aide-major de place fasse la ronde alternativement avec le major, sa fonction ne diferent en rien sinon que l'aide-major ne prenderat le comandement en aucun tems.

CHAPITRE V. *Du capitaine des portes.*

1. Il est ordonné que le capitaine des portes se rende tous les jours chez le gouverneur pour prendre les clefs matin et soir pour ouvrir luy meme les portes.

CHAPITRE VI. *Du colonel.*

1. Sa Serenissime Eminence ordonne au colonel d'avoir soin que les compagnies de son régiment soient toujours complettes, qu'elles soient composées de bons hommes de la taille de cinq pieds, trois a quattre pouces.

2. De tenir la main a ce qu'ils soient bien exercés aux manimens des armes, et aux diférentes évolutions afin qu'il puisse donner a son régiment la forme qu'il vouderat selon l'occasion.

3. Il aurat grand soin d'entretenir l'union entre les officiers de son régiment, et pour y parvenir il doit être luy meme unis avec eux.

4. Pour l'entretenir cette union, il faut premierement qu'il maintienne la subordination avec fermeté.

Deuxièmement rendre bonne justice a un chacun, ne proposer aux charges vacantes que ceux a qui elles appartiennent de droit.

5. Avoir soin de procurer des avantages au corps en general.

6. Enfin faire un pont ou tout le monde puisse passer, s'entend n'avoir point de prédilection pour personne et traiter tous egalement.

7. Il aurat soin que les soldats soient tenus proprement, qu'ils soient bien vetus, bien armés.

8. Il doit etre rigide sur la regularité du service, et faire observer exactement la disciplinne dans son regiment.

9. Il ne doit jamais se relacher en rien sur l'exactitude du service et pour le faire bien observer il se trouverat luy meme a toutes les fonctions qui demandent sa presence.

10. Il tacherat de bannir de son corps toute sorte de cabale, il aurat soin d'ordonner au major de luy faire un raport juste de tout ce qui se passe dans son regiment, afin qu'il y puisse mettre ordre, et punir selon l'exigence des cas ceux qui contreviendront aux ordonnances.

11. Il aurat soin de tenir la main a ce que le major fasse faire l'exercice au regiment et le mettre en etat de se presenter par tout ou le besoin l'exigerat.

12. Le colonel ordonnerat a son regiment tout ce qu'il croirat necessaire pour le bien etre du service, et tous les officiers luy obeiront sans replique.

13. Quant un officier aurat fait mettre un soldat en prison pour quelle fautte que ce soit,

14. Le gouverneur, colonel ou autre, ne le ferat pas sortir, sans en avoir fait avertir l'officier pour scavoir s'il est content de la satisfaction.

15. Les drapaux se remetteront chez le colonel du regiment.

Chapitre VII. *Du lieutenant-colonel.*

1. Sa Serenissime Eminence ordonne au lieutenant colonel de tenir la main a ce que la discipline militaire soit exactement observée, sans permettre que personne ne se relache de son devoir, sa qualité de lieutenant-colonel luy donnant le meme pouvoir qu'au colonel, puisqu'il comande le regiment en son absence.

Chapitre VIII. *Du major.*

1. Sa Serenissime Eminence ordonne que tous les sergens du regiment soient entierement subordonné au major, luy rendre un compte exacte de tout ce qui parvient a leurs connoissances, qui a raport au service, sans en excepter meme ce que les officiers pouroient faire qui fut contraire.

2. De plus le major doit posseder parfaittement la tactique ou l'art de ranger un ou plusieurs bataillon de meme que toutes les evolutions militaire.

3. Le major tienderat un regitre dans quelle tous les enrolemens des soldats seront ecrits, de meme que les signalements; il marquerat aussy ceux qui sont morts, desertez ou qui ont leur congé absolu.

4. Il tienderat aussy un role des officiers tant pour leurs tours de garde que de détachemens et autres fonctions.

5. Il serat chargé aussy d'ordonner au cercle tous les soldats que le gouverneur luy demanderat tant pour detachement que pour monter la garde, le piquet et autres; en consequence il tienderat un livre avec les role de compagnie.

6. Le major sera chargé de tout le détaile du regiment tant pour les livrances de quelle qualité quels soient, que pour faire le detaile des troupes.

7. Son Altesse ordonne au major de faire l'exercice pendant six semaines, en eté, a commencer le premier juin, ou la faire en equivalence trois fois la semaine.

8. Il est defendu au major de recevoir un soldat a l'exercice qu'il n'eut été premierement pendant deux mois aux petites exercices qui se

feront par un bas officier de chaque compagnie tous les jours; il est ordonné au major de tenir la main a la presente ordonnance.

9. Lorsque le major s'apperceverat que quelque soldats ne scait pas l'exercice, il s'informerat depuis quelle tems le dit soldat est engagé, et s'il y a plus de deux mois, le major de son authorité envoierat le sergent en prison pour quinze jours, et en avertirat le gouverneur et le colonel du regiment.

10. Quant le regiment ferat l'exercice, le major la commanderat en personne, a moins qu'il ne soit incomodé; il aura l'epée a la main soit a cheval soit a pied; si c'est l'aide major, il en ferat de meme s'entend quand les officiers s'y trouvent les armes a la main.

11. Le major se trouverat tous les jours aux gardes montantes pour les conduire a la parade et les livrer au major de la place.

12. Quant il partirat un detachement, il se trouverat au rendé vous pour les recevoir, et examiner s'il est en ordre pour la marche, si les soldats ont leurs fusils chargés, si leurs cartouches sont fournies, et s'ils ont tous leurs haversac.

13. Il luy est aussy ordonné de faire tous les jours un raport exact au colonel de tout ce qui serat venu a sa connoissance par le raport luy fait des sergens du regiment, ce raport se ferat tous les jours a la garde montante.

14. Le major aurat soin de faire faire l'exercice aux officiers et leurs aprenderat generalement tout ce qu'ils doivent scavoir tant le manuel que les differentes evolutions, pour qu'ils puissent juger par eux memes si les soldats font bien ou mal et qu'ils se trouvent en etat de conduire les plotons qui leurs seront confiés.

15. Ainsy lorsque le major les aurat appris, il prenderat une officier alternativement et luy ferat comander l'exercice a ces camarades sans distinction.

Chapitre IX. *De l'aide-major.*

1. L'aide-major porte la definition de son nom; il est subordonné au major et autre chef du regiment; il est pour aider le major dans la grosse besogne et ne fait rien autre chose que d'executer les ordres qu'on luy donne.

Chapitre X. *Des capitaines.*

1. Son Altesse Serenissime ordonne a chaque capitaine d'avoir soin que sa compagnie soit toujours complette.

2. D'avoir grande attention que les soldats soient toujours propres, de les contenir en toute dans une exacte discipline, et les punir lorsqu'il y manqueront, soit par la prison, les verges, ou garde de penitence, selon l'exigence du cas.

3. Le capitaine a le droit de creer ses sergens, caporaux et autres bas-officiers dans sa compagnie, il ne pourat punir un soldat par mort a moins qu'il ne se revolte contre luy, mais pour toute autre cas le metterat au conseil de guerre.

4. Lorsqu'un soldat serat malade, il le ferat porter a l'hopitale, et le capitaine en aurat soin en le faisant visiter souvent et luy fournissant ce qui luy est nécessaire selon la convention militaire.

5. Il tiendera un regitre pareile a celuy du major, ou serat écrit les enrolemens, les desertez, les morts et les congediez avec le signalement; ce regitre doit passer au capitaine qui remplace pour servir d'archive a la compagnie.

6. Le capitaine ne pourat refuser le congé a un soldat qui le demanderat lorsqu'il aurat finit son terme.

7. Il ne pourat non plus donner aucun congé absolu, sans la permission du chef du regiment, ces congés doivent etre moulés et signés du capitaine, du major, et du colonel et contresigné du gouverneur ou comandant dans la place.

8. Le capitaine ne pourat donner passe ou billet pour permettre a un soldat de s'absenter, sans le consentement du gouverneur qui doit signer la ditte passe.

9. Tous soldats qui aurat une permission de s'absenter, le capitaine le ferat presenter par un sergeant au major et au commissaire de guerre.

10. Chaque fois que la compagnie prenderat les armes, les capitaines ainsy que les autres officiers y attachez se trouveront a la tete pour se transporter par tout ou ils leurs seront ordonnés par le major.

11. Les capitaines auront soin que leurs compagnies soient bien

exercées et ils tienderont la main a ce que les sergens fassent faire l'exercice tous les jours pendant l'eté une heure avant la garde montante.

12. Il est deffendu aux capitaines de faire aucune retenue a ces soldats sur leurs prets, mais s'ils ont fait quelque avance pour leurs entretient, il pourat faire la retenue sur les gardes d'argens et sur les decontes.

13. Il ne pourat avoir plus de douze travailleurs dans leurs compagnie y comprit quattre passe.

14. Les capitaines ne pouront s'absenter de la garnison, sous quelle pretexte que ce soit, sans une permission du gouverneur et de son colonel pour lors il avertirat le major qui a le role de service, qu'il vat partir, et ferat aussy avertir son lieutenant, pour que celuy la reste a la compagnie et en prenne le commendement pendant son absence.

15. Le capitaine donnerat tous les mois une liste exacte de sa compagnie au major signée de sa main.

16. Le capitaine aurat un mois pour remplacer les soldats qui seront morts ou desertez ; a fautte de remplacement, on retirerat la paye de ceux qui manqueront selon qu'il a eté reglez par les etats.

17. Il est defendu a tous capitaines et autres officiers de donner congé a leurs soldats pour decoucher de la garnison sans la permission du gouverneur ou comandant lesquels ne pouront pareillement la donner sans nécessité absolue.

CHAPITRE XI. *Des lieutenants.*

1. Il est ordonné aux lieutenans, enseignes faisant meme service de veiller exactement que les sergens et caporaux de leurs compagnies respectives fassent leurs devoir.

2. C'est pourquoy il est ordonné qu'il se trouve toujours et en tout tems, un des deux lorsque les soldats prenderont les armes, pour monter la garde et en faire la visitte.

3. Ils examineront attentivement si les soldats a ces armes claires, si elles sont en état, si le chapeau est bien retroussé, s'ils sont peignés, si leurs fournimens et cinturons sont bien netoiez, leurs guettres propres et leurs souliers ciré, il ferat faire l'exercice quand le tems le permetterat,

s'il trouve du deffaut il envoyerat le sergent en prison pour huict jours et en avertirat le capitaine, qui ne pourat faire sortir le sergeant de prison sans le consentement de celuy qui l'y aurat fait mettre.

4. Le lieutenant lorsque le capitaine serat absent, prenderat le comandement de la compagnie, recruterat et ferat generallement tout ce qui y serat necessaire.

5. L'enseigne ferat les memes fonctions en deffaut de lieutenant.

6. Lorsqu'il y aurat quelque deffauts a la compagnie, le lieutenant ou l'enseigne est obligé d'en avertir le capitaine pour qu'il y apporte le remede necessaire.

7. Les lieutenants ou enseignes chacun a leurs tours feront la visitte des chambres deux fois la semaine, pour voire s'ils ont soin de la netoier, voire s'il ne manque rien des petites ustencilles nécessaires aux soldats et en cas ils leurs manquent quelque chose, ils les obligerat de s'en pourvoir, pour quelle effect l'officier s'en prenderat au caporal chef de la chambrée et si a sa seconde visitte il y a le meme deffaut, il ferat mettre le caporal en prison les ferres aux pieds et aux mains pour huit jours.

8. Les lieutenans et enseignes seront entièrement subordoné au capitaine dans ce qui serat du service et des fonctions aux compagnies.

9. Les lieutenans et enseignes ordonneront aux sergens de leurs rendre compte de tout ce qui se passe a la compagnie.

10. Ils s'informeront aussy de la façon de vivre des soldats et de leurs mœurs, des mutineries qu'ils pouroient y avoir, pour pouvoir y remédier en punissant les coupables et en faire raport au capitaine.

11. Lorsque le gouverneur ou le comandant ou en leurs absence le major de la place, ordonnerat aux officiers de la garnison de faire prendre les armes à leurs soldats et de les mettre en bataille pour revue ou autrement ou de détacher des hommes de leurs compagnies, les dits officiers y satisferont sans difficulté ny delay, sans que le gouverneur comandant ou major soit tenu de leurs rendre raison du sujet de leurs comendements ny de s'en expliquer.

CHAPITRE XII. *Des sergens.*

1. Il est ordonné à tous sergens de tenir un role exacte des soldats

de sa compagnie, tant pour les faire comander de gardes, de détachemens que de piquets et autres devoirs, pour leurs faire aussy distribuer les vivres et munitions.

2. Il est ordonné aux sergens de visiter tous les jours, matin et soir, les chambres de leurs compagnies.

3. Le matin pour voire si les chambres sont netoiées, si les licts sont refaits, s'il n'y a rien qui manque. Le soir il doit la visiter, et faire une apele apres que le caporal de semaine aurat fait la sienne; ainsy il voirat bien si le caporal a fait son devoir, et s'il a raporté juste tous ceux qui manquent.

4. Ils leurs est ordonné de montrer aux soldats nouveau engagé l'exercice, de leurs lire toute les ordonnances.

5. Il leurs est très expressément deffendu de se compromettre avec les soldats en aucune façon, surtout d'aller boire avec eux sous peine d'être cassé.

6. Les sergens feront tous les jours un raport fidel a tous les officiers des compagnies, de ce qui se passe parmis les soldats, comme de tous deffauts qu'il pouroit y avoir, soit contre le service, ou contre le manque des ordonnances, enfin soit contre les mœurs et façon de vivre, sans rien cacher sous peine d'en répondre.

7. Il leurs est aussy ordonné de tenir la main que tous soldats soit exacte à son devoir, d'empêcher les désordres qui se font souvent fautte qu'un sergent n'est point assez rigide sur le point de la subordination.

8. Les sergens feront faire l'exercice à tous soldats qui montent la garde une heure avant la parade.

9. Ils visiteront exactement ceux qui doivent monter la garde pour examiner si leurs armes sont claires, si leurs habits ne sont pas decousu, si leurs cinturons et fournimens ne sont point taché, si leurs guettres sont nettes, leurs souliers cirés, leurs cadenettes bien faittes, leurs cheveux peigné et les chapeaux bien retroussés.

10. S'il y a quelque chose qui manque, il envoierat sur le champ le soldat en prison, à peine d'y aller huict jours luy même, au pain et à l'eau.

11. L'officier qui ferat la visitte tienderat la main à la présente ordonnance à peine d'en répondre.

12. Il est deffendu à tous sergens de donner la permission à aucun soldats de s'absenter meme pour une nuict, sous peine d'être mis à la queue de la compagnie pendant deux mois.

13. Il est très expressément deffendu aux sergens qui font les détailles des compagnies et qui payent les prets de faire aucune retenue aux soldats ni sur le prets ni sur les gardes d'argent sous quelle prétexte que ce soit, à moins qu'il n'eut une ordre expresse de son capitaine ou de celuy qui comande la compagnie, encore ce ne pourat être sur les prets, mais bien sur les gardes d'argent et les décontes qui sont pour leurs entretiens.

14. Il est ordonné à tous sergens de faire arrêter tous soldats qui refuseront le service.

15. De meme que ceux qui cabaleront avec leurs camarades, parce que ce sont des mutineries qui ne sont point pardonable en aucune façon.

16. Il est deffendu à tous sergents de faire des avances aux soldats en argent, en marchandices ou en vivres, ny d'acheter leurs pains de munitions, ny aucune pièces de son habillement sous peine d'être cassé.

17. Tous sergens deveront se trouver eux memes à l'ordre le soir, la halbarte à la main, sans qu'ils puissent y envoyer le caporal de semaine en leurs places et cela sous quele prétexte que ce soit, sinon qu'il soit de service ou malade.

18. Leurs est ordonné aussy de porter la parole à leurs officiers et tout ce qui serat dit au cercle, le sergent de la garde le porterat au comissaire de guerre et autres officiers de la place.

19. Come tous les sergens sont entièrement subordoné aux capitaines et autres officiers de leurs compagnies, ils le seront aussy au major à qui ils renderont compte de tout ce que le major s'informerat touchant les soldats, s'entend pour ce qui est du service et autres ordonnances.

20. Il est deffendu à tous sergens, lorsque les compagnies marcheront, de rester derier, mais ils se tienderont sur les ailes de droit et de

gauche pour faire marcher les soldats en ordre et les tenir dans leurs rangs, les y faisant remettre avec la hampe de la halebarte.

21. Il est deffendu aux sergens de fraper un soldat en présence de ces officiers; s'il a fait une fautte qui méritte punition, il en ferat son raporte aux dits officiers presents qui en ordoneront.

22. Les fouriers faisant meme services que les sergens, ils suiveront la meme ordonnance.

Instruction dressée (par le Conseil de la guerre en France) pour les sergens.

1. Il doit y avoir un sergent de semaine de chaque compagnie qui doit être le premier levé et le dernier couché, il doit en se levant visiter les chambres, voir si les ordinaires ne se rompent point, leurs recommender la propretez dans leurs chambres, queles soient bien balayés et les lits fait à neuff heures, que toute les fois qu'a la ditte heure les escaliers ne seront point balayés et les chambrées propres, que les lits ne seront point faits, qu'il y aurat des ordures derrier les portes, sous les lits ou dans les escaliers, le sergent payerat dix sols d'amende pour les pauvres.

2. Qu'ils tiennent la main à ce que les soldats ne sortent point du quartier sans être peigné, leurs cheveux en queue ou en cadenette, leurs visages et mains lavée, leurs chapeau bien retapé, et leurs cravates bien mises; lorsqu'il en serat trouvé à l'inspection et meme dans les rues sans cela, il sera retenu au sergent dix sols.

3. Il est ordonné à tous sergens soit de garde ou autre d'arreter les soldats qu'ils trouveront dans les rues sans leurs cheveux atachez, ny leur chapeau retapé, pour les conduire ou faire mener au corps de garde du quartier où ils leurs serat ordonné du nombre des gardes qu'ils deveront monter ou s'ils deveront aller en prison, à peine de l'amende cy dessus.

4. Les sergens de semaine ou ceux qui deveront monter la garde, visiteront avant l'inspection les soldats comandés de leurs compagnies et voiront s'ils sont dans l'état ordonné, et leures armemens claires et en état, à peine de punition.

5. Tous sergens qui manqueront à l'ordre aux distributions qui leurs seront ordonné et autres rendez-vous seront punis.

6. Les sergens feront régulièrement l'apel après l'ordre, avec de la lumière dans toutes les chambres, et ils écriront sur une feuille au corps de garde ce qu'ils auront trouvé de nouveau à leurs compagnies, ils ne se coucheront point sans que tous les soldats ne le soient, ou qu'ils sachent positivement si ceux qui pouront manquer à l'apel, ont déserté afin d'en avertir sur le champ; ils ne manqueront pas d'accuser tout le monde à peine pour la première fois de dix sols d'amende, la seconde huict jours de prison, et la troisième fois cassé; ils feront également l'appel à quattre heures du matin en été et à six heures en hiver.

7. Les sergens auront grand soin de renouveller de tems en tems aux soldats et tous les jours à ceux de recrues qu'ils leurs est deffendu de rien vendre de leurs armemens, linge, habillemens, à peine de passer par les verges; ils visiteront tous les prets, les armes et linges de leurs soldats, et s'ils s'apercoivent qu'ils ont vendus quelque chose, ils les feront arreter, et en informeront le comandant de la compagnie; ils auront grand soin de leurs faire entretenir cest qu'ils ont graisser les foureaux d'épée et bayonettes, faire mettre des bouts et crochets, faire recoutre leurs cinturons et racomoder leurs armes; lorsqu'il manquerat l'une de ces sortes de chose aux soldats, elles seront mises et racomodées aux dépens des sergens.

8. Les sergens qui seront trouvé ivre hors de leurs quartiers, aux corps de gardé ou dans les rues, seront mis en prison au pain et à l'eau, leurs prets aux pauvres et la seconde fois cassé.

9. Il est deffendu aux sergens de fumer dans les rues à peine de dix sols d'amende.

10. Lorsque le regiment defilerat ou que la garde irat au rendez vous, les sergens se tienderont sur la gauche de leurs divisions, à hauteur du premier rang s'arretant de tems en tems pour la voire defiler, et la faire soutenir, reprendre ceux qui manqueront et ne marcheront pas bien et ne porteront pas bien leurs armes, faire comprendre aux soldats ce que c'est que leurs chefs de fils et pourquoy ils devent garder leurs distances; ils auront attention en marchant d'egaliser leurs rangs, soit en nombre ou en hauteur et de mettre des vieux soldats sur les

droites, et s'ils trouvent les rangs serrez et qu'ils se jettent en marchant, ils s'en prenderont aux soldats de la droite, qui serat sur cela, trouvé en fautte, serat mis en prison en redoublant la garde.

11. Si les sergens, au lieu de tenir la main à l'article cy dessus, s'amusent à causer avec les soldats come plusieurs font, lorsque l'on trouverat les rangs trop serrez, les sergens iront en prison.

Des caporaux.

1. Il est ordonné à tous caporaux d'instruire les soldats de son esquate ou chambrée de tout ce qu'ils doivent faire, de leurs montrer le maniment des armes, d'empêcher les querelles entre eux, de meme que tous désordres qui pouroient se cömettre, à peine aux caporaux qui le souffriront d'être mis en prison pour un mois les ferres aux pieds et aux mains; il pourat punir par la canne les soldats mutins qui ne vouderont pas luy obéir, et s'il n'en peut venir à bout les conduirat en prison, et en avertirat celuy qui comande la compagnie.

2. Chaque caporal deverat obliger les soldats à tenir leurs chambres propres, faire faire les lits, visiter ceux de son esquatte qui doivent monter la garde, et voire s'ils sont en ordre à peine d'une sévère punition.

3. Il est ordonné qu'il y eut toujours un caporal de semaine, qui se renderat tous les jours auprès du sergent pour aller chercher la liste des soldats qui auront été comandé la veille à l'ordre par le major, pour gardes, piquets, detachements ; avec cette liste que le sergent luy donnerat, il irat dans toutes les chambrées de la compagnie avertir ceux qui doivent monter la garde, et ceux qui doivent marcher en detachement; ce caporal de semaine est pour aider les sergens dans la grosse besogne, il est subordoné au sergent dans tout ce qui luy comanderat de faire pour le service.

4. Il est ordonné à tous caporaux de veiller à ce qu'il ne se fasse aucune cabale ou complots dans les chambres dont ils sont chef et s'ils en apercoivent, il en avertirat le capitaine ou celuy qui comande la compagnie, à peine d'en répondre et d'être punit par le Conseil de guerre comme y ayant donné les mains.

5. Il est ordonné à tous caporaux qui seront de semaine de se trouver le soir à l'ordre avec le sergent de leurs compagnies pour exécuter les ordres que le major aurat donné ; pendant que les sergens en iront faire raport à leurs officiers, ces caporaux feront un cercle autours des sergens deux pas en arrier ; lorsque le major de la place donnerat la parolle et lorsque l'on ferat le detaille, ils se raprocheront pour entendre tout ce que le major du regiment ordonnerat de la part du gouverneur et du colonel.

6. Les caporaux de semaine feront tous les jours, la retraite batue, l'apel des soldats pour voir s'ils sont tous rentrez, et si quelqu'un manque, il en avertirat le sergent qui en ferat raport à ces officiers ; quand l'apel sera faitte ils se renderont au quartier du major et luy feront raport de ce qu'il y aurat de nouveau (1).

CHAPITRE XIII. *Des gardes et de ce que l'on doit observer.*

1. Lorsque l'assemblée batterat à l'heure que le gouverneur aura ordonné, tous les soldats comandé pour monter la garde s'assembleront devant le quartier de leurs capitaines ; la un officier en ferat l'inspection pour voire s'ils sont en ordre et en nombre telle qu'il aurat été ordonné avant ce tems le sergent ferat aussy l'inspection pendant que l'assemblée batterat ou une demy heure avant, tous les sergens et caporaux montant la garde se renderont au quartier du major de la place pour y tirer leurs postes ; il est très expressément deffendu aux sergens et caporaux de changer sous peine d'être mis en prison pour un mois, les fers aux pieds et aux mains.

2. Les officiers qui deveront monter la garde enveront un sergent de leurs compagnie chez le major pour tirer leurs postes, et il leurs est ordonné d'aller ou le sort serat échu, leurs étant deffendu de changer sous peine d'aller aux arrêts.

3. Il est deffendu au major de la place de le permettre sous quele prétexte que ce soit.

(1) Come il n'y a que quattre caporaux et qu'il y a six chambres par compagnies, il seroit nécessaire pour qu'il y eut aussy six caporaux pour qu'il y en eut un dans chaque chambre pour en etre le chef et y maintenir le bonne ordre, les anspassades étant des meubles inutils.

4. Lorsque l'assemblée serat battue et l'inspection faitte, tous les soldats des compagnies comandez pour monter la garde, se renderont sur la petite place, un sergent à la tête, marchant lentement et en bonne ordre.

5. Lorsqu'il y seront arrivé, le major du regiment en ferat l'inspection et voirat si le nombre qu'il a ordonné est effective, et si les soldats sont comme il convient pour monter la garde; quand le major aurat fait son inspection, il ordonnerat de marcher sur la grande place, les officiers à la tête et à la queue, les sergens et caporaux sur les ailes, la moitié des tambours à la tete entre le deuxième et troisième rang, l'autre moitié à la queue, le major marchant à la tête pour les conduire.

6. Lorsque le tout serat arrivé sur la grande place et mis en bataille, le major de la place ferat la distribution de ces postes et s'il manque quelques soldats que l'on n'aurat pas fournis le nombre complet soit par malice ou autrement, le major du regiment en reponderat.

7. Quant la distribution des postes serat faitte, le major de la place enverat un sergent d'ordonnance, la halebarte sur l'épaule, avertir le gouverneur ou celuy qui comande pour scavoir s'il veut venir voire defiler la parade.

8. Pendant que le sergent serat allez chez le gouverneur, le major de la place ferat reposer la troupe sur leurs armes, les officiers à la tête un pas en avant, les bas officiers dans les rangs et ordonnerat de battre la prier.

9. Pendant que le major de la place ferat la distribution des postes, les sergens et caporaux marcheront dix pas en avant et feront fasse à la parade à distance égale.

10. Lorsque le sergent d'ordonnance serat revenus, le major ferat mettre arme sur l'épaule et ferat marcher la troupe par quart de conversion ou par ploton, come il vouderat en disant au capitaine : quand il vous plairat.

11. Le capitaine pour lors ordonnerat à sa troupe de marcher.

12. Lorsque le drapeau deverat monter la garde, le major de la place l'envoierat chercher chez le colonel par un détachement de la

troupe qui doit monter la garde des drapaux, l'enseigne marchant à la tête.

13. Le major de la place aurat soin d'ordonner au prévot d'avoir toujours des baguettes prette a son comandement, parce qu'il luy est ordonné d'arreter sur le moment tout soldats de quelle compagnie qu'il soit, qui changerat de postes étant sur la parade, le ferat depouiller sur le moment et le ferat passer trois tours par les baguettes.

14. Lorsque le major aurat arreté un soldat changant de poste, il en ferat seulement avertir le gouverneur, et ferat passer le dit soldat sur le champ sans qu'il soit necessaire que les officiers de la compagnie en soient avertis.

15. Lorsque les gardes seront en marche pour se rendre a leurs poste, les officiers qui seront a la tête marcheront lentement pour que les soldats qui sont au dernier rang puissent suivre le premier et marcher d'un pas égalle.

16. Il est deffendu a toute officier montant la garde de quitter sa troupe pour aller causer avec un autre officier d'un autre garde, sous peine d'un mois de prison.

17. Il est deffendu a tous bas-officiers qui montent la garde de permettre a aucun soldats de changer en chemin sous quelle prétexte que ce soit, à peine aux caporaux de passer par les baguettes sans remission et aux sergens d'être mis à la queue de la compagnie pendant six mois avec paye de soldat.

18. Ils ne permetteront pas aussy qu'aucun soldat sorte de son rang pour aller chercher du tabac ny autre chose, à peine de punition.

19. Dans la marche les officiers tourneront de tems en tems la tête pour voir si les soldats marchent en ordre, et s'ils ne le font pas l'officier s'en prenderat au bas-officier, et luy ordonnerat en conséquence telle punition qu'il jugerat convenir.

20. Si quelque soldat change de poste en marche sans que le bas-officier s'en aperçoive et qu'il vient à être decouvert, le sergent ou caporal en avertirat l'officier comandant la troupe qui le ferat arreter et conduire en prison pour être punit selon l'exigence du cas.

21. L'officier étant arrivé à son poste après que la garde qui doit

descendre luy aurat cédé le terrin, celuy qui monterat la garde receverat la consigne de celuy qui descend, tous deux l'esponton à la main, le sergent la receverat du sergent, le caporal du caporal.

22. Pendant qu'on releverat les sentinels, l'officier ferat la visitte du corps de garde et s'il y trouve quelque chose qui manque, come vitre et chaise cassée, mathelas déchirez et autre ustencils, en ce cas l'officier refuserat de relever l'autre jusqu'a ce que le tout soit racomodé et en ferat avertir le gouverneur, à peine a luy s'il le relève de faire racomoder le tout à ses fraix.

23. Le caporal ferat la visitte du corps de garde des soldats et verat si tout est dans l'ordre à peine d'en répondre.

24. Pendant les vingt-quattre heures l'officier resterat à sa garde ; il luy est très expressement deffendu de la quitter pour quelle raison que ce soit, ny aller manger hors la voix de la sentinelle.

25. Il ne permetterat non plus à aucun soldat de s'absenter de la garde pendant les vingt-quattre heures, les soldats devant porter avec eux de quoy vivre; il veillerat et ferat veiller par son sergent ou caporal que les soldats ne fument étant en faction, et s'il s'en trouve il le ferat arreter pour être conduit en prison et passer le lendemain six tours par les baguettes.

26. Il defenderat et empecherat les sentinels de rester pendant le jour ny la nuit dans leurs guerittes lorsqu'il ne pluverat pas, mais les ferat promener le fusil sur l'épaule pour être prête à toute événement.

27. Si quelque soldat contrevient à cette ordonnance, l'officier le punirat ou ferat punir par son caporal en luy faisant donner la bastonade ou par quelque heures de faction.

28. Il est très expressément deffendu à toute sentinel de porter ses armes en bandoulier, mais toujours sur l'épaule sans s'apuier contre les guerittes, murailles ou garde fou des ponts, où ils seront en faction; ordre aux officiers en general de tenir la main à la présente ordonnance.

29. Il est deffendu de même à tous soldats qui serat en faction de jaser avec qui que ce soit pendant qu'il serat en sentinel, à peine d'être punit à la volonté de l'officier.

30. Il est ordonné à toute officier qui passerat près d'une sentinelle

qu'il trouverat en deffaut contre les ordonnances, d'en faire ces plaintes à l'officier de garde pour qu'il le fasse arreter et punir selon qu'il aurat merité.

31. Comme toutes les gardes des portes dependent de la grand-garde, il est ordonné aux officiers qui y seront de garde de faire raport au capitaine de tout ce qui se serat passé à son poste, par le sergent ou caporal qui vienderat à l'ordre.

32. Si c'est quelque chose essentielle, il envoierat sur le moment une ordonnance avec son raport par ecrit pour recevoir les ordres du capitaine; celuy cy de meme en avertirat celuy qui comande en ville.

33. L'officier de garde a une porte ordonnerat à la sentinel de la barier, lorsqu'il verat une troupe, soit de son regiment soit étranger, de fermer la barier et d'avertir sur le moment l'officier qui envoierat une ordonnance au capitaine de garde pour scavoir s'il la peut laisser entrer.

34. En consequence le capitaine de garde ferat avertir le gouverneur en ville pour recevoir ces ordres.

35. Au cas qu'une troupe étranger se presentat pour entrer, l'officier de la garde ne permetterat à personne l'entrée, sinon à l'officier comandant porteur d'ordre pour se rendre au Conseil privé.

36. Lorsqu'il arriverat des étrangers en ville, l'officier de garde demanderat leurs noms, leurs qualités et ou ils vont loger et en ferat faire le raport le soir au capitaine de garde; si c'est des personnes d'un haut rang, il le ferat avertir sur le moment par une ordonance.

37. S'il arrive quelque tapage sur la rue et que l'on crie la garde, l'officier enverat un sergent ou caporal avec quattre hommes et ferat arreter tous ceux qui feront le dit tapage comme perturbateur du repos publique, et en ferat avertir le capitaine de la grand-garde qui les envoierat chercher par un detachement pour les remettre ens mains de l'officier de police.

38. Si le tapage se fait dans une maison, l'officier deffenderat à son sergent ou caporal, d'entrer dans la maison ny permettre à aucun soldat d'y entrer pour empecher la querelle.

39. Il est ordonné à l'officier de garde de rendre les honneurs à tous ceux qui luy sont consignés.

40. Il est ordonné aux officiers de garde de faire la visitte des sentinels pendant la nuit et de la faire faire par son sergent et caporal, pour voir s'ils font leurs devoir, et s'ils en trouvent quelqu'une en defaut ou qui fut endormie, il la ferat relever, la metterat aux arrets et la ferat reconduire le matin à la garnison pour etre punit selon les ordonnances; il faut avant, que l'officier en fasse faire le raport au capitaine du grand-garde.

41. Il est ordonné à toute officiers etant en garde de faire battre la prier la nuit prenante depuis les plus courts jours jusqu'au plus long et de ne plus rendre les honneurs à qui que ce soit apres la prier sinon à Dieu la nuit comme le jour, et à Son Altesse la garde sortirat; si c'est la nuit se metterat en haye, fusil sur l'epaul sans battre la caisse.

42. Il est de meme ordonné aux officiers de garde de faire fermer les portes aux heures marquées, il deverat une demy heure avant qu'on ne ferme, faire battre l'apel pour avertir ceux qui sont dehors que l'on vat bientôt fermer.

43. D'abord que l'heure sonnerat, la sentinel devant le corps de garde crierat alerte, la garde sortirat, l'officier à la tete, l'esponton à la main; en meme tems ordonnerat au capitaine des postes de fermer; il donnerat deux fusiliers et un caporal pour escorter les clefs jusqu'à l'avancée et ramener de meme.

44. Pendant qu'on fermerat les portes, l'officier ferat presenter les armes à sa troupe et le tambour batterat la marche.

45. Quand les portes seront fermées, l'officier envoirat les caporals poser les sentinels de nuit.

46. Il ne pourat garder les clefs à son corps de garde, mais les renverat sur le champs.

47. Il est defendu tres expressement et sous peine d'etre mis au conseil de guerre à toute officier de faire ouvrir les portes à qui que ce puisse etre et pour quelle raison que ce soit lorsqu'elle seront fermées, quand meme il auroit encore les clefs à moins qu'il n'en eut une ordre expres.

48. L'officier veillerat que le caporal aille luy meme conduire toutes les sentinels tant de jour que de nuit, etre present à la consigne qu'ils se

donnent, voire s'ils n'oublient rien et s'ils ne changent rien de ce qu'il leurs a été ordonné, les caporaux qui contreviendront à cette ordonnance passeront six tours par les baguettes sans remission.

49. Lorsque le caporal releverat les sentinels, il regarderat bien autour de la gueritte s'il n'y a pas d'ordure et s'il s'y en trouve, il obligerat celuy qu'on releve de les netoier.

50. S'il arrive du feu dans quelque quartier de la ville, l'officier de garde ferat fermer les portes et ne permetterat à personne de passer, sinon aux bourguemaitres et gens qui sont necessaires, comme gens gagé pour le feu.

51. Lorsque les portes seront fermées, le caporal de garde se tienderat dehors pour recevoir les rondes qui vienderont à son poste.

52. S'il arrive quelque courier, la nuit, ou quelques seigneurs qui demandent d'entrer en ville, l'officier de la garde le ferat avertir au capitaine du grand-garde par une ordonnance et le capitaine en avertirat le seigneur qui comanderat en ville pour recevoir ses ordres ; en cas l'entrée de la ville leurs soit accordée, le capitaine ferat prendre les clefs, et les enverat avec le capitaine des postes et un detachement de quattre hommes et un caporal.

53. Le matin à l'heure marquée pour l'ouverture des portes, l'officier ferat sortir sa garde, ferat presenter les armes, luy l'esponton à la main et ferat battre la marche, il ferat de meme que le soir escorter les clefs; les portes etantes ouverte, il ferat battre la prier.

54. Il est tres expressement deffendu à toute officiers de rester dans son corps de garde pendant l'ouverture des portes, sous peine de quinze jours de prison.

55. Il leurs est aussy ordonné de coucher sous leurs lits de camp tout habillé, leurs deffendant de faire porter leurs robes de chambre et leurs pantoufles à la garde, mais de rester toujours en état de se transporter par tout ou il serat besoin, aiant l'epée au coté, le hoscol au cou et une uniforme sur le corps.

56. Il est ordonné aux officiers descendant la garde de ramener leurs troupes sur la place d'arme, la mettre en bataille et renvoyer ensuitte

chaque soldat dans son quartier, à moins que l'officier n'eut la permission du gouverneur de rester.

57. L'officier descendant la garde irat faire son raport à celuy qui comande, sans etre tenus de le faire à personne d'autre parce que les gardes sont dependante de l'etat-major de la place.

58. L'officier etant de garde repond de son poste ; ainsy ne receverat aucune ordre de qui que ce soit, quand meme ce seroit son colonel, sinon des officiers major de la place ou du capitaine de la grand-garde.

59. Meme si l'officier major d'une place luy ordonnoit quelque chose il ne pourat le mettre en exécution sans en avoir fait avertir le capitaine de la grand-garde.

60. Lorsqu'un officier major de la place porterat une ordre à un officier de garde, soit au capitaine du grand-garde ou autre, il deverat la luy donner par ecrit.

61. Le capitaine du grand-garde ne receverat pas seulement les ordres de l'etat-major de la place, mais il en receverat encore du prince ou celuy qui commande en ville en son absence, lesqueles ordres il metterat en execution et en ferat avertir le gouverneur.

62. Un officier de garde etant en fautte, ne serat sujet à la censure de qui que ce soit que du gouverneur ou comandant, et personne n'a droit de luy ordonner les arrets, fusse son colonel meme.

63. Aucun officier etant de garde ne pourat mener dans son corps de garde des filles de joie, ny ne pourat fumer sur la rue à peine de quinze jours d'arrets.

64. Il est deffendu à tous bas officiers et soldats de s'enivrer pendant qu'ils seront de garde, à peine aux sergens d'etre mis à la queue de la compagnie pendant six mois avec gage de soldat et aux caporaux et soldats de passer pendant deux jours de suitte les baguettes.

65. Lorsqu'un capitaine serat de garde avec un officier subalterne, celuy cy ne pourat s'absenter de la garde sous quele pretexte que ce soit ; il est defendu de meme à l'enseigne de la grand-garde de quitter son drapau pour aller s'amuser à jouer au billiard ou autre jeu, sous peine d'etre punis à la volonté du gouverneur.

Chapitre XIV. *Du piquet.*

1. Il y aurat tous les jours un piquet de cinquante hommes, commandez par un capitaine, un lieutenant, un sergent, deux caporaux et deux tambours.

2. Ce piquet se tienderat prette à marcher par tout ou il serat besoin, au feu, au tumulte et autres inconvéniens qui peuvent arriver.

3. Les officiers et soldats passeront la nuit habillé pour en cas d'alarme etre prette à se transporter ou on le jugerat necessaire.

Chapitre XV. *Des detachemens.*

1. Toutes officiers qui marcheront en detachemens deveront etre munis d'une ordre double, s'entend de l'ordre que le Conseil privé adresse au gouverneur ou comandant dans la place et d'une ordre ecrit de celuy qui commande et signée de sa main ou serat reprit tout ce que le Conseil privé aurat marqué dans son ordre.

2. Le gouverneur ou celuy qui commenderat confierat l'ordre qu'il aurat reçu à l'officier comandant le detachemens pour qu'il puisse la montrer à ceux à qui il compette, et lors de son retour l'officier remetterat ens mains du gouverneur l'ordre qui luy aurat eté confiée et garderat celle signée de sa main, pour qu'il puisse en cas de plainte montrer son ordre et rendre responsable celuy qui la luy aurat donnez.

3. Aucun officier ne marcherat en detachemens sans etre munis d'une marche route faitte par le commissair de guerre.

4. Il est defendu à toute officiers de permettre aucun libertinage en routte à ces soldats, mais les tenir tous ensemble dans la marche, ne permettre à aucun de s'écarter pour quelle raison que ce soit.

5. Toutes officier en detachemens ferat faire halte à sa troupe pendant deux heures, à moitié chemin, à moins que ce ne soit pour une chose bien pressante.

6. Il est defendu aux officiers en route de rien exiger de qui que ce soit, seulement le feu et le couvert dans les endroits ou ils logeront et en cas il exige quelque chose d'autre sans le payer soit pour luy ou

pour sa troupe, il serat punis par la justice établie au regiment comme concusionaire.

7. S'il arrive des plaintes à l'officier comandant par les paysans ou ils auront logés, il aurat soin d'examiner la chose et de punir severement les soldats qui serat en fautte.

8. Il est deffendu sous peine de la vie à tous soldats de faire aucun desordre, excès ny violences chez leurs hostes ny ailleurs, de prendre d'autre logement que ceux qui leurs auront eté donné par le maire ou principaux habitans chargé du logement, d'y couper aucun arbre, generallement de prendre aucune chose.

9. Le domage comis par un ou plusieurs soldats soit pour avoir exiger quelque chose sans payer ou autrement, serat reparer au depend de l'officier comandant la troupe dont les apointemens seront employés aux reparations des dits domages, suivant les ordres qui seront donnés à cette effect.

10. Si quelque paysans se plaint à l'officier qu'on luy a volé des pouiles, jambons, lard ou autre chose de semblable, l'officier aurat soin d'en faire faire la visitte par un sergent, et si le vole se trouve, ou que le paysant reconnoisse celuy qui l'aurat fait, il ferat arreter le soldat et le ramenera sa course faitte pour etre punis par le Conseil de guerre.

11. Il est ordonné à tous officiers et soldats qui marcheront en detachemens de payer de gré à gré tout ce qui leurs serat fournit pour leurs subsistences selon les prix des denrées comme elle se venderont dans l'endroit ou elles leurs auront eté fournies.

12. Si quelque soldats tomboient malades en route, l'officier se ferat livrer une charette pour conduire ces malades de village en village, à moins que dans la ville ou la communauté ou il se trouverat n'ofre de les tenir et d'en avoir soin jusqu'à guerison.

13. L'officier comandant un detachement poura se faire fournir un guide dans les villes et villages ou il passera ne pouvant etre retardez dans sa marche.

14. Il est ordonné à tous officiers qui iront en detachement d'executer de point en point les ordres qui luy seront donné sans y rien ajouter ny diminuer à peine d'en répondre.

15. Lorsqu'un officier rentrerat dans la place dont il serat sortit avec son detachement, il metterat sa troupe en bataile sur la place et les y ferat rester jusqu'à ce qu'il eut etez faire son raport à celuy qui comande et ensuitte vienderat congédier sa troupe.

16. L'officier irat aussy chez son colonel luy avertir qu'il est de retour et luy faire un raport verbale de tout ce qui se serat passé dans sa course.

17. Il est ordonné aux officiers quand ils reviendEront de detachemens, de faire un raport juste et par ecrit de tout ce qui ce serat passé, premierement de la commission dont il etoit chargé, secondement de tout ce qui ce serat passé tant à son egard qu'à l'egard de ces soldats, comme des differents qui pouroient etre survenus pour les logemens, des brigandages que les soldats pouroient avoir comis et autres choses qui seroient arrivées tout cela concernant le service.

18. En cas où un officier cachat la moindre chose, si elle vient à la connoissance du gouverneur, l'officier pour avoir fait un raport faux serat mis pour un mois en prison.

19. Lorsqu'il arriverat des plaintes contre un officier assez grave pour etre mis au Conseil de guerre, sa Serenissime Eminence defent tres expressement au dit officier d'avoir aucun recours, mais de se soumettre à la justice de son regiment à peine d'encourir son indignation.

20. Toute officiers qui aurat comis une fautte soit en detachement, soit ailleurs ne pourat etre punit par d'autre que par le Conseil de guerre ou par une décision de sa Serenissime Eminence.

21. Il est ordonné lorsqu'il y aurat un detachement prette à partir, que l'officier qui deverat le comander en fasse la visitte apres que le major l'aurat fait, pour voire si chaque soldats a un haversac et au moins une chemise blanche, son pain de munition, s'il a sa cartouche plaine, si ces armes sont en etat, et si c'est un homme qui puisse marcher, et s'il y manque quelqu'une de ces choses, l'officier renverat le soldat et s'en prenderat au sergent de la compagnie pour l'obliger à luy fournir une autre homme.

22. Toute officier qui serat stable dans une ville ou village du pays avec un detachemens, n'en partirat pas pour rejoindre sa garnison, sans

qu'il n'en reçoive l'ordre du gouverneur, ou que le tems ne soit limitez sans l'ordre dont il serat munis.

23. S'il est en course, son tems est limitez par sa marche routte ; ainsy son expedition etant faite, il peut revenir sans attendre une ordre de retour.

24. Lorsqu'un capitaine irat en detachement, il aurat un lieutenant, deux sergens, deux caporaux, deux tambours et cinquante fuseliers y compris les caporaux.

25. Un lieutenant aurat trente hommes, un sergent, un caporal et un tambour.

26. Un enseigne aurat vingt-cinq hommes, un sergent, un caporal et un tambour.

27. Un sergent aurat douze hommes et un caporal.

28. Un caporal aura six hommes.

CHAPITRE XVI. *Ordonnance general tant pour les officiers que sergens, caporaux et soldats.*

1. Tout officier et autres porteront le respect qui est dus au gouverneur, comandant, colonel et autre qui ont droit d'ordonner.

2. Ils seront soumis aux ordres qu'ils donneront touchant le service tant dans la place que dehors et les executeront sans replique.

3. Il est deffendu tres expressement aux officiers et autres de se mutiner ny cabaler contre les ordres qui leurs seront données.

4. Il est deffendu aux officiers, lorsqu'ils receveront quelques ordres, d'avoir recours à un chef supérieur avant d'avoir executé ce qui luy aura été ordonné à peine de désobéissance.

5. Il n'est pas permit aux officiers de dire des invectives à ceux qui sont preposez pour porter les ordres dont ils seront chargé de la parte du gouverneur ou autres.

6. Il est deffendu à toute officier de s'absenter de la place pour quelle tems que ce soit sans la permission du gouverneur et des chefs de son regiment.

7. Les officiers qui cabaleront ensemble contre leurs chefs et qui ne se soumetteront pas à leurs ordres seront punis à la volonté de Son Altesse.

8. Toute officier qui n'obeirat aux ordres des chefs seront mis au conseil de guerre et punis comme desobeissants, à moins que ce ne soit contre les interests du prince et de ce pays, pour lors l'officier serat obligez d'en avertir Sa Serenissime Eminence.

9. Lorsqu'une officier aurat été mis en prison ou aux arrets, il ne serat pas tenu de refaire le service qu'on luy aura passé pendant sa detention.

10. Il est deffendu aux officiers lorsqu'ils seront dans un conseil de guerre de proposer leurs sentiments, ny recevoir aucune avis de qui que ce soit.

11. Ils ne receveront aucune ordre pendant qu'ils seront assemblé parce que dans ce tems l'autorité souveraine leurs est confiée ; bien convienne au gouverneur et autres à qui il compette de dissoudre ce conseil de guerre et en comander un autre.

12. Il est deffendu à tous officiers de quelle rang qu'il soit, d'entrer dans le conseil de guerre, pas meme l'aide-major qui doit se tenir à portée pour recevoir les ordres du president.

13. Quant une officier serat mis au conseil de guerre, il ne pourat etre jugé par ces inferieurs mais par ses superieurs et en leurs deffauts par ces egaux.

14. Tout conseil de guerre pour juger une officier serat composer de neuf personnes : un president qui doit etre colonel, au moins lieutenant colonel, et huict capitaines.

CHAPITRE XVII. *Des sergens, caporaux et soldats.*

1. Il est deffendu à tous sergens, caporaux et soldats de decoucher hors de sa garnison sans la permission de ces officiers à peine d'etre severement punis.

2. Ils se renderont tous les jours avant la retraite batue à la garnison sous peine d'aller en prison.

3. Il est ordonné sous peine de la vie (d'obéir) a tous bas-officiers des regimens et compagnies dont ils seront, en tout ce qu'il leurs serat ordonné par eux pour le service.

4. Ils obeiront sous les memes peines à tous les officiers de la garnison ; tous, travailleurs et autres, se trouveront tous les jours à leurs chambres pour repondre à l'appel du caporal de semaine, defendant tres expressement que personne ne decouche sous peine de passer six tours par les baguettes sans remission.

5. Les bas-officiers qui n'accuseront pas ceux qui decouchent : le sergeant irat en prison les fers aux pieds et aux mains et si c'est un caporal il subirat la meme peine que le soldat.

6. Il est deffendu à tous sergens, caporaux et soldats de vendre ou troquer quelque chose de son habillement, sous peine aux sergens d'etre mis à la queue de la compagnie pendant un an avec gage de soldat,

7. Et aux autres de passer pendant trois jours les baguettes et chassé.

8. Tous soldats qui volerat ces camarades comme pains, bœure, viandes ou autres denrées, passeront pendant deux jours les baguettes huict tours, deux sergens marchant devant avec la pointe de la halbarte en arrier.

9. Tous soldats qui volerat des nipes à ces camarades seront mis au conseil de guerre et traité comme voleur.

10. Tous soldats qui volerat les armes de ces camarades seront de meme mis au conseil de guerre.

11. Tous soldats qui ferat du carillion en ville serat arreté et punit par son regiment selon l'exigence du cas.

12. Tous soldats qui s'enivrerat et chercherat querelle à ces camarades passerat par les baguettes.

13. Tous soldats quand meme il auroit eté frapé, qui tirera son epée ou qui menacerat en mettant la main sur la garde et qui coucherat son fusil en joue contre une officier ou bas-officier serat mis au conseil de guerre et punit de mort.

14. Tous soldats en faction qui volerat les choses qui luy seront

confiées de quelle nature qu'elles soient et dans quelle endroit que ce soit, serat mis au conseil de guerre et punit de mort.

15. Tous soldats qui refuseront le service lorsqu'il serat comandé serat mis au conseil de guerre et punit de mort comme rebelle.

16. Tous soldats qui refuserat son prets serat arreter et punit de mort.

17. Tous soldats qui se metterat en franchise pour fautte comise serat traité comme déserteur et punit de mort.

18. Tous soldats qui irat dans les jardins et vergers pour faire la maraude tant en fruits qu'en legumes, passerat par les baguettes sans remission.

19. Tous soldats qui deserterat serat punit de mort quand meme il n'enporteroit rien de son habillement ny de son armement.

20. Tous soldats qui irat se plaindre aux chefs de corps ou autre sans avoir premierement porté sa plainte aux officiers de sa compagnie, passeront par les baguettes.

21. Tous soldats qui se marierat sans la permission de ses officiers passerat par les baguettes et chassez.

22. Tous soldats qui se mutinerat et trouverat à redire aux ordres qu'on luy donne passerat par les baguettes et chassés.

23. Tous soldats qui se presenterat etant ivre pour monter la garde ou faire autre fonction militaire passerat par les baguettes.

24. Tous soldats qui serat accusé d'avoir cabalé pour deserter serat mis au conseil de guerre et traité comme deserteur, tous soldats qui s'enivrerat etant de garde passerat par les baguettes sans remission.

25. Tous soldats accusé d'avoir favorisé la contrebande ou de la faire luy meme, passerat deux jours par les baguettes et chassé.

26. Tous soldats qui casserat des armes de quelle qualité qu'elles soient hors du service les ferat racomoder à ces fraix.

27. Tous soldats qui jouerat son argent à quelle jeu que ce soit passerat par les baguettes.

28. Il est ordonné aux sergens et caporaux d'empecher les jeux tant dans les chambres que dans les corps de garde.

29. Tous soldats qui venderat son pain de munition pour un tems serat mis en prison pendant quinze jours les fers aux pieds et aux mains et n'auront que du pain et de l'eau.

30. Il est deffendu aux sergens, caporaux et soldats de porter des habits bourgeois en quelle tems que ce soit.

31. Tous soldats qui prenderat les armes de son camarade dans les chambres pour monter la garde ou dans le corps de garde pour aller en faction, irat pour huict jours en prison au pain et à l'eau.

32. Tout soldat qui serat mit en sentinel et qui quittera son poste avant d'etre relevé, serat mit au conseil de guerre et punit de mort.

33. Tout soldat qui fumerat etant en faction serat punit par la prison.

34. De meme celuy qui s'endormirat en sentinel passerat sans aucune remission par les baguettes.

35. Celuy qui quittera sa garde sans la permission de son officier serat punit à la volonté du gouverneur.

36. Tous soldats qui changerat de postes sur la parade ou en chemin, passerat sans remission par les baguettes, aucune raison ne pouvant luy servir d'excuse à moins que l'officier ne luy eut permis.

37. Tout soldat qui aurat dispute avec un de ces camarades ou un bourgeois, s'il est l'epée à la main et qu'une officier de la garnison luy dise de cesser, il le ferat sans pouvoir plus pousser aucun coup, à peine d'une punition corporelle.

38. Tous soldats qui venderat sa poudre et son plomb serat punis par ces officiers.

39. Tous soldats qui tricherat ou piperat au jeu serat punis corporelment.

40. Que si dans les places, il s'y établissoit des jeu de hazard et capable d'engendrer querelle le gouverneur ou commandant ferat rompre les tables, machines et ustencilles servant au dit jeu et qu'ils fassent mettre en prison les soldats qui tienderont les jeu.

41. Tous soldats en faction, comme aussy les sergens et caporaux de

garde, qui laisseront sauver les prisonniers qui leurs seront confiés seront mis au conseil de guerre.

42. Il est ordonné aux officiers de garde de veiller et tenir la main à l'execution du present article à peine d'en repondre en leurs propre et privé nom.

43. Tous soldats qui ne se renderat pas à sa garnison ou à ces drapeaux lors d'une allarme serat punit corporellement.

44. Tous soldats qui sortirat des villes, citadelle ou autres endroits fermez, ou qui y rentrerat par detour, par escalade ou autrement que par les postes et chemins ordinair, serat punit de mort.

45. Tout soldats qui de guet à pans mechanment ou avec avantage blesserat ou tuerat un autre, serat punit de mort.

46. Ceux qui feront quelque entreprise ou conspiration contre le service de Son Altesse Serenissime et la surete du pays, contre le gouverneur et commandant des places ou contre leurs officiers comme aussy ceux qui auront consentis ou qui en auront eu connoissance et n'en auront pas avertis leur capitaine, seront mis au conseil de guerre pour etre punis de mort selon l'exigence du cas.

47. Celuy qui serat engagé dans quelque querelle, combats ou autre occasion appellerat ceux de son regiment ou de sa compagnie à son secours, serat punit de morte.

48. Tout soldats qui attaquerat un de ces camarades etant en sentinel, ordonnance ou faction, soit l'epée à la main, le fusil en joue, à coup de pierre ou à coup de baton serat punit de mort.

49. Tous soldats qui exciteront quelque sedition, revolte ou mutineries ou qui feront des assemblées illicite pour quelle cause que ce soit ou sous qu'elle pretexte que ce puisse etre, seront mis au conseil de guerre pour etre punis selon l'exigence du cas.

50. Subiront les memes peines, ceux qui se trouveront à pareilles assemblées ou qui auront appellez excité, ou exortez quelqu'un à s'y trouver.

51. Tout soldat qui metterat l'epée à la main dans la garnison à moins qu'il ne soit forcé pour la deffence de sa vie, serat punit corporellement.

52. Celuy qui tirerat des armes à feu ou qui ferat du bruit ou autre chose capable de causer quelque allarme, serat punit à la volonté du gouverneur.

53. Tous soldats qui prenderat querelle avec des bourgeois, qui les blesserat ou tuerat ou qui casserat les vitres et ferat d'autres mechanceté, serat punit par le conseil de guerre selon l'exigence du cas.

54. Il est defendu à tous soldats de fumer dans les rues et de porter leurs epée sous leurs bras à peine d'etre punit.

55. Tous soldats lorsqu'il s'engagerat qui deguiserat son nom, son pais, qui déclarerat qu'il est libre s'il a une femme, passerat par les baguettes et chassé.

56. Il est defendu aux soldats sous peine d'etre punis, d'aller porter plainte, ny faire declaration à la justice du lieu ou il serat une garnison sans avoir la permission de ces officiers.

57. Tous soldats qui s'engagerat dans d'autres troupes avant d'avoir le congé de son regiment, serat punit comme deserteur.

58. Il est defendu à tous soldats d'insulter ny attaquer ces camarades pour quelle raison que ce soit, mais il doit se plaindre à ces officiers qui luy feront faire telle reparations qu'ils jugeront convenir.

59. Tous soldats qui en detachemens ou en marche volerat les meubles et ustenciles des endroits ou il irat loger, sera mis au conseil de guerre et pendu.

60. Tout soldat qui en route volerat poules, lards, jambons et autres denrées, qui frapperat les bourguemaîtres, les baillis et autre gens preposé pour la police dans les villes et villages, serat punis par les baguettes et chassé.

61. Tous ceux qui passeront par les villes et villages du pais ne pouront rien exiger sans payer.

62. Tous soldats qui aurat finit son terme lorsque l'on habillerat le regiment, s'il reprend un habit neuve, il serat tenu de servir le tems de l'habillement.

7 avril 1763.

Ordonnance portée sur recez des Etats Sede vacante *approuvant divers articles pour servir d'addition au règlement militaire du 5 août 1715* (1).

Mise en garde de loi, le 12 du même mois, *Archives du Grand-greffe des Echevins*, mandements 1724-1770.

29 avril 1765.

Ordonnance du général comte de Berlaymont concernant la discipline. Archives du château de Bormenville.

1. Il est deffendu à tous bas officiers et soldats de découcher hors la garnison sans la permission du commandant du régiment.

2. Il est ordonné à ceux que dessus de se rendre tous les jours à la garnison avant le rapport sous peine s'ils rentrent après d'aller en prison.

3. Il est ordonné sous peine de la vie à tous soldats d'obéir aux officiers du régiment et compagnies dont ils seronts, en tout ce qui leur sera ordonné pour le service.

4. Tous les soldats se trouveront tous les jours à leur chambre pour répondre à l'appel du caporal de semaine.

5. Il est deffendu à tout soldat de coucher hors de la garnison sous peine de passer par les baguettes, et aux bas-officiers qui ne les aurons pas accusés d'aller en prison.

6. Il est deffendu à tout sergents, caporaux et soldats de vendre ou troquer quelque chose de leur habillement, sous peine aux sergents d'etre mis à la queue de la compagnie pour un an et d'etre privé de ses gages, et les caporaux et soldats de passer par les baguettes et chassez.

7. Tout soldat qui volera ses camarades, soit pain, bœure et autre denrées, soit nippes, bas et soulier, passera par huit tours par les baguettes pendant deux jours et chassez.

8. Tout soldat qui volera les armes de ses camarades sera mit au Conseil de guerre et punit de mort.

(1) *Recueil des ordonnances de la principauté de Liége*, 1684-1794, t. II, p. 477.

9. Il est deffendu à tout soldat de faire du tapage dans les rues et ailleur à peine d'etre punit selon l'exigence du cas.

10. Tout soldat qui s'enivrera et cherchera querelle à ses camarades, passera par les baguettes.

11. Tout soldat qui mettera l'epée à la main contre ses officiers, mettera la main sur la garde ou qui couchera son fusil en joue, quand même il aurait été frappé, sera mit au Conseil de guerre et punit de mort.

12. Tout soldat qui en fera de même contre les sergents ou caporaux sera mit au Conseil de guerre et punit selon l'exigence du cas.

13. Tout soldat qui refusera le service lorsqu'il sera commandé par le sergent ou caporal de sa compagnie sera mit au Conseil de guerre et punit de mort comme rebele.

14. Tout soldat qui volera les choses qui lui seront confiées étant en faction, de quelle manière ou nature qu'elles soyent, sera mit au Conseil de guerre et punit de mort.

15. Tout soldat qui refusera son pret sera mit au Conseil de guerre et punit, selon l'exigence du cas.

16. Tout soldat qui se mettera en franchise sera traité comme déserteur.

17. Tout soldat qui aura fini son terme et qui reprendra un habillement nouveau sans demander son congé, sera tenu de servir l'espace de deux ans.

18. Tout soldat qui s'engagera dans les troupes étrangères sans avoir son congé sera traité comme déserteur.

19. Tout soldat qui désertera ou quittera ses drapeaux quand meme il n'emporteroit rien de son habillement sera traité comme déserteur et punit de mort.

20. Tout soldat qui aura fini son terme et qui quittera sa compagnie sans avoir son congé sera traité comme déserteur.

21. Tout soldat qui fera la maraude sera puni arbitrairement.

22. Tout soldat qui yra porter ses plaintes au chef du corps, sans

avoir préalablement porté sa plainte à l'officier commandant sa compagnie, sera mis en prison pour quinze jours.

23. Tout soldat qui se mariera sans la permission de son capitaine, passera par les baguettes et chassez.

24. Tout soldat qui sera yvre lorsqu'il devra monter la garde ou faire d'autres fonctions militaires passera par les baguettes.

25. Tout soldat qui se mutinera contre les ordres qu'on lui donnera passera par les baguettes et chassez.

26. Tout soldat qui formera caballe pour déserter sera traité comme déserteur.

27. Tout soldat qui s'enivrera étant de garde, passera par les baguettes.

28. Tout soldat qui vendra son pain de munition ira un mois en prison, et celui qui l'aura acheté perdra son argent.

29. Tout soldat qui se servira des armes de ses camarades pour monter la garde ou aller en faction sera mit en prison pour huit jours au pain et à l'eau.

30. Tout soldat qui quittera son poste étant en faction passera par les baguettes, de même celui qui s'endormira en faction ou fumera passera aussi par les baguettes.

31. Tout soldat qui quittera sa garde sans permission passera les baguettes.

32. Tout soldat qui montera la garde et qui changera de poste sera punit par les baguettes.

33. (Néant).

34. Tout soldat qui ne se rendra pas à ses drapeaux ou à sa garnison lors d'une allarme ou au premier coup de canon sera punit corporellement.

35. Tout soldat qui attaquera un autre soldat qui sera en ordonnance ou en faction, soit l'epée à la main ou autrement, sera mit au Conseil de guerre et puni de mort.

36. Il est deffendu à tout soldat de fumer dans les rues, ni de porter le sabre sous le bras.

37. Tout soldat qui s'engagera et déguisera son nom, son pays, qui se donnera pour libre, s'il est marié, passera par les baguettes et chassez.

38. Tout soldat qui volera les meubles et ustencils des endroits où il sera logé sera mis au Conseil de guerre et punit de mort.

39. Il est deffendu à tout soldat et autre de faire aucune ordure parmi la citadelle à peine d'etre puni très sévèrement.

40. Il est deffendu à tout soldat de se trouver parmi la citadelle après neuf heures et demi en hiver et après dix heures en été, a peine celui qui y sera trouvé d'etre puni sevèrement.

Le Comte DE BERLAYMONT, général-major.

Par ordre de Son Altesse Celsissime.

1. Il est deffendu à tout sergents et fouriers du regiment de permettre ou tolérer aucun soldat des compagnies où ils sont attachés, de travailler audessus du nombre fixé par le colonel, à peine aux dits sergents et fouriers d'etre dépouillés à la tete du regiment, indignes de servir.

2. Deffend de meme aux officiers de donner aucune permission à peine à eux d'en répondre et d'etre punis sevèrement, leur enjoignant de veiller à ce que la présente ordonnance ait son plein effet.

3. Deffend à tout soldat non travailleur de coucher hors de la garnison, sous peine de quinze jours de prison au pain et à l'eau sans remission, et les sergents et fouriers de même que les caporaux qui sont de semaine chargés du rapport, qui n'accuseront point ceux qui contreviendront à la présente ordonnance seront punis comme au premier article, sans exemption de personne.

10 avril 1773.

Déclaration portée sur recez des Etats interprétant l'art. 7 du Règlement militaire du 7 avril 1763, en ce sens que les quatre plus vieux soldats de chaque compagnie seront, après vingt-quatre années de service au régiment, considérés comme surnuméraires (1).

Conseil privé, journées d'Etat, 1773-1788.

(1) *Recueil des ordonnances de la principauté de Liége,* 1684-1794, t. II, p. 699.

5 avril 1774.

Ordonnance relative à quelques points du service militaire (1).

Conseil privé, protocole, 1773-1776.

19 janvier 1775.

Déclaration par laquelle le prince se réserve à lui seul le droit de délivrer à l'avenir des permissions de mariage aux soldats, ainsi qu'aux officiers, etc. (2). *Archives du Conseil privé*, protocole, 1773-1776.

1777.

Ordonnance relative à la discipline du régiment.

Archives du château de Bormenville.

La negligence dans le service étant portée dans mon regiment à un point excessive, j'ordonne à l'avenir qu'on execute ponctuellement tous les articles ci-dessous spécifiés :

1. Deffense a tout officiers de quitter sa garde pendant les vingt-quatre heures a peine d'etre mis aux arrets.

2. Tout bas-officiers qui quittera sa garde pendant les vingt-quatre heures, pour la première fois sera mis à la queue de la compagnie pour deux mois et en cas de residive sera cassé.

3. Tout soldat qui quittera sa garde sans permission passera par les baguettes.

4. Tout soldat qui quittera son poste étant en faction passera trois tours par les baguettes ou sera mit au Conseil de guerre si le cas le requiert.

5. Tout soldat qui sera trouvé endormi étant en faction passera par les baguettes.

6. Tout chefs de poste immediatement après la prière du soir et

(1) *Recueil des ordonnances de la principauté de Liége*, 1684-1794, t. II, p. 721.
(2) *Idem*, t. III, p. 738.

avant celle du matin fera l'appel pour vérifier si tout son monde est present.

7. Deffense a tout chef de poste de donner la permission a aucun soldat pas même à celui qui le sers de remonter le matin pour redoubler, ils serons obligés de ramener tout leur monde, ce qui se verifiera à la citadelle à la descente de leur garde en cas de deffauts on s'en prendra à l'officier.

8. Les chefs de poste ne pourrons donner permission pour manger qu'a un certain nombre à la fois et cela pour une heure seulement une fois par jour, bien entendu qu'au palais après 4 heures après midi, il n'y aura plus de permission, tout devra être rentré, et aux autres postes tout devra être rentré à 2 heures, les chefs de poste repondront de cet article.

9. Les chefs de poste ferons et ferons faire des fréquentes patrouilles, l'heure et le moment est à leur disposition, ils feront arreter sur le champs et reconduire au corps de garde tous delinquans, sans qu'il leur soit permis de faire grace à personne.

10. Les capitaines ne pourrons donner la permission de loger en ville qu'aux travailleurs designés, le reste devra se rendre à la citadelle et y loger, tout les soldats devrons etre rentré à huit heures precise en hiver et a neuf en été; tout soldats sera dans sa chambre à cette heure, lorsque le caporal de semaine fera son appel.

11. Tout soldats qui ne sera pas au moment désigné dans son cartier, fera deux gardes de pénitence, ceux qui rentrerons une demie heure, une heure ou plus après l'appel irons huit jours en prison au pain et à l'eau et il payera son service, quant à ceux qui delogerons, ils passerons irremissiblement trois tours par les baguettes, tout caporaux qui cachera quelque delinquans sera chassé.

12. Il est ordonné à tout soldats travailleurs d'etre retiré à 8 heures precise en hiver et a neuf en été. Ceux qui seront attrapé après l'heure dans les rues passeront par les baguettes.

13. Tout soldat qui sera trouvé yvre dans les rues ira huit jours en prison et payera son service.

14. Tout soldat qui ne sera point en ordre pour ses armes et propre

dans son habillement ou qui sera yvre en se rendant à la parade sera punit, et celui chargé de l'inspection sera mit en prison au pain et a l'eau.

15. Tout soldat après l'heure désignée qui sera trouvé dans les rues fut-il de service ou non, devra être arreté par les patrouilles et punit comme à l'article douze.

16. Il est deffendu a tout sentinel d'avoir des filles a son poste sous quel pretexte que ce puisse être, quand meme ce seroit sa mere, comme aussi de rouler avec ycelles le soir parmi les rues sous peine de passer par les baguettes.

17. Tout bas officiers faisant le detail qui produira un soldat pour redoubler a la parade sera mit huit jours en prison.

Etoit signé : le comte DE BERLAIMONT DE BORMENVILLE.

4 janvier 1781.

Ordonnance concernant la discipline.

Archives du château de Bormenville.

Il est ordonné de la part de Monsieur le Colonel que dorénavant il n'y ait plus que quinze travailleurs par compagnie, y compris les cadets, qui font faire leur service.

Deffense aux officiers de garde et à tout autre chefs de poste, de laisser retourner aucun soldat de leur garde pour redoubler, n'y pour autre cause.

Ordre aux officiers majors de faire l'inspection à la parade et s'il se trouve quelques soldats qui ne soyent pas en ordre tant dans l'habillement que dans l'armement, et s'il s'y trouve du deffaut, ils punirons les bas-officiers chargés de l'inspection de leur compagnie respective sur le champs par 8 jours de prison et en cas de récidive, les dits bas-officiers seront mis à la queue de la compagnie pour 2 mois au gage de soldat et la troisième fois seront cassés comme incorrigibles.

Deffend très rigoureusement à tout sergents et autre de donner aux soldats des pièces de toille ou l'argent équivalent à peine d'etre conduit à la parade dépouillé et chassé comme faisant un commerce illicite et un vrai monopole, que si quelques sergents ou autres en donnent après la date de l'ordonnance, deffense aux soldats qui les auront eu de les payer à peine d'être puni très sevèrement, mais celui qui en aura reçu ou qui sera informé qu'on en a donné, s'il accuse celui qui l'aura fait, aura une récompense.

Deffense a tout sergent ou autre tenant cabaret, soit dans la citadelle ou dehors, de donner à boir aux soldats avant la parade sous peine d'un louis d'amende pour les pauvres.

Ordonne de plus que les hommes de picquet soyent tous les jours à la citadelle, pour le besoin, que si un soldat de piquet ne si trouve pas, le sergent sera puni par la prison.

Chaques sergents ou autre chargé du détail de sa compagnie lors qu'ils fournirons le nombre des hommes ordonné au détail du régiment, en donnerons la liste à l'aide-major à la parade avec les 3 hommes de piquet de chaque jours et une liste séparée des monteurs de garde au palais, qui sera remise en main du sergent de garde au palais.

Chaque compagnie donnera une liste des travailleurs et lorsqu'ils y feront quelques changemens, ils en avertiront l'officier major chargé du détail du régiment.

Lorsqu'on tirera le canon ordonnons sérieusement à tous soldats travailleurs, tant dans la ville et faubourg, de se rendre incessamment à la citadelle et tout ceux qui y manquerons d'être punis.

Deffense à tous sergents, caporaux et soldat de porter d'une étoffe aux parremens et bavarroises que celle que l'Etat leur fournit. Fait à la citadelle de Liége le 4 janvier 1781.

Le comte DE BERLAYMONT, colonel.

12 avril 1790.

Recez de Messeigneurs du tiers Etat, prescrivant la levée de deux corps d'infanterie, de mille hommes chacun, et au besoin, celle d'un corps de cavalerie de cent cinquante hommes (1). Placard.

(1) *Recueil des ordonnances de la principauté de Liége*, p. 933. Ce recez a été approuvé le 13 avril par l'Etat-noble et le 14 avril par l'Etat-primaire.

22 mai 1790.

Recez de Messeigneurs les trois Etats touchant les séductions dont sont l'objets les officiers et les soldats de l'ancien régiment des Etats, le port des cocardes patriotiques, etc. (1). *Gazette de Liége*, 1790, n° 62.

1791-1792.

Noms des citoyens composant la garde d'honneur du prince-évêque de Hoensbroeck. Manuscrit n° 640. Bibliothèque de l'Université de Liége.

comte de Méan, grand-mayeur, colonel.
baron de Hayme de Bomal, lieutenant-colonel.
de Wasseige, major.
de Melotte-Nizet, brigadier.
de Melotte, brigadier.
chevalier de Grady de la Neuville.
chevalier de Grady de Horion.
de Villenfagne, fils.
de Spirlet.
de Bormans de Hasselbrouck.
chevalier de Harlez.
chevalier de Goer de Herve.
baron de Bonhome.
de Ghisels.
de Fossoul, fils.
baron de Copis.
de Libotton.
baron de Goer de Forest.
de Clercx d'Aigremont.
baron de Moffarts.
chevalier de Thier de Sckeuvre.
Dothée.
Dothée-Nizet.
baron de Rosen.
chevalier de Grady de Bellaire.
de Libert.
chevalier de Bollis.
chevalier Delchef.
de Bossi de Laval.
Bareth, fils.
de Looz, fils.
Modave.
Berthonier.
Nagant.
Putters, de Saint-Trond.
de Luesemans, de Saint-Trond.
Fréron, procureur-général.
Brocal, avocat.
Berthonier.
Renard.
Renard.
Vaust.
du Viviers, fils.
Warnotte.
Lancelin.
Lancelin.
Warnant, fils.
Renard, fils.
de Lassence, capitaine.
Powers.
de la Vignette.

(1) *Recueil des ordonnances de la principauté de Liége*, 1684-1794, t. II, p. 941.

10 août 1793.

Ordonnance du prince-évêque de Méan, portée sur recez des Etats, instituant un corps de maréchaussée, avec un règlement à ce sujet (1).

Imprimé du temps, in-4°.

15 juillet 1794.

Convention entre le prince-évêque de Méan, et le duc Ferdinand de Wurtemberg, feld-maréchal-lieutenant autrichien, par laquelle le régiment National liégeois passe à la solde de l'Autriche.

Archives du Ministère de la guerre à Vienne.

1. Il est convenu que le bataillon de S. A. C. le Prince-Evêque de Liége passera à la solde de Sa Majesté Impériale tel qu'il se trouve maintenant avec toutes armes neuves et reconnues en bon état, grande et petite monture et autres objets d'armement sous la condition préalable, que ledit bataillon restera constamment fixé à Liége aussi longtems que S. A. C. et son gouvernement ne seront pas forcés par l'empire des circonstances d'abandonner la capitale, cette condition est d'autant plus essentielle qu'il est d'une nécessité reconnue de conserver dans Liége une force militaire de sept à huit cents hommes tant pour le maintient de la tranquillité intérieure que pour le bien être du service de Sa Majesté Impériale, et l'on observera à cet égard, que la grande fabrique d'armes qui fait un des principaux objets du commerce de la ville de Liége, ajoute encore à la nécessité de cette indispensable précaution.

2. Comme la proposition faite par S. A. C. d'incorporer son bataillon dans la légion de S. A. R. l'Archiduc Charles est devenue impraticable par les circonstances du moment, il est convenu que S. A. C. le Prince de Liége en donnant ce bataillon, qui portera son nom, se réserve les prérogatives ordinaires d'un propriétaire au service de Sa Majesté Impériale.

3. Les officiers et soldats ainsi que tout l'état-major seront payés dès maintenant sur le pied de leurs appointemens actuels, mais dans le cas de marche, à commencer du jour de leur sortie de Liége, les

(1) *Recueil des ordonnances de la principauté de Liége*, 1684-1794, t. II, p. 989.

officiers et l'état-major en conservant leurs appointemens sur le pied stipulé ci dessus recevront en outre du magasin de Sa Majesté Impériale les rations de bouche et de fourage selon leur grade, sur le pied de guerre Autrichien établi aux Pays-bas, et chaque homme depuis le sergeant jusqu'au simple soldat recevra à dater du dit jour de marche jusqu'à la conclusion de la paix la même solde et la même quantité de pain que l'on donne sur le pied de guerre à tous autres fantassins des armées Autrichiennes.

4. Comme il a été reconnu d'après la revision qu'en vient de faire M. le commissaire de guerre de Gerhauser ainsi qu'il en conste par les listes que la grande monture du bataillon est en bon état, mais que la petite monture quoique compétente à la trouppe n'a pu lui être fournie cette année par les Etats de Liége, vu la pénurie de la caisse publique, il est convenu que les manteaux ou capottes ainsi que la susdite petite monture seront fournis par la commission d'économie de Sa Majesté Impériale d'après un état dressé par M. le commissaire susmentionné, et par M. le colonel de Wasseige commandant du bataillon, laquelle en délivrera quittance, pour que les dit objets soient porté en compte selon le prix établi par la commission d'économie de Sa Majesté Impériale, aux Etats de Liége qui rembourseront à la paix cette avance, et généralement toutes autres dépences faites à l'égard du bataillon Liégeois, tant en monture, pret, habillements, rations de bouche et de fourage qu'autres fraix relatives au besoin du service.

5. Il est convenu, que pour les recrues qui se présenteront, il leur sera donné l'argent d'angagement selon le pied établi par les Etats de Liége, et qu'à la paix, cet article sera ainsi que les autres porté en compte aux dits Etats.

6. Quant aux invalides qui seront absolument hors d'état de servir il est convenu qu'on les recevra dans une des maisons d'invalides du service Autrichien à déterminer par le Commandement général de l'armée, où ils toucheront leur solde accoutumée, dont les Etats de Liége fourniront aussi le remboursement au moment de leur rentrée dans le pays.

7. Il est convenu que la musique sera reformée et déduite de l'état

effectif du bataillon à l'exeption d'un fiffre et de deux tambours par compagnie qui ci resteront attachés conformément au pied Autrichien.

8. Le bataillon Liégeois aura droit aux mêmes récompenses militaires que les autres troupes de Sa Majesté Impériale.

9. Le bataillon sera rendu à la paix dans le même état effectif dans lequel on le prend, et si cet état se trouvait diminué, Sa Majesté Imperiale payera cent et vingt florins de Liége pour chaque homme tué en face de l'ennemi ou mort de ses blessures sans que sa dite Majesté soit tenue au même dédomagement pour les désertés.

10. Il est convenu que les 48 hommes qui forment la compagnie d'artilleurs seront incorporés dans le bataillon, d'ou ils viennent de sortir, en conservant toutes fois l'excédant de paye, dont ils jouissent maintenant, ce qui sera aussi porté en compte aux Etats de Liége. Quant aux canons, comme ils ont été reconnus n'être pas du calibre autrichien, S. A. C. le Prince-Evêque les enverra en lieu sur à sa disposition. Comme les armes du bataillon ne sont pas non plus du calibre des armes Autrichiennes, il est convenu qu'on lui remettra avant sa sortie de Liége toutes les cartouches qui se trouvent dans l'arsenal de cette ville.

11. Il est convenu également que quant aux femmes des soldats, on se conformera aux règles prescrites et observées dans l'armée Autrichienne.

12. Il est finalement convenu qu'il sera fourni au bataillon, par la commission de Sa Majesté Impériale, les marmites, casseroles, flaches et tentes en cas qu'on le fasse camper, et que ces objets seront portés en compte aux Etats comme le reste.

Fait à Liége ce 15 Juillet 1794.

L. S. étoit signé : François Antoine Evêque et Prince de Liége.

Plus bas étoit signé au nom du Commandant Général de S. M. I. et Roiale aux Païs-Bas : L. S. Le Prince Ferdinand Duc de Wurttemberg, Feldmarschall-lieutenant.

Le Prince Evêque de Liége aiant reçu par S. A. S. le Prince Ferdinand Duc de Wurttemberg communication de deux observations qui ont été faites par le Commandement Général des trouppes de S. M. I. et désirant lever toute espèce d'obstacles à cet égard vient, quant à la première, de porter une ordonance aux officiers de son régiment, par laquelle il est enjoint, ainsi qu'il a été ci-devant convenu que les officiers qui après la formation des quatres compagnies seront surnummméraires, jouiront néanmoins des mêmes appointemens et rations comme les autres sous la condition expresse qu'ils feront exactement le service qui leurs sera enjoint par le Commandement, tel que le service d'escorte, de garde-magasins et hospitaux, de transport ou autres, à défaut de quoix ils seront hors de service et n'auront aucune solde à prétendre.

Quant à la seconde observation, les Etats du pays de Liége étant maintenant dispersés et émigrés, il est convenu et le Prince Evêque de Liége s'engage à procurer au Commandement Général, la ratification désirée, lorsqu'ils pourront être assemblés, et entretemps le Prince-Evêque de Liége, qui d'ailleurs est autorisé a le faire seul par la constitution du pays, offre sa répondance personnelle pour les objets qui la concerne.

Donné au Palais de Liége le vingt juillet 1794.

L. S. étoit signé : François Antoine Evêque et Prince de Liége.

Au nom du Commandement Général de Sa Majesté Impériale et Royale aux Pays-bas, étoit signé : L. S. Le Prince Ferdinand Duc de Wurttemberg, Feldmarschall-lieutenant.

1794-1798.

Soldes mensuelles du bataillon Prince-évêque de Liége, au service de l'Autriche. Archives du Ministère de la guerre à Vienne.

	Florins.		Pains.	Rations de fourrages.
Colonel commandant.	150		9	11
Major.	138		6	9
Aumônier	55		2	3
Comptable et auditeur	75		2	3
Chirurgien	54		2	3
Fourrier	19	10	1	1
Tambour-major . .	25	5	1	
Prévôt.	23	10	2	2

Compagnies.

	Florins.	Pains.	Rations de fourrages.	
Major d'artillerie . .	98	3	4	
Capitaine d'infanterie .	90	3	4	
Lieutenant d'artillerie.	50	2	2	
» d'infanterie	48	2	2	
Enseigne	36	2	2	
			Kreuzer de guerre.	Supplément de Liége.
Sergent-major . . .	15 2/3	1	1	2
Caporal	8 1/6	1	1	2
Tambour.	8 1/6	1	1	2
Fifre	7 1/7	1	1	2
Soldat	7 1/7	1	1	2

Le bataillon *Prince-évêque de Liége* devait se compléter, autant que possible, par des sujets liégeois émigrés. Ils étaient engagés, selon le système liégeois, pour quatre ans.

ADDITION ET CORRECTION

Page 28.

GRAILLET (Charles, baron de), commissaire-général de guerre à la place du baron van der Heyden à Blisia, le 8 octobre 1783 (1). Il fut révoqué de ses fonctions en 1791, pour avoir pris parti contre le prince-évêque, pendant la révolution de 1789.

Page 41.

Supprimer la dernière phrase commençant par : *Les trois officiers supérieurs*.

(1) Au traitement annuel de 500 écus. *Etat primaire*, Sede vacante, journée du 30 mai 1785.

TABLE ALPHABÉTIQUE
DES
NOMS DE FAMILLE

TABLE DES MATIÈRES

www.ingramcontent.com/pod-product-compliance
Ingram Content Group UK Ltd.
Pitfield, Milton Keynes, MK11 3LW, UK
UKHW021130220726
13924UKWH00004B/1999

9 782019 945930